Communicating
with Data

데이터로 전문가처럼 말하기

| 표지 설명 |

책의 표지에 그려진 동물은 북방애기박쥐Parti-colored bat(학명: *Vespertilio murinus*)다. 만주, 북유럽 등 유라시아 지역에 서식하는 박쥐의 한 종류이다. 속명은 라틴어로 '저녁'을 의미하는 단어에서 유래한다. 그래서인지 이 박쥐는 '저녁 박쥐'라고 불리기도 한다.

이 박쥐의 등은 불그스레한 암갈색을 띠지만 배 쪽은 흰색 또는 회색이다. 날개는 비교적 좁고, 길이는 26~33cm, 몸 크기는 약 4.8~6.4cm이다. 주로 해 질 녘에 시냇가와 호수, 숲 또는 도시 근교에서 먹이를 사냥한다. 다른 박쥐처럼 방향을 찾고 서로 소통하기 위해 초음파를 사용한다. 주로 모기, 날도래와 나방 등을 먹이로 삼으며, 보통 무리를 지어 생활하지만, 10월과 3일 사이의 동면기에는 개체별로 지내기도 한다.

현재 북방애기박쥐는 '멸종위기종'이다. 오라일리 표지에 싣는 많은 동물은 멸종 위기에 처해 있다. 이들 모두는 지구 생태계에 중요한 종이다.

책의 표지에 사용한 삽화는 '영국의 네발동물British Quadrupeds'의 오래된 흑백 판화를 바탕으로 캐런 몽고메리Karen Montgomery가 그렸다.

데이터로 전문가처럼 말하기

효율적 의사 전달을 위한 데이터 시각화와 비즈니스 스토리텔링의 기술

초판 1쇄 발행 2022년 8월 30일

지은이 칼 올친 / **옮긴이** 이한호 / **펴낸이** 김태헌
펴낸곳 한빛미디어(주) / **주소** 서울시 서대문구 연희로2길 62 한빛미디어(주) IT출판부
전화 02-325-5544 / **팩스** 02-336-7124
등록 1999년 6월 24일 제25100-2017-000058호 / **ISBN** 979-11-6921-013-3 93000

총괄 전정아 / **책임편집** 서현 / **기획·편집** 안정민
디자인 표지 박정우 내지 박정화 / **전산편집** 도담북스
영업 김형진, 김진불, 조유미, 김선아 / **마케팅** 박상용, 송경석, 한종진, 이행은, 고광일, 성화정 / **제작** 박성우, 김정우

이 책에 대한 의견이나 오탈자 및 잘못된 내용에 대한 수정 정보는 한빛미디어(주)의 홈페이지나 아래 이메일로 알려주십시오. 잘못된 책은 구입하신 서점에서 교환해드립니다. 책값은 뒤표지에 표시되어 있습니다.

한빛미디어 홈페이지 www.hanbit.co.kr / **이메일** ask@hanbit.co.kr

지금 하지 않으면 할 수 없는 일이 있습니다.
책으로 펴내고 싶은 아이디어나 원고를 메일(writer@hanbit.co.kr)로 보내주세요.
한빛미디어(주)는 여러분의 소중한 경험과 지식을 기다리고 있습니다.

Communicating with Data

데이터로 전문가처럼 말하기

O'REILLY® 한빛미디어 Hanbit Media, Inc.

지은이 · 옮긴이 소개

지은이 칼 올친 Carl Allchin

Tableau Zen Master이자 여러 번 태블로 앰버서더를 역임했으며 런던의 Data School에서 세계 최고의 데이터 분석 교육 프로그램 중 하나의 '기타' 수석 코치이다. 비즈니스 인텔리전스 분석가 및 관리자로 금융 서비스에서 10년 넘게 일한 후 그는 컨설팅, 블로깅 및 시장을 선도하는 데이터 솔루션에 대한 교육을 통해 수백 개의 회사를 지원했다. 그는 태블로 및 기타 데이터 도구에 대한 유일한 주간 데이터 준비 과제인 Preppin' Data의 공동 설립자이다.

옮긴이 이한호 ihanho2080@naver.com

뉴욕 주립대학교 스토니브룩에서 전기전자공학을 전공했다. LG전자에서 연구원으로 재직했으며, 현재는 퀄컴에서 프로젝트 매니저로 일하고 있다. 조지아 공과대학교에서 머신러닝 관련 학업을 병행 중이다. 누구나 쉽게 데이터를 다루는 방법 그리고 이에 기반한 대중적인 머신러닝 기법 적용을 소개하겠다는 목표를 갖고 있다.

사실 데이터가 어떻게 사용되고, 얼마나 중요한지 잘 몰랐다. 제품 개발 신입 연구원으로 입사해 처음 일을 시작할 때만 해도, 데이터 관리에 큰 관심이 없었다. 그저 더 나은 기술과 높은 성능이 목표였다. 그런데 한 번 데이터가 중요하다고 느낀 적이 있었다. 도무지 원인이 무엇인지 파악할 수 없는 문제를 개발 중에 맞닥뜨린 적이 있는데, 개발 시료 이것저것을 측정하고 바꾸고 밤낮으로 찾아봤는데, 무엇이 문제인지 알 수 없었다. 그런데 쓸데없이(그 당시만 해도 이렇게 느꼈다) 이런저런 데이터를 모아서 이리저리 보던 옆자리 선배가 "어? 여기 이 과정이랑, 저기 측정할 때 조금 이상한데?"라는 것이 아닌가. 찾았다! 데이터 분석 결과가 보여준 부분을 개선했더니 정말 문제가 사라졌다. 이때부터 데이터에 관심이 생기기 시작했다.

데이터가 변화시키는 세상

자율주행, 진일보한 인공지능 그리고 머신러닝 등의 새로운 기술은 그 어느 때보다 빠르게 우리의 삶을 윤택하고 편하게 만들고 있다. 이것이 데이터 덕분이라고 결론지었다. 산업화 이후 기술은 매우 빠르고 발전했고, 사람들은 그것을 통해 편리한 세상을 영위해 나가기 시작했다. 물론, 제품과 서비스에 품질 일관성이 없고 편차가 넓은 등의 여러 문제가 많았다. 대부분 처음 고안되고 개발되었기 때문이다. 지금은 다르다. 수십 년간 표현하기도 어려운 만큼의 데이터가 축적되었고, 이를 여러 다양한 기법으로 분석해 시스템을 진화시켜왔다. 이제 대부분 기업들은 데이터의 중요성을 인지하고 있으며, 6시그마와 같은 데이터를 기반 시스템 향상 전략 교육을 필수화하고 있다. 지금 이 순간에도 수많은 곳에서 생산되고 있는 방대한 양의 데이터는, 세상을 계속해서 긍정적인 방향으로 변화시켜 나갈 것이다. 이것이 우리가 데이터에 대해 관심을 가지고 공부해야 하는 이유다.

데이터로 전문가처럼 말하기

아마도 우리나라 사람들 대부분 기본적인 엑셀 함수와 파워포인트 슬라이드 정도는 쉽게 다루고 만들 수 있지 않나 싶다. 때때로 멋있는 차트도 만들어 발표도 한다. 하지만 표, 차트 그리고 슬라이드를 구성하는 세부 요소에 대한 깊은 생각은 많이 해보지는 않았을 것이다. 이 책은 그런 부분을 자세히 설명하고, 올바른 분석 작업 결과물을 생성할 수 있도록 안내한다. 데이터에는 어떤 종류가 있는지, 어떤 차트를 사용해야 효과적으로 정보를 전달할 수 있는지는 물론이거니와, 이것들을 뭉쳐 어떻게 구성해야 발표를 듣는 청중에게 말하고자 하는 메시지를 정확히 전달할 수 있는지도 자세하게 다룬다. 간단히 말해, 내가 알아낸 것을 입이 아닌 시각화 자료가 포함된 데이터 분석 결과물로 말하는 것을 이 책을 통해 배울 수 있다. 한 마디로 이 책은 '데이터로 전문가처럼 말하기' 정도로 정리하면 딱 좋다.

감사의 글

이 책의 번역을 시작하고 무사히 마칠 수 있도록 도와준 분들이 많다. 먼저, 가장 가까이서 응원해주고 조언도 아끼지 않은 아내에게 진심으로 사랑하고, 감사하다는 말을 전하고 싶다. 그리고 번역의 기회를 주시고, 내 번역물을 인내심을 가지고 기다려 주신 편집자 안정민 님께도 감사하다고 말하고 싶다. 마지막으로 주말에도 쉬지 못하고 번역한다고 걱정해주시고 응원해주신 아버지, 어머니, 장인어른, 장모님, 누나, 매형, 처제, 처남 내외 그리고 사랑하는 조카에게 사랑을 담아 감사의 인사를 전한다.

2022년 8월

이한호

21세기, 데이터 기반 커뮤니케이션은 필수이다. 최근 10년간 데이터를 다루는 기술의 필요성은 그 전보다 크게 성장했다. 이제 데이터 기반 커뮤니케이션은 타인의 의사결정에 크게 영향을 미칠 수 있고 조직의 목표를 달성하게 할 수 있다. 여기에 이 책의 첫 번째 목적이 있다. 어떻게 데이터를 이해하는지, 어떻게 데이터를 보여줄 수 있는지, 이렇게 데이터를 명확히고 효과적으로 제시할 수 있는지다. 따라서 이 책은 다음과 같은 질문에 답을 줄 수 있다.

- 커뮤니케이션이란? 어떻게 당신의 메시지를 명확하게 전달할 수 있을까?
- 데이터란? 중요한 데이터를 어디에 안전하게 보관할 수 있을까?
- 데이터 시각화 방법이란?
- 어떻게 데이터를 더 분명하고 효과적으로 표현할 수 있을까?

이 책의 두 번째 목적은 데이터를 다룰 때 중요한 몇 가지를 먼저 제시하여 실무에서 종종 발생하는 곤란한 상황을 쉽게 극복할 수 있게 돕는 것이다. 이로써 실무에서 실수를 줄이고, 메시지를 청자에게 효율적으로 전달할 수 있다. 그러므로 이 책은 다음과 같은 질문에 역시 답을 줄 수 있다.

- 서로 상충할 수 있는 데이터 시각화 요소란? 어떻게 그 요소를 적절히 이용할 수 있는가?
- 데이터 시각화가 필요한 상황과 프레젠테이션이란?
- 조직(기술, 인사, 마케팅 부서 등)에서 쉽게 나타나는 커뮤니케이션의 어려움은? 극복 방법은?
- 프레젠테이션이나 이메일과 같은 다양한 방식의 데이터 기반 커뮤니케이션에서 꼭 필요한 요소는?

이 책을 통해 데이터 기반 커뮤니케이션의 관련된 다양한 스킬을 익힐 수 있고, 내가 속한 조직에서 이를 효율적으로 사용할 수 있다. 이 책을 통해 데이터 기반 커뮤니케이션을 자유롭게 이용함으로써, 점점 더 강력하고 합리적인 방법으로 의사결정에 긍정적인 영향을 줄 수 있게 될 것이다.

이 책을 쓴 이유

첫 직장은 큰 조직의 운영 성과에 대한 보고서를 작성하고 이를 이용하여 동료와 상사의 성과에 긍정적인 영향을 주는 곳이었다. 나는 22살이었고 100명 이상의 회사에서 일한 적이 없었다. 이 회사는 40,000명이 넘는 직원이 근무하고 있었고, 전에 경험해보지 못한 방식으로 운영되고 있었다. 나는 운영 실장 옆에 앉아 근무했기 때문에, 내가 속한 팀이 어떻게 일하는지 잘 파악할 수 있었다. 우리는 조직의 목표에 대한 진척 상황을 수치로 나타내고, 미래 전략을 세우고, 이전에 의사결정이 빗나간 이유를 분석하기 위해 다른 사람이 정리한 데이터의 수치, 이해, 논의 내용 등을 수집했다.

우리는 여러 세부 조직에서 사용되는 보고서와 차트에서 집계된 데이터를 이용했다. 이렇게 작성된 보고서는 다른 이가 이미 작성한 데이터에 기반했기에, 나는 보고서에 근간은 되지만 가공하지 않은 데이터에 접근하고 싶었다. 하지만 미가공 데이터를 다루고 해석할 수 있는 능력이 없었기 때문에 너무 힘들었다. 이런 능력을 배우고 싶어서 데이터와 정보의 근원을 다루는 데이터팀에서 일하기로 했다. 그 후 한 번도 후회한 적이 없다. 나는 계속해서 데이터를 다루고 있으며, 다른 여러 조직에서 데이터의 중요성이 계속 증가하고 있는 것을 체감하고 있다. 데이터는 우리가 확신할 수 없을 정도로 복잡한 여러 경우에서도 비즈니스 의사결정과 경제에 의도된 영향을 줄 수 있다. 데이터 활용은 모든 산업에서 매우 중요한 부분이 되었다. 과거에 데이터는 전문가의 영역이었지만, 이제는 어떤 조직이나 데이터 기반 커뮤니케이션이 필수적으로 요구된다.

이런 상황에서 현재 기하급수적으로 증가하는 데이터양을 처리하기에는 숙련된 데이터 전문가가 부족하다. 데이터 작업은 컴퓨터 코딩이나 복잡한 데이터 도구를 사용해야 하는 경우가 많았기 때문에 진입 장벽이 높았지만, 이제는 그렇지 않다.

일해온 15년 동안 데이터 작업 도구는 다른 어떤 것보다도 많이 바뀌었다. 새로운 세대의 데이터 도구는 향상된 사용자 인터페이스를 제공하며, 코딩은 훨씬 줄어들어 관련 업계 진입 장벽을 크게 낮췄다. 지금은 많은 사람이 직접 데이터를 이용하고 활용할 수 있다.

특히, 데이터 시각화 측면에선 작업 도구의 큰 개선이 두드러진다. 태블로^{Tableau} 그리고 마이크로소프트의 Power BI는 모든 분야의 전문가들이 데이터를 통해 그들의 연구 결과를 보여주고 공유할 수 있게 한다. 만약 당신도 그들 중 한 명이라면, 이 책은 당신을 위한 책이다. 이러한 노구의 사용법을 배우려면 노구 내부 기능을 이해하고, 데이터 시각화의 기초에 대한 교육이 필요하다.

이 책은 특정한 도구 자체에 대한 미시적 교육보다는 거시적인 시각에서 기초적인 데이터 작업 능력 배양을 도우며, 언제, 어떻게 그리고 어디에 데이터를 사용할 수 있는지에 대한 가이드를 제공한다.

기초적인 데이터 작업 능력을 키울 뿐 아니라 실무에 대한 경험도 제공한다. 이를 통해 당신은 조직 내에서 데이터와 함께 커뮤니케이션할 때 마주하게 될 많은 어려움을 예측할 수 있고, 해결책을 계획하여 극복할 수 있다. 심지어 조직의 다양한 요구 사항 이해부터 데이터 기반 커뮤니케이션을 청중이 쉽게 이해하도록 하는 것까지 가능하다. 이 책은 당신이 실무에서 마주할 상황과 분명하고 효과적인 의사 전달을 대비하고 준비할 수 있게 도울 것이다.

대상 독자

최근 액센츄어^{Accenture} 조사[1]에 따르면, 오직 21% 직원만이 데이터를 읽고, 이해하고 작업할 수 있다고 답했다. 그러므로 이 책은 나머지 79%의 사람을 위하여 만들어졌다.

당신이 어떤 직업을 가지고 있던, 당신은 주변 사람들과 소통하고 영향을 줄 수 있는 기술이 필요하다. 또 다른 조사 결과[2]에 따르면, 고용주의 84%가 커뮤니케이션과 협업이 신입 사원 채용에 중요한 부분이라고 답했다. 또한 66%의 고용주는 데이터 기술의 보유를 중요하게 인식하고 있었다. 학교에서 분명히 쓰고 말하는 법을 배웠겠지만, 데이터를 다루는 방법은 배우지 못했을 것이다. 이 책을 통해 그 지식 공백을 메울 수 있다.

1 https://oreil.ly/Ij0er
2 https://oreil.ly/DTAJn

데이터 관련 작업을 손쉽게 수행할 수 있을 만큼 충분한 기술을 보유한 21%의 사람에게도 이 책은 여전히 유용하다. 나는 그동안 많은 커뮤니케이션에서 기본적인 데이터 커뮤니케이션 원칙이 누락된 모습을 종종 보았다. 이 책은 당신이 데이터를 기술적으로 사용하여 커뮤니케이션 할 때 빠뜨릴 수 있는, 혹은 알지 못했던 부분을 찾아내는 데 유용하게 사용되는 기술을 알려준다. 데이터 기반 커뮤니케이션에선 다양한 사람과 부서와 일하는 데 필요한 부드러운 기술도 중요한 역할을 한다. 이 책의 다양한 상황에서 겪을 수 있는 어려움을 다루는 장은 각 상황에 도움 되는 지식을 제공한다.

이 책은 데이터 작업에 필요한 용어와 기본 개념에 대한 실무 지식을 쌓을 수 있게 도우며, 데이터 시각화를 사용하여 커뮤니케이션하는 데 필요한 지식을 전달한다. 이러한 기술들은 언어를 넘어 커뮤니케이션에 더 효과적으로 도와줄 수 있다.

이 책을 이해하고 활용하는 데 있어, 당신은 기본적인 산술 능력 외에 어떠한 다른 기술도 가질 필요가 없다. 다만, 학습한 것에 대한 비판적 사고와 전문성 그리고 경험에 기반한 다양한 질문을 던질 수 있는 태도가 필요하다. 이러한 비판적 사고와 고민 그리고 질문은 이 책에서 배운 것을 실무에서 마주하는 문제를 해결하는 데 좋은 밑거름이 된다.

데이터로 구현할 수 있는 부분과 데이터를 가공하여 무언가를 할 수 있는 부분 모두 이해하면, 문제를 맞닥뜨렸을 때 올바른 질문을 던지고 그것에 대한 답도 빠르게 얻을 수 있다. 나의 전문 지식과 데이터를 빠르고 정확하게 혼합하여 결론짓는 능력은 큰 경쟁 우위를 보인다.

명확하고 통찰력 있는 시각화 데이터는 당면한 문제에 대해 분명한 답을 제시할 수 있고, 모든 사람이 당신의 데이터를 확실히 이해할 수 있게 한다. 사람은 시각적 이미지에서 원하는 바를 파악하는 데는 능숙하지만, 여러 줄로 나열된 복잡한 데이터를 분석하는 데는 그렇지 않다. 데이터 시각화는 그 속에 숨겨진 경향성과 통찰력을 훨씬 더 효과적으로 전달하는 데 큰 도움을 줄 수 있다. 그러므로 시각화 데이터를 사용하는 사람은 더욱 쉽게 원하는 바를 얻을 수 있을 것이다. 그만큼 데이터 시각화는 모든 이에게 강력한 기술이다.

책의 구성

나는 매일 사람들에게 데이터가 무엇인지, 좋은 데이터 시각화란 어떤 것인지 그리고 이를 어떻게 효과적으로 사용할 수 있는지를 가르친다. 이 책은 내가 사람들을 가르치는 방식과 비슷하게 구성했다. 먼저, 데이터를 이루는 중요한 배경 정보부터 시작하여 데이터 작업의 세부적인 부분을 들여다보자. 그리고 데이터 시각화 방법들을 알아보고 대규모 조직에서 나타나는 사회적, 조직적 어려움을 살펴보면서 마무리하자. 이 책은 다음과 같이 크게 세 부분으로 나뉜다.

1부 커뮤니케이션과 데이터

1장에선 커뮤니케이션이란 무엇인지에 대한 고찰과 데이터 기반 커뮤니케이션이 그동안 어떻게 변화했는지 알아본다. 2장은 데이터에 대해 집중적으로 다룬다. 데이터란 무엇인지, 어디서 오는지, 어떻게 저장하는지, 분석을 위해 어떤 준비를 해야 하는지, 그리고 데이터 작업을 위해 필요한 요구 사항은 무엇이 있는지를 알아본다. 1부에선 우리가 이 책의 뒷부분에서 배울 기술의 토대를 마련한다.

2부 데이터 시각화 요소

3장과 4장은 데이터 시각화의 주요한 측면인 일상 업무에서 쉽게 볼 수 있는 가장 중요한 차트 유형과 이에 관련된 모범 사례를 소개한다. 이를 통해 나의 메시지를 가장 효과적으로 전달할 수 있는 차트를 선택하고 만드는 방법을 배울 수 있다. 5장은 단일 시각화의 요소에 대해 자세히 설명하고 서로 어떻게 조화를 이루는지 보여준다. 6장에서는 차트 자체를 넘어서, 보는 이에게 그 속에 담긴 추가적인 맥락을 제공하는 데 도움이 되는 다른 주요한 측면을 살펴본다. 2부의 마지막인 7장에서는 데이터 시각화가 다양한 커뮤니케이션 형식과 방법에서 어떻게 동작하는지 탐구한다.

3부 실무에서 데이터 커뮤니케이션의 활용

3부에서는 특정 작업환경에서의 데이터 전달 방법을 다룬다. 사실 조직과 조직 사이에 데이터 기술의 정도와 활용도가 불규칙한 것은 일반적이다. 조직 내 어떤 팀은 다른 팀에 비해 데이터를 더 사용하지만 어떤 팀은 데이터를 더 잘 다루고 정리할 수 있는 기술을 가질 수 있다는 말이다. 이는 당신의 커뮤니케이션에 상당한 영향을 줄 수 있다. 다른 정도의 데이터 기술과 활용도를 가진 각기 다른 팀에 맞는 적절한 방법을 이용할 수 있어야 한다. 8장에선 이를 자세히 이야기해 본다. 9장은 가상의 기업 내에 여러 부서에서 발견될 수 있는 특정한 문제, 어려움을 다루고 이를 극복할 방법을 설명한다.

이 책을 통해 커뮤니케이션과 데이터의 기본 원리를 말하고자 한다. 이로써 자유롭게 데이터 시각화를 할 수 있으며, 조직의 복잡성을 쉽게 넘나들며, 다른 사람에게 도움 되는 데이터 기반 커뮤니케이션 능력을 배울 수 있다.

CONTENTS

PART 1 커뮤니케이션과 데이터

CHAPTER 1 이것이 커뮤니케이션이다

CHAPTER 2 이것이 데이터다

CONTENTS

PART 2 데이터 시각화 요소

CHAPTER 3 데이터 표현

CONTENTS

CHAPTER 6 시각화를 완성하는 맥락

CHAPTER 7 메시지를 전달하는 방법

CONTENTS

CHAPTER 9 **특징 부서에 맞춰 일하기**

CHAPTER 10 **내 것으로 만들기**

커뮤니케이션과 데이터

1장에선 커뮤니케이션이란 무엇인지에 대한 고찰과 데이터 기반 커뮤니케이션이 그동안 어떻게 변화했는지 알아본다. 2장은 데이터에 대해 집중적으로 다룬다. 데이터란 무엇인지, 어디서 오는지, 어떻게 저장하는지, 분석을 위해 어떤 준비를 해야 하는지, 그리고 데이터 작업을 위해 필요한 요구 사항은 무엇이 있는지를 알아본다. 1부에선 우리가 이 책의 뒷부분에서 배울 기술의 토대를 마련한다.

Part I

커뮤니케이션과 데이터

CHAPTER 1

이것이 커뮤니케이션이다

조직에서 어떤 일을 수행한다는 건 우리가 예상하는 것보다 훨씬 더 많은 커뮤니케이션을 필요로 한다. 누구나 아래와 같은 상황에 맞닥뜨릴 수 있다.

- 경영진, 새 프로젝트를 위한 예산 지원 요청 건
- 당신의 매니저, 직원 업무 시간 활용 동의 건
- 당신의 동료, 매일 발생하는 새로운 어려움에 대한 논의 건
- 당신의 고객, 그들의 새로운 요청에 대한 질의 건
- 공급업체, 물류 체인 준비 현황 파악 건
- 당신의 팀, 필요에 따른 우선순위 변경 건

조직 내 누군가가 이 정도의 양의 커뮤니케이션을 한다면, 실로 엄청난 활동이다. 어떤 문제 혹은 안건에 대해 누군가의 질문을 듣고, 요점을 전달하며, 답하는 것은 누구에게나 힘든 일이기 때문이다. 이 장은 커뮤니케이션의 주요 측면을 설명하고 데이터 시각화에 적용하여 기본 원칙으로 더 효과적으로 일할 수 있도록 필요성과 방법을 제시한다.

상대방의 의견을 잘 들어야 할 뿐 아니라, 상대방이 당신의 말을 잘 이해할 수 있도록 해야 한다. 1장은 커뮤니케이션 과정에서 일반적으로 간과되는 부분을 논할 것이다. 듣는 이에게 당신의 메시지를 명확하게 전달해야 한다.

이 책의 목적은 전문 분야의 새로운 것을 가르치기 위함이 아니다. 지식을 좀 더 효과적으로 공유할 수 있도록 돕기 위함이다. 이를 위한 한 가지 방법은 개인 의견을 데이터와 결합하여 보여

주는 것이다. 미국의 기술자인 W. 에드워즈 데밍W. Edwards Deming은 "데이터가 없는 주장은 단지 의견에 불과하다"라고 말했다.

데밍은 프로세스를 개선하고 무결하고 일관된 결과를 도출하는 데 초점을 맞춘 관리 프레임워크인 전사적 품질 경영Total Quality Management이라는 도구를 만든 개발진이다. 만약 당신이 조직에서 프로세스 개선 의견을 제안하고 싶다면, 당신은 이를 뒷받침할 적절한 데이터와 함께 의견을 제시해야 한다.

만약 데이터 관련 작업에 문외한이라면, 모든 게 부담스러울 수 있다. 하지만 이 책을 읽어보면 알겠지만, 생각만큼 어렵지 않다. 2장은 데이터 작업을 자세히 설명한다. 우선 효과적으로 데이터를 시각화하는 데 필요한 방법을 먼저 소개하고자 한다.

1.1 커뮤니케이션이란 무엇일까?

아무리 좋은 아이디어라도 다른 사람들이 이해할 수 없다면 아무 소용이 없다. 당신이 생각하는 관점을 다른 사람에게 이해시키기란 매우 정교하고 수준 높은 커뮤니케이션 기술을 요하는 일이다. 그렇다면 커뮤니케이션이란 무엇일까?

1.1.1 커뮤니케이션이 이루어지는 과정

커뮤니케이션은 당신이 매일 별다른 생각 없이 하는 그 어떤 것이다. 당신은 말하거나, 쓰거나, 간단한 보디랭귀지를 사용해 다른 사람들과 생각과 아이디어를 공유한다. 우리는 매일 여러 차례 무의식적으로 메시지를 만들어 다른 사람에게 보내길 반복한다.

메시지를 보내고 받는 일은 커뮤니케이션 과정의 일부분이다. 당신은 메시지를 받는 이가 명확히 받을 수 있는 방식으로 이를 자연스럽게 암호화한다. 그리고 상대방은 그것을 해독하고 당신의 의도를 이해할 수 있을 것이다. 사회학자 스튜어트 홀Stuart Hall은 그의 논문 「텔레비전 매체에서의 정보 전달과 해석Encoding and Decoding in the Television Discourse」[1]에서 이 과정을 자세히 설명한다. 홀은 텔레비전 미디어에서 이러한 개념들이 어떻게 작용되는지 설명한다. 이를 비슷한 방

---

1 *https://oreil.ly/qLhqh*

식으로 커뮤니케이션에 적용할 수 있다. 다른 사람들과 소통하기 위해 가지고 있는 정보를 어떻게 취하고 공유할지 선택하는 과정을 반복한다. 그리고 정보를 전달할 때는 암호화해야 하며, 상대방은 그 정보를 명확히 이해하기 위해 복호화해야 한다.

커뮤니케이션의 또 다른 요소는 어떤 수학자가 쓴 '제한된 대역폭에서 메시지를 전달'하는 글에서 아이디어를 얻었다. 1948년 클로드 섀넌Claude Shannon은 오늘날에도 여전히 적용이 가능한 방법으로 커뮤니케이션을 묘사했다. 데이터 시각화와 매우 밀접한 관련이 있다. 섀넌의 다이어그램을 통해 내가 생각하는 개인의 커뮤니케이션을 설명하고자 한다(그림 1-1).

그림 1-1 조직 내 데이터 기반 의사 전달과정

조직 내에서 매일 발생하는 커뮤니케이션과 이를 묘사한 섀넌의 모델을 보고 이것이 왜 시각 데이터에 적용된다고 생각되는지 함께 확인해보자.

| 정보의 출처와 전송인 |

[그림 1-1]에서 보는 바와 같이, 정보의 출처는 어떤 데이터 소스 그리고 이에 기반해 작성된 다른 이의 보고서이다. 그리고 당신은 이를 전송한다. 당신은 이메일부터 별도의 데이터베이스 그리고 매일의 경험까지 업무 과정에서 수많은 데이터 소스를 접하게 된다. 그리고 당신은 어떤 정보를 누구에게 보낼 것인지 결정한다. 이는 당신이 그 정보를 어떠한 방식에서 필터링 혹은 요약해야 한다는 것을 의미한다. 만약 당신이 가공되지 않은 데이터를 직접 다뤄야 한다면, 데이터를 요약하고 목적에 맞게 준비하는 것은 당연한 일이다. 다음 장에서 보다 자세히 다루겠다.

| 수신인과 정보의 도착 |

매일 조직 내에서 일어나는 수많은 커뮤니케이션의 도착점은 당신의 동료이다. 그러므로 어떤 커뮤니케이션 방법이 함께 일하는 사람들에게 특히 효과적인지 알 것이다. 예를 들어, 당신이 상사에게 이메일을 여러 차례 보냈지만 응답이 없다면, 아마도 직접 이야기하는 등 다른 방법으로 대화를 시도할 것이다. 직접 대화는 메시지 도착을 명확히 목격할 수 있기에 쉽고 확실한 방법이다. 물론, 대화 상대가 주의를 기울이지 않아 메시지를 받지 못할 경우도 존재한다. 이러한 경우에 상대방의 보디랭귀지는 메시지가 제대로 전달되고 있는지 파악할 수 있는 효과적인 기준점이 된다.

그렇다면 왜 항상 직접 소통을 하지 않는 걸까? 답은 간단하다. 그럴 수 없기 때문이다. 우리는 대부분 서로 다른 조직 또는 장소에서 대화하는 세상에 살고 있다. COVID-19 대유행 기간에 원격 근무가 대폭 증가하였으며, 이는 직접 커뮤니케이션의 중요성과 원격 대화가 얼마나 어려운지 보여주었다. 요즘과 같은 디지털 환경에서 전달하고자 하는 메시지가 정확하게 전달되었는지 수신자에게 가서 직접 확인할 수 없다. 화상 회의는 이러한 문제를 해결하는 데 일부 도움이 될 수 있지만, 여전히 원활한 커뮤니케이션에는 많은 어려움이 있다.

1.1.2 맥락과 잡음 이해를 이용한 성공적인 커뮤니케이션

누구나 상대방과의 대화에서 오해를 경험한 적이 있을 것이다. 우리가 처한 여러 상황이 대화를 이해하는 데 있어 많은 영향을 끼치기 때문이다. 스튜어트 홀은 주변 상황 그리고 사회적 이해 등이 주는 영향을 설명한다.

연말 평가에 따라 급여 인상을 이야기한다고 가정해보자. 이는 인상된 급여를 어떻게 느끼냐에 따라 그 정보를 받는 방식이 크게 달라진다. 평가보다 많은 돈을 받는다고 생각될 때 또는 그렇지 못할 때, 두 가지 경우의 대화를 이해하는 방식은 같을 수 없다. 성장 배경도 이에 영향을 줄 수 있다. 어려운 환경에서 자란 사람은 미디어를 통해 대기업 임원이 받는 과도한 보수를 보면서 상대적 박탈감을 더 깊게 느낀다.

커뮤니케이션에서 **맥락**context은 앞, 뒤 그리고 주변 상황을 연결하여 정보 이해를 돕기 때문에 매우 중요한 요소이다. 조직 문화, 직급 그리고 업무 위치(본사, 지사 등)는 업무의 맥락을 결정하는 데 중요한 역할을 한다. 같은 방식으로 상대방에게 내가 의도하는 정보를 완벽히 전달하기 위해선, 관련된 맥락 정보를 추가로 제공해야 한다.

가상의 Chin & Beard Subs Co.라는 소매업체가 새로운 향의 비누를 출시했다고 가정해보자. 영업 관리팀은 1,000개의 제품을 판매하였으며, 이를 통해 제품의 출시가 성공적이었다고 실적을 발표한다. 이제 이 가상의 예시에서 메시지 전달에 영향을 줄 수 있는 맥락과 잡음을 살펴보자.

| 경험 |

팀원들은 그동안 다양한 새 제품을 출시하였고, 각자 다른 판매 실적의 기대치를 가지고 있다.

| 부가 정보 |

보고할 당사자, 영업 관리팀은 이번 새 제품의 출시로 다른 기존 제품의 단종 등 당신이 미처 알지 못한 추가 정보를 파악하고 있을 수 있다. 이 경우에도 기존 제품의 판매량이 새 제품의 판매에 대한 기대를 평가하는 데 영향을 줄 수 있다.

| 시장 상황 |

시장에서 유사 제품의 전반적 판매량 상승으로 인한 새 제품 판매 예상치를 기대할 수 있다.

그 외 아래와 같은 맥락은 상황을 전반적으로 이해하는 데 중대한 영향을 끼칠 수 있다.

- 지금까지 새 제품의 판매 실적은 기대치를 상회하는가?
- 경쟁사 제품과의 실적 차이는 어떠한가?
- 고객 및 시장에서의 새 제품 평가는 어떠한가?

이 모든 맥락 정보를 하나로 묶어 상대방에게 전달하는 것이 중요하다.

섀넌이 고안한 시스템의 또 다른 요소는 **잡음**noise이다. 이는 오늘날에도 여전히 적용되며, 의사 전달에 영향을 미칠 수 있는 모든 종류의 간섭을 의미한다. 시끄러운 식당에서 친구와 이야기를 나누는 것이 조용한 환경에서 이야기하는 것보다 더 많은 집중력을 요한다는 것이 좋은 예다.

수많은 메시지 속에서 나의 메시지를 명확히 청중에게 전달하는 것은 매우 어렵다. 인기 작가이자 통계학자인 네이트 실버Nate Silver는 『신호와 소음』(더퀘스트, 2014)에서 잡음은 커뮤니케이션에 대한 명확한 이해를 방해하는 요소로 정의했다. 이 요소에는 너무 많은 데이터, 불분명하거나 지나치게 기술적인 용어, 대면 혹은 온라인 미팅에서 겪을 수 있는 모든 어려움이 포함된다. 이러한 잡음 속에서 청중에게 확실한 정보를 전달하기 위해, 그들이 가진 배경지식과 이해도 등을 파악하는 것이 중요하다.

성공적인 커뮤니케이션은 청중이 전달된 정보를 명확히 이해하는 것은 물론, 이를 본인이 기억하고 차후 의사결정에 이용할 때 성립된다. 다음으로 인간의 뇌가 어떻게 정보를 보관하는지 알아보자.

1.1.3 기억의 종류와 쓰임새

정보를 보관한다는 것은 무엇을 의미할까? 청중에게 나의 메시지를 제대로 이해시키고, 기억시키기 위해 어느 정도의 시간이 필요할까? 기억에는 세 가지 유형이 있으며, 확실한 정보 전달을 위해 이를 모두 사용해야 한다.

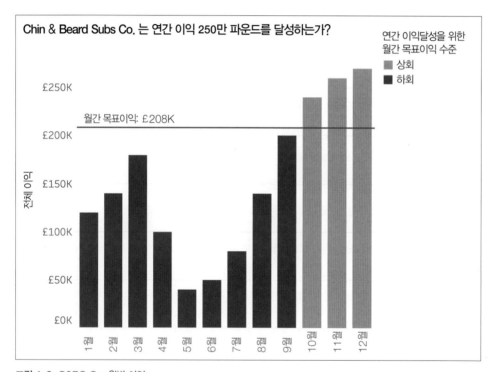

그림 1-2 C&BS Co. 월별 이익

| 감각 기억 |

이름 그대로 감각 기억은 감각sensory에 의해 촉발된다. 예를 들어, 시각 데이터는 시각에 의해, 냄새는 후각에 의해 기억으로 전환된다. 어떠한 정보가 1초 안에 얻어졌다면, 감각 기억이 이용되었을 확률이 크다. [그림 1-2]를 보고 빠르게 수익 목표 20만 8천 파운드를 달성한 달이 언제인지 파악할 수 있는가? 그리고 이를 통해 연간 이익률이 250만 파운드 달성 여부를 결정할 수 있는가?

아주 잠깐의 차트 확인만으로도 4/4분기 실적이 월간 목표를 상회하는 것을 확인할 수 있다. 이는 자극이 사라진 뒤에 남는 시각적 인상을 저장하는 영상적 기억(감각 기억의 한 종류)을 기반한 커뮤니케이션에 사용되기 때문이다. 또한 청중은 이러한 방식으로 저장된 기억을 이용하여 다른 복잡한 메시지를 이해하는 데 이용한다.

| 단기 기억 |

수 초에서 약 1분 정도 지속되는 정보를 단기 기억short-term memory이라 한다. 1950년대 연구[2]는 평균적인 사람은 약 7개의 단기 기억을, 2001년도 실시된 연구[3]에 따르면 이를 4개 정도라고 보고한다. 청중은 이렇게 쌓은 단기 기억을 통해 더 복잡한 정보를 해석한다.

청중이 쉽게 받아들이고 저장할 수 있는 정보의 양을 이해하고, 최적화해 보여줌으로써 청중의 단기 기억을 늘리는 데 도움 줄 수 있다. 이때 사용되는 기술은 청킹chunking이며, 주어진 정보를 작게 쪼개 청중이 많은 정보의 양으로부터 과부하되는 위험을 줄일 수 있다.

| 장기 기억 |

거의 평생 기억되는 장기 기억long-term memory은 데이터 기반 커뮤니케이션에서 잘 쓰지 않는 기억의 종류이다. 다만 텔레비전 광고에 거실이 자주 사용되듯이, 청중이 오랫동안 간직했던 기억이나 정보를 떠올리게 하여 의사 전달에 활용할 수 있다.

다음은 사전주의 속성pre-attentive attributes이라는 감각 기억을 사용하여 정보의 핵심을 공유하는 방법을 소개하고자 한다. [그림 1-2]를 다시 확인하지 않고, 언제 목표 수익을 달성했는지 기억할 수 있는가? 그 이유는 우리가 앞으로 확인할 사전주의 속성이 잘 적용되었기 때문이다.

2 G. A. Miller, "The Magical Number Seven Plus or Minus Two: Some Limits on Our Capacity for Processing Information," Psychological Review 63, no. 2 (March 1956).

3 N. Cowan, "The Magical Number 4 in Short-Term Memory: A Reconsideration of Mental Storage Capacity," Behavioral and Brain Sciences 24, no. 1 (February 2001).

1.2 데이터 시각화의 필요성

사전주의 속성이란 당신이 보고 있는 것을 이해하기 위해 생각하거나 의식적으로 노력할 필요 없이 시각적 이미지의 특징 및 패턴을 알아볼 수 있는 능력을 의미한다.

우리 주변에서 일어나는 모든 일을 깊이 생각하지 않고 위험을 발견하고, 상황을 평가하고, 즉 각적인 결정을 내릴 수 있도록 인간은 진화했다. 초기 인류는 식량을 찾거나 동물의 공격 및 주 변의 위협에서 벗어나는 데 사용했지만, 오늘날에는 자동차나 떨어지는 물체 등 길 위의 위험을 탐지하고 문명사회의 수많은 여러 상황을 파악하는 데 더 가깝게 사용한다.

데이터 시각화는 메시지 전달을 위해 사전주의 속성을 사용한다. 막대, 선 또는 포인트와 같은 시각적 형태로 데이터를 표현하여 사전주의 속성을 사용하고, 청중의 주의를 끌 수 있으며, 메 시지를 제대로 수신하도록 돕는다.

데이터 시각화에 사용되는 사전주의 속성을 [그림 1-3]을 통해 알아보자.

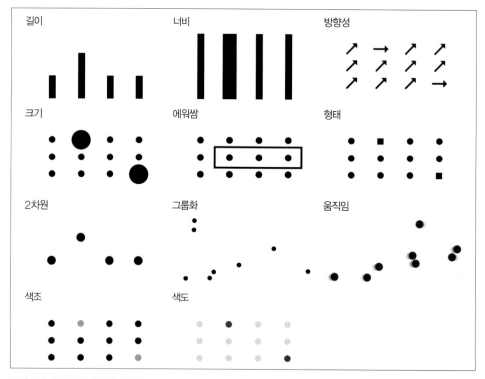

그림 1-3 사전주의 속성의 시각화

정보 기술의 선구자인 스티븐 퓨Stephen Few는 『이제 보이는 것들Now You See It』(Analytics Press, 2009)에서 사람이 더 정확하게 이용하는 두 가지 속성을 강조했다.

| 길이 |

인간은 한눈에 길이length를 알아채고, 다른 길이 사이의 간격을 추정하는 데 뛰어나다. 이는 주로 막대 차트에서 사용되는데, 가장 큰 값을 가장 길게 표시함으로써 데이터를 간략하고 분명하게 표현할 수 있다.

| 2차원 |

종종 산점도scatterplot(4장에서 더 자세히 알아본다)에서 사용되는 이 속성은 두 축(수직, 수평)으로 구성되며, 두 정보를 쉽게 비교할 수 있어 데이터 분석에서 가장 흔하게 사용된다.

정확한 데이터 비교만 중요한 속성이 아니기 때문에 다른 사전주의 속성도 더 알아보자. 예를 들어, 다양한 색상이나 형태를 사용하여 주요 기간을 강조 표시하면 청중의 주의를 끄는데 유리할 수 있다.

[그림 1-4]의 대기오염에 대한 분석에선, 정확한 메시지 전달보다 독자의 주의를 끌고 핵심을 강조하기 위해 크기, 색상, 형태를 사용했다. 상단의 자동차 시각화는 전달하고자 하는 주제를 설정할 뿐만 아니라 독자에게 하여금 흥미를 유발하도록 디자인되었다. 그리고 특정 오염물질의 양을 표현하기 위해 크기가 다른 원을 사용했다.

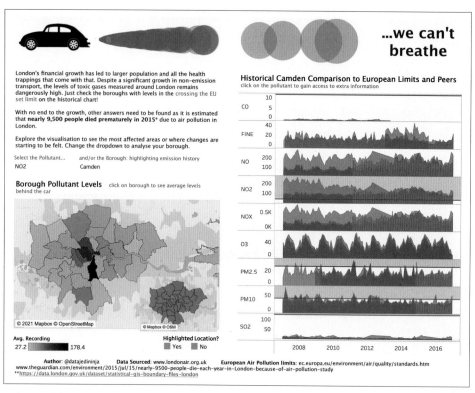

그림 1-4 개략적 사전주의 속성을 이용한 데이터 시각화 예

그림 속 원의 크기를 통해 정확한 차이를 말할 순 없지만, 주황색으로 표시된 런던 자치구, 캠던의 대기 오염 상태를 다른 자치구와 비교할 수 있다. 이를 통해, 정확하진 않지만 개략적으로 이용할 수 있는 사전주의 속성을 알 수 있다. 광범위한 청중에게 내가 발견한 정보 속 통찰력을 공유하기 위해 이러한 기술을 사용했다. 청중이 무엇을 이해하는지, 그리고 그들이 그것을 파악하기 위해 얼만큼의 에너지를 쏟아야 하는지를 예측하는 것이 분명한 의사 전달에 핵심 요소이다. 이는 사전주의 속성을 이용한 데이터 시각화 방법에 사용된다.

1.2.1 사전주의 속성의 활용

[표 1-1]을 살펴보고, 사전주의 속성을 통해 더 명확한 메시지를 만들어보자.

표 1-1 영국의 상반기 자전거 판매량

자전거 매장	1월	2월	3월	4월	5월	6월
런던	358	118	769	636	196	293
요크	557	404	533	115	989	309
리즈	564	540	112	633	606	961
맨체스터	525	278	196	596	119	693
버밍엄	509	378	325	699	592	927

[표 1-1]을 보고 아래 질문에 답해보자.

- 이 표의 가장 큰 수는?
- 얼마나 많은 수의 매장이 한 달 판매 목표치인 450대를 넘어섰는가?
- 판매 변동이 가장 큰 매장은?

세 질문에 답변하기 위해 시간을 얼마나 사용했는가? 이는 당신의 기대치보다 더 길었을 수도, 혹은 더 짧았을 수도 있다. 독자가 정보를 보고 해석하는 데 사용하는 시간 및 노력 등을 인지 부하cognitive load라 하며, 이를 사용하면 시각화 선택의 효과를 평가할 수 있다. 내가 공유하고 전달하고자 하는 정보에 대해 인지 부하를 적절하게 만듦으로써, 효과적인 의사 전달을 이룰 수 있다.

표를 이용한 정보는 더 많은 인지 부하를 요구한다. 그렇다면 왜 많은 조직에서 여전히 표를 사용하여 분석 결과를 전달하는 것일까?

표를 이용한 정보 공유는 사용자가 데이터 집합에서 어떤 내용을 원하는지 불분명할 때 좋은 방법이다(2.5절 '올바른 데이터'에서 독자가 원하는 정보 파악을 연구한다). 그럼 사전주의 속성을 통해 인지 부하를 줄이고, 사용자가 더 쉽게 데이터를 파악하는 방법엔 어떤 것들이 있는지 알아보자.

가장 큰 수는?

답: 989

우리는 이 질문에 답하는 데 많은 기술을 사용할 수 있지만, [표 1-2]와 같이 간단하게 색상을 변경하면 다른 데이터를 삭제하지 않으면서 질문에 답할 수 있다. 이는 정교하진 않지만 효과적이고 직관적 방법이다.

표 1-2 색의 변화를 이용한 가장 높은 자전거 판매량 강조

자전거 매장	1월	2월	3월	4월	5월	6월
런던	358	118	769	636	196	293
요크	557	404	533	115	**989**	309
리즈	564	540	112	633	606	961
맨체스터	525	278	196	596	119	693
버밍엄	509	378	325	699	592	927

숫자 테이블에서 가장 큰 값을 찾을 때 가장 긴 자릿수 숫자를 찾는 경우가 많다. 하지만 여기서 자전거 판매량은 모두 세 자릿수이기 때문에, 관심을 끌 수 있는 또 다른 방법이 필요하다. 공유하려는 정보에 따라, 복잡한 의미와 통찰력을 시각적으로 전달하기 위해 선택할 수 있는 여러 가지 방법이 있다.

독자가 생각할 수 있는 여러 질문에 답하기 위해 사용될 수 있는 사전주의 속성에는 어떤 것들이 있을까?

얼마나 많은 수의 매장이 한 달 판매 목표치인 450대를 넘어섰는가?

답: 17

시각적 단서가 없는 상태에선, 각각의 값을 모두 450과 비교하고 카운트count하여 답을 이끌어내야 한다.

이에 첫 번째 문제와 비슷한 방식을 사용할 수 있는데, [표 1-3]과 같이 해당 값을 초록색으로 바꾸면 된다.

표 1-3 색의 변화를 이용한 판매 목표치보다 큰 값 강조

자전거 매장	1월	2월	3월	4월	5월	6월
런던	358	118	**769**	**636**	196	293
요크	**557**	404	**533**	115	**989**	309
리즈	**564**	**540**	112	**633**	**606**	**961**
맨체스터	**525**	278	196	**596**	119	**693**
버밍엄	**509**	378	325	**699**	**592**	**927**

하지만 너 기선 나른 방법이 더 유용할 수 있다. 예를 들어, [그림 1-5]처럼 특짓값보다 위에 있는 데이터를 다른 색으로 강조하고 카운트하면 쉽게 계산할 수 있다.

다시 말해, 사용자는 차트 내 초록색인 숫자를 카운트하여 일일이 값을 비교하는 것보다 쉽게 평가할 수 있다. 심지어, [그림 1-6]처럼 카운트된 결과치를 보여주는 차트를 만들어 수를 카운트하는 수고를 덜 수 있다. 이처럼 답하고자 하는 질문에 따라 데이터 시각화 방법도 변화할 수 있다(3장과 4장에서 더 깊게 다뤄보자).

이번엔 더 정교한 데이터 분석을 요하는 복잡한 질문에 답해보자.

　판매 변동이 가장 큰 매장은?

　답: 요크

위 질문에 답하기 위해, 우리는 먼저 **판매 변동**fluctuating sales을 명확히 정의해야 한다. 여기에선 매장의 가장 좋은 실적과 나쁜 실적의 차이가 제일 큰 것을 의미한다.

요청 질문이 점점 복잡해질수록 적절한 데이터 시각화는 답을 찾는 데 필요한 자원을 줄이고 쉽게 만든다.

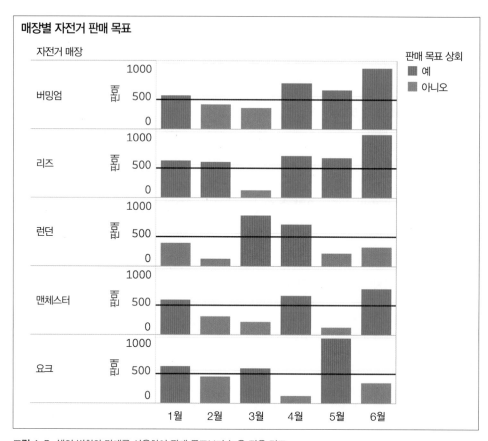

그림 1-5 색의 변화와 막대를 사용하여 판매 목표보다 높은 값을 강조

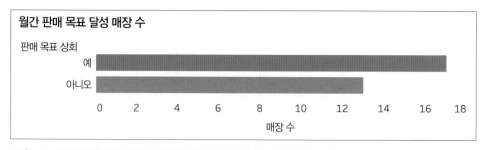

그림 1-6 색의 변화와 수평 막대를 사용하여 판매 목표보다 높은 매장의 수를 표현

여기서 다시 가장 효과적인 사전주의 속성인 길이로 돌아가 [그림 1-7]처럼 매장별로 판매 변화 사이에 막대를 그어 분석해보자.

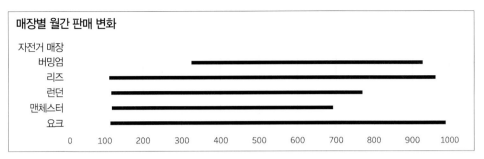

그림 1-7 판매 실적 변화를 표현한 간트 차트

NOTE_ 간트 차트Gantt chart는 1910년대 처음으로 이 차트를 고안한 헨리 간트의 이름을 따 만들어졌다. 간트 차트는 프로젝트 매니지먼트 도구 등에서 자주 사용된다.

하지만 각 막대의 출발점이 다른 간트 차트의 특성상, 여전히 데이터 비교는 쉽지 않다. 이에 [그림1-8]은 막대 차트로 데이터의 최댓값, 최솟값을 없애고, 그 차이만을 표현함으로써 분석을 쉽게 만들었다. 따로 나타내지 않았지만, 데이터를 큰 값부터 작은 값으로 정렬하여 나타내면 독자의 인지 부하는 더 줄일 수 있다.

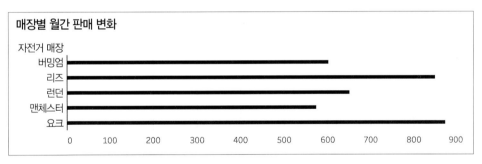

그림 1-8 막대 차트로 표현한 판매 실적 변화

[그림 1-7] 간트 차트의 경우 요크와 리즈 매장의 변화와 매우 비슷해 판단하기 어려웠지만, 같은 지점에서 출발한 막대 차트의 경우 요크 매장의 차이가 가장 큼을 쉽게 확인할 수 있다.

요컨대 사전주의 속성을 잘 사용하고 있을 때에도 차트가 정보를 명확하게 전달하고 있는지, 작업에 가장 적합한 사전주의 속성을 사용하고 있는지, 질문 가능한 요소들을 먼저 염두에 두고 있는지 항상 유의해야 한다. 이러한 노력이 부족할 때, 독자는 다시 모든 데이터가 산재한

표로 돌아가 스스로 답을 찾는 수고를 들여야 한다. 반대로 적절한 사전주의 속성 사용은 분명하고 명확한 메시지 전달을 보장할 수 있다.

1.2.2 특별 고려사항

데이터 기반 커뮤니케이션과 다른 종류의 커뮤니케이션과 차이는 첫 번째, 데이터 그리고 그 분석에 기반하는지이다(2장에서 더 깊이 다룬다).

두 번째, 실무에서의 데이터에 기반한 커뮤니케이션은 이해관계자의 요구 사항을 충족시키거나 질문에 답을 한다. 그렇기에 충분한 데이터 분석을 통해 이를 미리 파악하고 준비해야 한다.

세 번째, 이 책에서 말하듯이 데이터 기반 커뮤니케이션은 시각적 분석의 모든 것이 연관되어 있다. 3장과 4장에서 데이터 시각화 및 이에 기반한 분석을 다뤄보고자 한다. 독자에게 보여주는 차트의 유형은 내가 전달할 정보의 신호이므로 올바른 선택을 위한 방법을 정확히 양지해야 한다.

네 번째, 데이터 기반 커뮤니케이션은 신뢰가 기반이 되어야 한다. 정보의 핵심이 어떻게 관련 데이터에 의해 뒷받침되는지 정확히 보여줄 수 있을 때 성립된다. 이전의 경험에서 이에 실패했다면, 이 책의 내용을 바탕으로 신뢰를 회복하기 위해 더 열심히 노력해야 한다. 청중과의 견고한 신뢰는 동일한 수준의 다른 의견이나 주변 잡음에서 당신의 메시지를 더 잘 전달할 수 있으며, 더 많은 결정에 영향을 미칠 수 있다.

무엇보다도 데이터 분석 기술에 대한 지식과 경험을 쌓아야 한다. 즉, 의제에 맞는 적절한 답을 준비하기 위해 데이터 구조를 변경하고, 알맞게 필터링하는 것뿐만 아니라, 필요하지 않은 데이터를 알아채고 삭제할 수 있는 능력을 키워야 한다. 또한 청중에게 자신이 사용 중인 데이터의 출처를 밝혀, 공정하게 생산된 것임을 표현해야 한다. 이러한 일련의 과정을 통해 당신은 청중과 끈끈한 신뢰 관계를 구축할 수 있을 것이다. 청중과 함께 데이터를 탐색할 때, 당신이 찾고 있는 것과 당신이 찾은 것을 공유해야 한다. 이러한 균형 잡힌 이야기의 전개는 당신의 목소리 그리고 정보에 더 많은 힘을 줄 것이다.

또 다른 중요한 요인은 데이터 출처에 대한 신뢰 부분이다. 시각화와 사용성에 초점을 맞춘 최신 데이터 도구의 출현으로 비전문가도 데이터에 접근하여 작업하고, 이의 출처와 신뢰성에 대해 확인하는 것이 훨씬 쉬워졌다.

1.3 마무리

모든 일에서 커뮤니케이션은 핵심이다. 그렇기에 청중이 메시지를 정확히 전달받고 해독하고 기억할 수 있도록 하는 명확한 지식과 전략이 필수 불가결하며, 사전주의 속성을 적절하게 이용하여 이를 더 효과적으로 만들 수 있다.

데이터는 메시지를 보다 명확하게 전달하고 자신의 주장을 뒷받침하는 분명한 증거로도 사용될 수 있으므로, 다른 사람에게 공유하기 전에 한 번 더 아이디어를 확인하거나 변경할 수 있다.

CHAPTER 2

이것이 데이터다

데이터는 이 책을 이해하는 데 필요한 기본 요소이다. 다음 장에 나오는 시각화에 대해 정확히 배우고 잘 다루기 위해서는 데이터에 대한 확실한 이해가 반드시 선행되어야 한다. 지금까지 데이터 분석 트레이너로 일하면서 여러 데이터 분석 실무진의 교육을 담당했고, 그중 여러 사람이 데이터에 대한 기본적인 이해가 부족하다는 사실을 알게 되었다. 따라서, 이번 장에서 뛰어난 데이터 기반 커뮤니케이터가 되는 데 있어 꼭 필요한 기본 요소인 데이터에 대해 다뤄보고자 한다.

이번 장은 다음 내용에 대한 지식을 학습함으로써 기본 기술을 형성하고 다듬어 본다.

- 데이터의 의미 및 데이터의 주요 기능
- 데이터의 출처와 데이터의 형성 과정
- 데이터의 위치
- 데이터 구조화를 통한 더 쉬운 분석과 효율적인 커뮤니케이션의 방법
- 질의에 답하기 위한 올바른 데이터를 식별하는 방법

데이터의 크기가 너무 방대하거나, 접근이 까다로운 데이터 저장 솔루션의 사용 또는 청중에게 정확한 데이터를 전달해야 한다는 부담 등으로 인해 처음에는 모든 데이터 작업이 어렵게 느껴질 수 있다. 하지만 어떠한 어려움도 기본 기술에 대한 완벽한 이해가 있다면 극복할 수 있다. 이번 장에서 다룰 핵심 기술은 데이터의 크기, 복잡도 등에 상관없이 실무에서 효과적으로 업무를 진행할 수 있도록 도움을 준다.

시각화된 자료를 다시 한번 검증하고, 이를 다른 사람에게 정확히 설명하는 것은 데이터를 확실히 이해한 후에야 가능한 일이다. 단어에 대한 정확한 이해 없이는 다른 사람에게 설명할 수 없듯이, 데이터에 대한 이해는 기본이며 필수이다. 실무에선 왕왕 청중의 질문에 정확히 대비할 수 있는 완벽한 데이터를 제공하지 않기도 한다. 그렇기 때문에 주어진 데이터의 범위, 데이터의 저장 위치, 분석을 위한 데이터를 어떻게 제공받을지를 자세히 알고 있다면 보다 효율적으로 작업에 대비하고 진행할 수 있다.

2.1 데이터란 무엇일까?

우리는 실생활, 업무 등 꽤 많은 곳에서 자주 데이터라는 단어를 접하고 듣는다. 데이터가 실제로 의미하는 바는 무엇일까? **데이터**란 관찰 대상을 더 잘 이해하기 위한 목적으로 수집된 사실이나 숫자로 정의할 수 있다.

디지털화는 데이터 수집을 더욱 쉽게 만들었고, 삶의 대부분이 기술과 뗄 수 없을 정도로 밀접해짐에 따라 우리는 삶의 많은 부분을 측정하고 저장할 수 있게 되었다. 이러한 변화에서, 수집된 데이터 속에서 의미 있는 부분을 찾고, 명확하게 정의함에 주목해야 한다. 과거 오랜 시간 동안 대부분의 조직은 고객으로부터 수집되는 방대한 양의 데이터를 저장하는 데 어려움을 겪었다. 하지만 기술은 발전은 이 문제점을 해결하였고, 이제는 데이터 속 의미를 파악하고 이를 이용하여 더 나은 서비스를 창출하는 데 집중할 수 있게 해주었다.

하지만 생성된 데이터가 항상 분석하기에 최적화되어 있진 않다. 그 양이 충분하지 않을 수도 있고, 중구난방으로 나열되어 있거나 섞여 있을 수도 있다. 역할이 세분화되어 있는 대기업의 경우, 방대한 데이터 속에서 필요한 부분만 필터링하여 제공하는 전담 팀이 있을 수도 있지만, 모든 조직이 그와 같진 않다. 그렇기 때문에 의미 있는 데이터를 준비하는 데 필요한 절차나 요소에 대한 이해를 높인다면 더욱 효율적이고 명확하게 일할 수 있다. 데이터를 유의미하게 전환하는 방법을 이해하려면 먼저 데이터의 주요 기능을 이해하고, 무엇이 유용한지, 그렇지 않은지를 인식할 수 있어야 한다.

2.1.1 데이터 필수 요소

데이터라는 단어는 당신에게 어떤 이미지를 떠올리게 하는가? 데이터가 채워지길 기다리는 셀 그리고 수많은 행과 열의 스프레드시트, 이것이 데이터라는 단어가 주는 이미지다. 그럼 행과 열에 대해 논하기 전에, 먼저 셀 자체와 셀의 내용에 주목하자.

아래 [표 2-1]의 다양한 유형의 정보를 포함하고 있는 셀 데이터를 통해, 셀의 중요성을 설명한다.

표 2-1 일반적인 스프레드시트 데이터

국가	지역	매장	판매	목표
영국	북쪽	요크	381,511	306,596
영국	북쪽	에든버러	217,350	358,099
영국	북쪽	글래스고	318,481	244,420
영국	북쪽	리즈	140,157	230,293
영국	북쪽	맨체스터	389,334	395,410
영국	남쪽	바스	214,770	216,506
영국	남쪽	브리스틀	166,261	289,825

데이터를 효과적으로 사용하기 위해서, 셀을 세 가지 분류로 나눠 볼 필요가 있다.

헤더Header란 나열된 셀의 제목과 유사하다. 각 헤더는 셀에 명기된 값이 나타내는 대표 이름을 가져야 하며, 이를 명확하게 표현해야 한다. 데이터가 아직 적절하게 분류되지 않았다면, 이를 대표할 헤더를 특정할 수 없다. [표 2-1]에서 **국가** 헤더는 이미 분류된 국가 값을 포함하고 있어 헤더와 이를 구성하는 셀의 의미를 정확히 이해할 수 있다.

범주형 데이터 Categorical data는 숫자를 포함하는 셀의 해석을 돕는다. [표 2-1]에서 범주형 필드는 국가, 지역, 그리고 매장이며 범주형 데이터는 해당 필드 헤더 아래 위치한다. [표 2-1]에 판매 및 목표만 포함되어 있다면, 데이터 사용자는 해당 값이 실제로 무엇을 의미하는지 이해할 수 없다. 하지만 범주형 데이터와 함께 셀을 해석한다면, 영국 북부 요크 매장의 판매액이 381,511이라고 정확히 이해할 수 있다. 또한 범주형 데이터를 포함하는 셀의 내용을 **범주형 변수**Categorical variable로 부른다는 점도 기억하자.

마지막 셀의 분류는 **숫자**Numbers이다. 셀에 담긴 수는 이해하려는 데이터의 집합 혹은 요소라 정의할 수 있다. 우리는 이 숫자 값들을 더하거나, 비교하여 분석할 수 있으며, [표 2-1]의 경우엔 판매와 목표를 비교할 수 있다.

제공되는 대부분의 데이터는 상당히 많은 종류의 헤더, 범주형 데이터, 숫자를 포함한다. 그러므로 원하는 분석 결과를 도출하기 위해 필요한 데이터 부분만 선택하여 업무에 사용해야 한다.

앞서 말한 것처럼, 디지털 환경에선 아침에 일어나 사무실로 향하는 것만으로도 의미 있는 데이터를 만들 수 있다. 기업은 이와 같은 사용자 패턴을 수집하고 이용하여 물류 흐름의 파악, 향후 판매 전략 등 많은 부분에 활용한다. 다음 데이터의 주요 특징을 살펴보면서 데이터의 구성 방법을 알아보자.

2.1.2 행과 열

각 셀의 값은 그 자체로는 의미가 없다. 하지만 이것이 행과 열에서 어떻게 구성되는지에 따라 의미를 가질 수 있다. 또한 데이터 집합에서 행과 열을 해석하는 방법을 명확히 알면, 그 속에서 찾은 값을 이해할 수 있다. 아래에서 행과 열을 자세히 알아보자.

행

기본적으로, 행row에는 데이터 집합의 단일 관측치가 나타난다. 또한 같은 행에는 데이터의 정밀도 그리고 세분성을 설정하는 범주형 데이터 그리고 관련 숫자 값도 포함된다.

[표 2-2]의 기본 데이터셋을 살펴보고, 각 행이 나타내는 것이 무엇인지 알아보자.

표 2-2 기본 데이터셋

요일	매장	매출	판매 목표
월요일	맨체스터	1,000	800
화요일	맨체스터	750	800
수요일	맨체스터	400	900
목요일	맨체스터	1,350	1,000
금요일	맨체스터	1,500	1,000

이 데이터셋에는 요일과 매장, 두 범주형 데이터가 포함되어 있다. 따라서 우리는 각 행이 하루에 매장의 어떤 데이터를 표현한다는 것을 알 수 있다. 좀 더 자세히 살펴보면, [표 2-2]는 하루에 매장의 매출과 판매 목표를 내포하고 있다고 판단할 수 있다.

데이터셋의 세분화 정도를 파악하지 않고 일을 진행하는 것은 숙련된 데이터 분석사도 자주 저지르는 실수 중 하나이다. 하지만 새 데이터를 분석하면서 세분화 정도를 이해하는 것은 데이터 통합을 결정하는 데 사용되는 기본이며 필수이기 때문에 주의해야 한다. 데이터 **통합**Aggregation은 개별 데이터를 합계, 평균, 최댓값 도출 등 다른 세분화 수준에서 다양한 방법으로 집계하는 것을 의미한다. 예를 들어, [표 2-2] 맨체스터 매장의 판매 목표 평균을 구하면 900이라는 하나의 값만 도출된다.

데이터 통합은 분석 중에 데이터를 이용하여 질문에 답변하는 데 필요한 일반적인 작업이다. [표 2-3]은 [표 2-2]를 기반으로 하여 사용할 수 있는 몇 가지 예제와 유형을 보여준다.

표 2-3 데이터를 분석하기 위해 사용되는 데이터 통합 예제 및 유형

질문	필요한 데이터 통합 기법
가장 높은 판매액을 기록한 요일은?	최댓값: 각 요일의 판매액을 평가하고 가장 큰 값 반환
맨체스터 매장의 총판매액은?	합계: 모든 판매액을 더해 그 합을 반환
가장 높고 낮은 판매액의 차이는?	최댓값, 최솟값 그리고 뺄셈: 최댓값과 최솟값을 찾고 뺄셈을 통해 그 둘 사이의 차를 구함

데이터 기반 커뮤니케이션을 위해 개발된 대부분의 소프트웨어는 이러한 데이터 통합을 쉽고 직관적으로 할 수 있도록 설계되어 있어 편리하지만 확실한 내용 전달을 위해 발표 전에 이를 꼭 검증하고 확인해야 한다.

열

데이터 구조를 이해하기 위해 알아야 할 마지막 요소는 **열**Column이다. 잘 구성된 데이터 집합에서 각 열은 범주형 데이터 또는 숫자 등 유사한 데이터 집합으로 나타난다. **데이터 필드**Data field라는 용어는 일반적으로 열을 의미하며, 네이터 분석에 사용되는 대부분의 소프트웨어는 네이터 통합에서 관련 값을 참조할 수 있도록 각 데이터 필드 즉, 열의 이름을 고유하여 지정하도록 하자.

안타깝게도, 분석을 위한 데이터셋이 항상 잘 구성되어 있지는 않다. 우리는 필요한 데이터 구조를 형성하기 위해 값을 병합하거나, 여러 열로 분할할 수 있다. 또한 일부 열은 전혀 필요하지 않을 수 있으며, 분석을 더 용이하게 진행하기 위해 해당 부분을 제거해야 할 수도 있다.

주어진 데이터를 보기 전에 우리는 질문에 대한 명확한 이해가 필요하다. [표 2-4]는 추가적인 데이터 열을 보여주고 있지 않지만, 다른 매장 정보를 포함하기에 세분화 수준은 [표 2-2]보다 더 높다. 하지만 해결해야 할 질문이 맨체스터 매장에 국한된다면, 추가된 요크 매장에 대한 데이터는 분석에 방해가 된다. 이처럼 질문에 대한 명확한 이해는 필요하고 필요하지 않은 데이터를 판단하는데 큰 도움이 된다.

그러나 추가된 데이터가 매장 열뿐만 아니라 관련 행에도 포함되어 있어, 매장 열을 제거하면 표의 데이터를 정확히 이해할 수 없다.

표 2-4 데이터가 추가된 기본 데이터셋

요일	매장	매출	판매 목표
월요일	맨체스터	1,000	800
월요일	요크	650	500
화요일	맨체스터	750	800
화요일	요크	400	500
수요일	맨체스터	400	900
수요일	요크	600	600
목요일	맨체스터	1,350	1,000
목요일	요크	650	750
금요일	맨체스터	1,500	1,000
금요일	요크	700	750

추가된 열의 데이터가 항상 분석을 방해하지는 않는다. 이를 통해 더 심층적으로 통찰력 있게 분석할 수 있다. 예를 들어, [표 2-3]의 질문을 두 매장, 요크 그리고 맨체스터에 대해 답해야 한다면, 추가 정보는 유용하다. 또는 추가 정보를 이용하여 어느 매장의 매출이 높은지 확인할 수도 있다. 이처럼 데이터는 질문에 답할 수 있을 만큼만 세분화되어 있으면 충분하고 추가적인 작업 또한 최적화할 수 있다.

지금까지 행과 열에 대해 자세히 알아보았다. 직관적으로 알 수 있듯이 행과 열은 서로 영향을 미치는 유기적인 요소이다.

2.1.3 자료형

이번에는 각 **자료형**Data Types의 유형과 사용할 때 고려해야 할 사항에 대해 자세히 설명한다.

숫자

숫자 자료형은 데이터 구성에 핵심이며, 데이터셋에서 **측정/측정값**Measure을 이루는 대부분의 자료형이다. 측정/측정값이란 [표 2-2]와 [표 2-4]의 매출과 판매 목표처럼 지금까지 예제 데이터에서 볼 수 있었던 숫자의 다른 이름이다. 다시 말해 0부터 9까지 숫자의 구성을 숫자 자료형이라고 하며, 질문의 유형에 따라 개별 데이터를 유심히 관찰하기도, 통합하기도 한다.

이 숫자 자료형이 식별자로 사용되는 것을 종종 볼 수 있는데, 이는 고객의 이름 대신 식별 번호Identification를 부여하여 익명으로 데이터를 통합 분석하고, 시간이 지남에 따라 물품의 이름이 변경될 수 있는 경우 용이하기 때문이다.

짐작할 수 있듯이, 숫자 자료형은 모든 산업분야 그리고 부서에 걸쳐 사용되는 기본 그리고 필수 자료형이다. 세계은행World Bank에서 보고한 [그림 2-1]의 세계 곡물 수확량 자료[1]를 살펴보자.

Data Source	World Development Indicators					
Last Updated Date	2020-10-13					
Country Name	Country Code	Indicator Name	Indicator Code	1961	1962	1963
Aruba	ABW	Cereal yield (kg per hectare)	AG.YLD.CREL.KG			
Afghanistan	AFG	Cereal yield (kg per hectare)	AG.YLD.CREL.KG	1115.1	1079	985.8
Angola	AGO	Cereal yield (kg per hectare)	AG.YLD.CREL.KG	828	830.3	798.4
Albania	ALB	Cereal yield (kg per hectare)	AG.YLD.CREL.KG	845.2	941.8	982.3
Andorra	AND	Cereal yield (kg per hectare)	AG.YLD.CREL.KG			
Arab World	ARB	Cereal yield (kg per hectare)	AG.YLD.CREL.KG	782.793101	1139.948023	1058.281005
United Arab Emirates	ARE	Cereal yield (kg per hectare)	AG.YLD.CREL.KG			
Argentina	ARG	Cereal yield (kg per hectare)	AG.YLD.CREL.KG	1410.7	1604.9	1511.2
Armenia	ARM	Cereal yield (kg per hectare)	AG.YLD.CREL.KG			
American Samoa	ASM	Cereal yield (kg per hectare)	AG.YLD.CREL.KG			

그림 2-1 세계 곡물 수확량, 헥타르 당 킬로그램, 세계은행 보고자료

----

1 https://oreil.ly/RuA2W

[그림 2-1]의 대부분의 숫자 데이터는 곡물 수확량을 나타낸다. 하지만 많은 부분이 데이터 필드 또는 행에 데이터가 없음을 의미하는 null로 비워져 있어 완벽한 분석은 쉽지 않다.

이번엔 [그림 2-1]의 숫자 자료형으로 채워져 있는 연도 데이터를 관찰해 보자. 이는 합산, 평균 따위의 데이터 통합에 쓰이지 않기에 측정/측정값으로 사용되지 않는다. 또한 곡물 산출량은 국가 그리고 연도 범주에서 측정되어 있음을 알 수 있다. 다른 Country Code, Indicator Code와 같은 범주형 데이터가 존재하지만 추가적인 정보를 제공하지 않으므로 데이터 세분화 정도를 높이는 데 사용할 순 없다.

숫자 자료형의 형식으로 구성도 중요하다. 많은 데이터 도구가 다른 정보처리 방법을 사용함에 따라 숫자가 정수인지 소수인지 정확히 판별해야 한다. 예를 들어 백분율 헤더에 데이터를 입력한다고 가정해보자. 데이터 필드가 정수로 설정되어 있는 경우 31을 입력하면, 31%의 의미가 생기며, 문제없이 상대방에게 올바른 정보를 전달할 수 있다. 하지만 본 필드가 소수점으로 설정되어 있어 0.31로 기록된다면 심각한 전달 오류가 생길 수 있다. 그러므로 각 값을 명확하게 나타내기 위해 데이터 필드의 설정 및 헤더 이름을 정확히 사용해야 한다.

데이터 기반 커뮤니케이션에서 숫자 자료형의 사용은 매우 중요하므로, 올바른 값을 사용하고 있는지 항상 검증하고 확인해야 한다.

문자

문자 자료형은 문장 부호 및 기호를 포함한 문자 및 숫자 데이터로 구성된다. 학생 이름, 수업 과정, 과정 식별 코드 등 대부분의 데이터는 문자 자료형으로 저장이 가능하며, 데이터가 숫자로만 구성되지 않았다면 문자열로 취급된다. 자유로운 입력을 허용하는 대부분의 컴퓨터 시스템은 데이터 필드를 문자 자료형으로 설정하여 운영한다.

새롭게 실무에 진출하는 데이터 분석가들은 문자 자료형을 가장 많이 사용하는데, 그 이유는 문자열 데이터 친화적인 분석 도구 특징 때문이다. 그리고 아무리 경험 많은 데이터 분석가라도 문자 자료형의 여러 형태 때문에 작업하는 데 어려움을 겪는다.

보통 문자열 데이터는 범주형 데이터로써 분석에 사용되지만, 데이터를 구성하는 특정 문자의 수를 측정값으로 사용하는 경우도 있다. 그러나 대부분의 분석에서는 범주형 데이터를 이용하여 데이터셋을 분류하고 의도한 분석 결과를 도출하기 위해 사용한다.

문자 자료형 데이터는 어떠한 정보도 담을 수 있다는 면에서 매우 유연하고 실용적이지만 골칫 거리가 될 수 있다. 대부분의 데이터 분석 도구는 [그림 2-2]와 같이, 문장 부호 및 공백과 같은 기호를 포함한 모든 입력된 값을 문자별로 판별하고 왼쪽에서 오른쪽으로 그 위치를 평가한다.

Communicating with Data

| 1 | 2 | 3 | 4 | 5 | 6 | 7 | 8 | 9 | 10 | 11 | 12 | 13 | 14 | 15 | 16 | 17 | 18 | 19 | 20 | 21 | 22 | 23 |

그림 2-2 문자열 데이터와 개별 문자의 위치

만약 **Communicating with Data**의 영문 대문자 C 앞에 실수로 공백이 입력되었다고 가정해 보자. 그 실수를 인지하지 못한 채 이를 동일한 문자열 데이터로 인식한다 할지라도, 위치 순서 가 바뀐 이 문자열 데이터는 컴퓨터 시스템에서 완전히 다른 문자열 변수로 판단한다. 그러므 로 문자열을 다룰 때에는 순서, 때론 대소문자까지 모두 똑같이 사용해야 함을 기억하자.

문자열 데이터를 다룰 때, 값을 올바르게 비교하기 위해 저장된 값을 정리Clean up해야 하는 경 우가 많다. 일반적인 정리 작업은 다음과 같다.

| 대소문자 변환 |
문자열 데이터의 값을 모두 대문자, 소문자 혹은 맨 앞 문자만 대문자로 변환 정리한다.

| 문자열 분리 |
상세 주소를 도시명, 우편번호 등으로 분리 저장하는 문자열 분리 정리 방법은 자세한 데이터 분류에 용이하다.

| 오기 수정 |
오타를 찾아 수정함으로써 더 쉽고 빠른 정보 분석이 가능하다.

문자 자료형 데이터는 날짜 또는 불리언Boolean 등의 다른 자료형으로도 변환되어, 특정 자료 분 석에 더 쉽게 사용되기도 한다.

날짜

날짜 자료형은 국가, 지역에 따라 다른 방식으로 입력되고 읽혀 분석가들의 골칫거리가 되기도 하지만 당신이 답하려고 하는 많은 질문에 유용한 정보를 주기에 도움이 된다. 우리가 사용할 많고 유용한 계산 함수는 정확한 날짜 데이터를 요구한다. [그림 2-3]의 예를 사용하여 날짜 데이터가 포함하고 있는 상세 정보를 알아보자.

31/12/2021
d d　m m　y　y　y　y

그림 2-3 영국식 날짜 표기

날짜 데이터에 포함된 기본 요소

- 일(Day) = 31
- 월(Month) = 12
- 년(Year) = 2021

위 날짜 데이터가 함축하고 있는 추가 정보

- 주수(Week number) = 52
- 분기(Quarter) = 4
- 요일(Weekday) = 금요일(Friday)
- 일수(Day of year) = 365

날짜 데이터를 올바르게 가져오기 위해서 적절한 함수Function 또는 명령을 사용하여 데이터 자료형 속성을 변경해야 한다. 함수 또는 명령은 날짜 데이터를 추출하고 변경할 수 있지만, 먼저 해당 기능을 수행하는 소프트웨어가 이를 제대로 지원하는지 확인해야 한다. 또한 사용자가 날짜를 문자열로 입력한 경우 적당한 함수를 사용하여 이를 날짜 데이터로 변환하고 분석에 사용할 수 있다.

불리언

불리언 자료형은 가장 간단한 형식처럼 보이지만, 이 자료형의 사용은 결코 간단하지 않다. 불리언 방식은 일정 조건이 만족되었는지 아닌지를 판단하는 **조건부 계산**Conditional calculation 결과를 저장하면서 비롯되었다.

이 불리언 자료형 데이터 필드에는 *true*(조건이 충족됨), *false*(조건이 충족되지 않음) 또는 *null*(조건을 평가할 수 없음)이라는 세 가지 값이 저장될 수 있다. 불리언 자료형이 발생할 수 있는 조건은 다음과 같다.

- 판매 실적이 100,000을 만족 혹은 초과했는가?
- 학생이 시험에 통과하였는가?
- 고객이 제품을 구매했는가?

비즈니스 인텔리전스 도구와 같은 데이터 분석 프로그램에서 조건부 계산을 사용하는 경우, 참 또는 거짓 값의 결과를 저장하는 새 데이터 필드를 생성하고 관리한다. 또한 좀 더 기술적인 용어 또는 예/아니오와 같은 간단한 답변을 원하는 경우, 별칭을 설정하고 사용할 수도 있다. 예를 들어, *Profit > 0*과 같은 간단한 불리언 테스트의 결괏값으로써 *true*를 반환할 경우 *Profitable*, *false*를 반환할 경우 *Unprofitable*로 지정하여 사용할 수 있다.

불리언 자료형의 단순한 속성 때문에, 조건부 계산 결과는 다른 경우에 비해 빠르게 진행된다. 따라서 대용량 데이터셋을 사용하여 분석할 때 혹은 문자열 데이터를 다룰 때보다 상당히 효율적이다.

2.2 데이터의 생성

데이터는 마술처럼 생성되지 않는다. 어디선가 만들어지며, 저장된다. 데이터를 효과적이고 정확하게 사용하기 위해서는 데이터의 출처를 명확히 파악하고 이해해야 한다.

여러 분야의 작가들은 종종 다른 글들을 자신의 주장을 뒷받침할 증서로 인용한다. 하지만 출처가 불분명한 인용은 도리어 그 타당성과 신뢰를 잃게 만든다. 데이터를 다룰 때에도 마찬가지이다. 출처가 불분명한 데이터를 사용하여 주장하면 청중과 데이터 사용자에게 신뢰를 주지 못한다.

실무에서 당신의 조직은 분석의 뼈대를 이룰 유용하고 신뢰성이 있는 데이터를 제공해 준다. 그리고 그 데이터는 다양하지만 분명한 출처가 있고, 그 속에서 의미 있는 포인트를 찾는다면 더 다양한 분석 결과를 도출해 내는 데 도움이 될 것이다.

분석을 진행하는 데 필요한 데이터 중 일부가 조직 외부에서 생성되는 경우도 있다. 이때 외부 데이터를 살펴봄으로써 조직 내 데이터를 검증하고, 분석을 한 단계 더 발전시킬 수 있다.

2.2.1 데이터가 만들어지는 곳

데이터는 셀 수 없을 만큼 많은 곳에서 다양한 방법으로 만들어지고 여러 가지 이유로 저장된다. 예를 들어, 우리가 하는 모든 행위는 데이터를 생성시킬 수 있으며, 그것은 우리 삶의 질을 더욱 향상시키기 위함이다.

런던의 데이터 시각화 회사 인포그레잇infogr8의 창립자 리처드 실베스터Richard Silvester는 일상생활이나 활동을 통해 개개인이 얼마나 많은 데이터를 생성시킬 수 있는지를 설명한다. 리처드가 소개한 「우리의 하루day in the life」라는 개념을 사용하여 보통의 아침 활동만으로도 얼마나 많은 데이터와 그 속에서 추출할 수 있는 중요 포인트가 존재하는지 [표 2-5]를 통해 나타내고자 한다.

표 2-5 일상에서 만들어지는 수많은 데이터와 그 속의 의미들

세부 활동	생산되는 데이터	데이터 사용성
기상	웨어러블 기기로 수집한 수면 패턴 데이터	수면 패턴과 그것에 영향을 주는 요인을 파악할 수 있음
샤워	수도와 전기 사용량 데이터	에너지 공급 업체는 스마트 미터를 사용하여 수요가 많은 기간을 이해하고, 이에 맞는 적절한 생산을 계획할 수 있음
아침 식사 준비	온오프라인으로 구매한 제품 데이터	제품 구매 데이터는 공급업체에 제공되어 생산 수준을 높이는 데 사용됨
모바일 기기를 이용한 뉴스 확인	앱 사용 시간과 데이터 사용량 데이터	대중의 콘텐츠 선호도를 파악할 수 있으며, 추천 서비스를 향상시킬 수 있음
소셜 미디어 확인	추천하고 공유되는 소셜 미디어 콘텐츠 데이터	사용자의 관심사를 평가하고, 이를 기반으로 관심 있을 후속 콘텐츠 추천
출근	출근에 이용하는 다양한 교통서비스 데이터(자전거, 자동차, 대중교통 등)	교통 인프라와 위성 내비게이션 시스템 개선에 도움이 됨. 대중교통 승차권 구매 데이터는 카페 등 부가 서비스의 수요를 예측하는 데 사용됨

사무실 도착	사무실에 입장하는 데 사용되는 보안 데이터	직원들의 근무 시간 활용을 추적하고, 화재와 같은 위급 상황 발생 시 모든 사람이 건물에서 안전하게 탈출할 수 있게 도움을 줌. 건물의 여러 공간에 대한 요구 사항과 사용성을 평가하는 데에도 사용할 수 있음

일반적으로 데이터가 생성되는 그 원천은 크게 네 가지로 분류할 수 있다. 그리고 어떠한 행위의 부산물 또는 그 행위의 이유라는 점에서 서로 다르다고 볼 수 있다.

운용Operational, 운송Transportation 시스템과 사물인터넷Internet of Things은 데이터를 수집한다기보단, 어떠한 프로세스와 서비스가 발생할 수 있도록 돕기 위해 존재한다. 그러나 설문 조사survey는 현상에 대한 분석 및 의사결정을 돕기 위한 데이터를 수집하기 위해 시행된다. 각 유형의 데이터와 데이터를 수집할 때 고려해야 할 사항을 차례대로 살펴보자.

운용 시스템

운용 시스템Operational system은 제품을 양산하는 기계부터 보험을 등록하는 체계까지 다양한 시스템을 의미하며, 우리는 모두 이러한 운용 시스템을 매일 사용한다.

운용이란 특정 의도로 설계된 작업이 원활히 수행될 수 있도록 지원하는 것을 뜻한다. 보험사의 운용 시스템이란 보험약관을 설계하거나 보험계약자의 전화에 응답하는 등의 시스템이다. 요즘과 같이 컴퓨터 시스템을 이용한 자동화가 보편화된 세상에서 운용 시스템은 일련의 과정 중 여러 시점을 포착해 데이터화한다.

이러한 운용 시스템에서 데이터는 오류의 위치를 추적, 파악하고 고객 응답 프로세스를 개선하는 데에도 쓰일 수 있다. 또한 시스템 자동화를 통해 추가 작업 없이 정확한 시점에 데이터 생성, 저장을 놓치지 않고 수행할 수 있다.

이번엔 은행의 예를 들어보자. 현재의 뱅킹 시스템은 전 세계적으로 연결되어 즉각적인 입출금, 주식매매, 대출 승인 등이 가능하며 승인 방식 또한 투명하게 고객에게 제공된다. 이처럼 운용 시스템에서 발생된 데이터는 신속한 의사결정은 물론 프로세스를 향상시키는 분석에도 효과적으로 사용된다.

편의점과 같은 소매업에서 가장 핵심은 무엇일까? 아마도 카운터의 매출 측정과 창고 내 재고 파악일 것이다. 우리는 지난 수십 년 동안 매장의 판매 수준, 재고 파악, 재주문과 같은 일련의 과정을 다른 외부 시스템과 연결하여 프로세스를 최적화했다. 그 과정에서 운용 시스템은 모든 소매 거래, 재고 물량 그리고 매출 등의 데이터를 생성시켜 이를 가능하게 하는 데 큰 역할을 했다.

[그림 2-4]는 물건의 제조에서 유통 그리고 판매까지 상품의 흐름을 보여준다. 이 흐름에서 운용 시스템은 모든 단계에서 데이터를 생성, 저장한다. 그리고 소매업체는 배송기간, 상품의 인기도 등의 데이터를 분석, 발견된 문제점을 파악하고 수정함으로써 좀 더 나은 판매를 도모할수 있다.

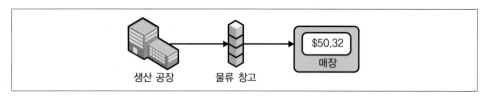

그림 2-4 운용 프로세스의 흐름

모든 데이터는 현재 분석에 즉각 사용되거나 미래에 유용하게 이용될 수 있도록 데이터베이스에 차곡차곡 저장된다. 운용 시스템은 젤리를 제조하거나, 불법 티켓을 검증하는 등 특정한 목적을 수행할 뿐, 기본적으로 데이터 생성을 위한 것은 아니다. 그러므로 과정에서 생성되는 데이터를 곧바로 분석할 수 있는 경우는 거의 없다. 그렇기 때문에, 만들어진 데이터가 손실되거나 잘못 조작되지 않도록 데이터의 생성, 저장 과정을 세밀히 준비하고 관리해야 한다.

설문 조사

많은 회사가 사용자, 고객으로부터 정보를 수집하기 위해 설문 조사를 이용한다. 보통 대부분 사람이 설문 조사에 많은 시간을 할애하지 않기 때문에, 이는 간단명료 그리고 직관적일 때가 많다. 이렇게 수집된 데이터는 다음과 같이 두 가지 주요 유형의 데이터를 생성한다.

| 양적 데이터 |

답변의 수를 세거나, 응답된 숫자를 집계하여 얻을 수 있다. 그렇기에 쉽게 측정 및 계산될 수 있다.

| 질적 데이터 |

질문에 대한 자유로운 텍스트 답변 또는 인터뷰를 통해 얻은 구두 응답 데이터이다. 보다 설명적이고 깊은 통찰력을 제공하지만 많은 양의 설문을 진행하기 어렵다.

이 방식으로 언어진 데이터는 문자열로 저장된다. 피천 세션에서 학습한 것처럼 이는 다양한 문자와 용어를 담고 있을 수 있어, 컴퓨터 시스템에 의한 분석을 위해 하나의 단어 혹은 줄로 나누는 등의 사전 준비가 필요하다.

설문 조사 응답 데이터는 숫자 혹은 문자열뿐만 아니라, 매우 다양한 형태로 얻어진다. 그리고 이는 분석 방법에 대한 준비 그리고 데이터 저장 방법 등에 밀접한 영향을 줄 수 있기 때문에 세밀한 계획이 필요하다.

다음의 **라디오 버튼**Radio button(그림 2-5)과 **단일 값 드롭다운 리스트**Single-value drop-down lists(그림 2-6)를 이용하면 답변을 하나의 값만 선택할 수 있도록 제한할 수 있고, 이는 분석을 간단하게 만든다. 기대할 수 있는 몇몇 답변을 설문 조사에 포함하여 사용자, 고객의 가능한 선호도를 확인할 순 있지만, 이를 통해 새로운 통찰력을 얻을 순 없다.

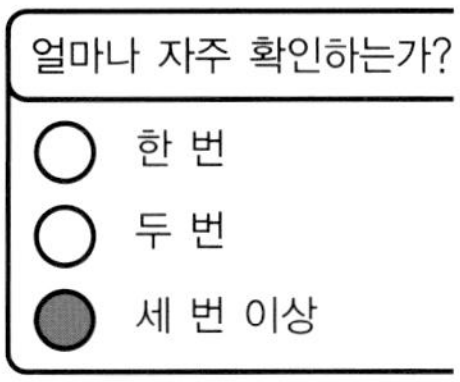

그림 2-5 라디오 버튼

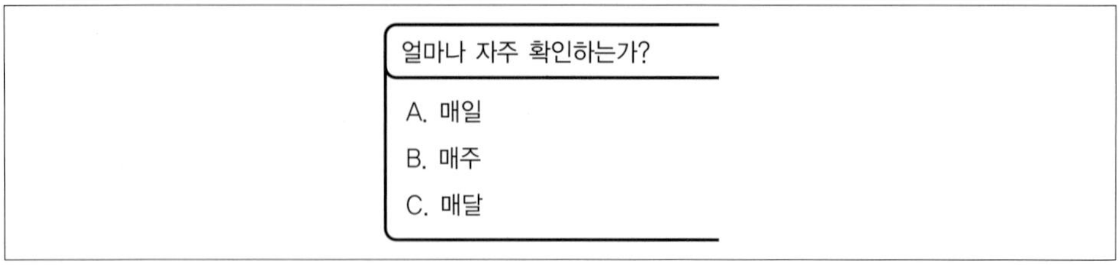

그림 2-6 단일 값 드롭다운 리스트

[그림 2-7]과 같은 **다중 값 드롭다운 리스트**Multi-value drop-down lists로 제시된 객관식 질문은 응답자에게 더 많은 선택권을 준다. 선택 가능한 답은 여전히 사전에 정의되어 있어 여전히 가장 답변에 관련성이 높은 것을 골라야 하지만 기타 옵션을 추가함으로써 선택의 자율성을 제공할 수도 있다. 다만, 기타 옵션으로 얻은 답변은 문자열 데이터로 저장되기 때문에 분석이 훨씬 어렵고 까다로워질 수 있다.

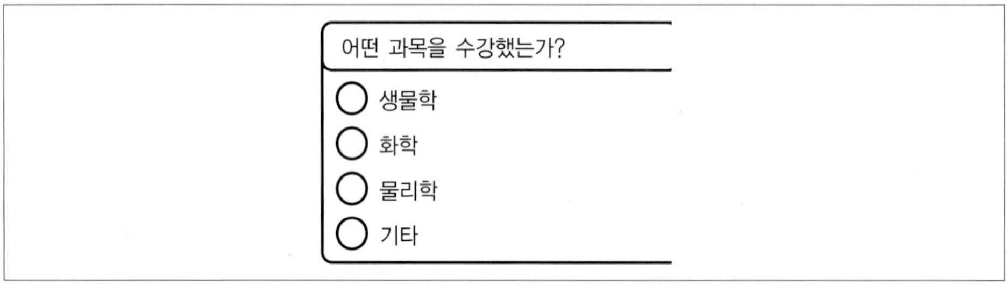

그림 2-7 다중 값 드롭다운 리스트

[그림 2-8]과 같은 **자유 텍스트 입력**Free text entry은 응답자에게 보다 폭넓은 답변을 할 수 있게 하며, 매우 자세하기 때문에 향후 고객과의 커뮤니케이션에서 매우 강력하고 유용하다. 또한 설문 조사 작성자는 문항에 대한 기대 답변을 고려할 필요도 없다. 하지만 자유 텍스트 입력은 정성적인 방법이다. 고로 답변은 문자열 데이터로 저장될 것이기 때문에, 분석을 시행하는 데 훨씬 더 많고 복잡한 작업을 진행해야 한다. 오타, 추상적인 표현 그리고 욕설 등은 이러한 방식의 설문 조사 분석을 복잡하게 만드는 요인이다.

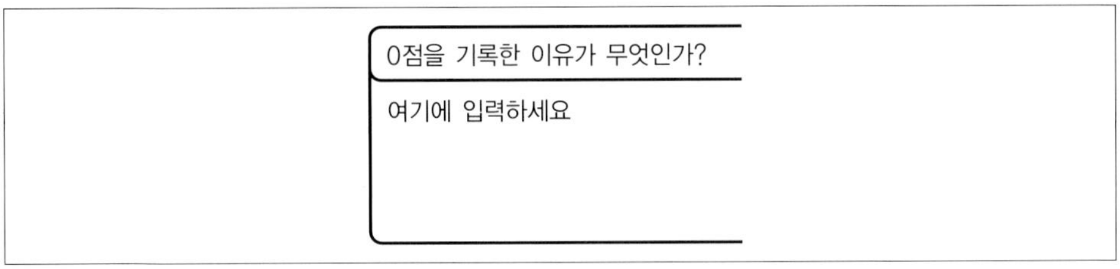

```
0점을 기록한 이유가 무엇인가?

여기에 입력하세요
```

그림 2-8 자유 텍스트 입력

움직임과 운송

일상적인 움직임은 많은 데이터를 만들어낸다. 스마트 워치와 같은 웨어러블 기기를 사용하여 자신의 움직임을 측정하고 기록할 수 있다. 더 나아가, 수십만 명의 움직임 데이터를 분석하면 행동의 특정한 패턴을 알아낼 수 있고, 이는 사람들에게 더 나은 삶의 질을 제공하는 데 사용되기도 한다. 하지만 많은 사람이 개인적인 정보 공유를 불편하게 느끼기 때문에 정보를 수집하는 회사에만 접근 권한을 제한하거나 그 외 타사에 데이터가 공유될 때는 이미 한차례 분석을 거친, 즉 개개인을 특정할 수 있는 부분은 제외한 채 공유된다.

자가 건강 측정Quantified Self 기술은 이메일을 읽는 시간부터 1년 내내 우리가 소비하는 음식에 이르기까지 삶의 다양하고 세세한 요소를 추적한다. 이러한 데이터를 수집하는 목적은 보통의 회사, 조직의 의도와 동일하다. 즉, 현재 일어나고 있는 현상을 학습, 분석하여 미래 개선에 사용하기 위함이다. 많은 사람이 인지하듯이 이러한 유형의 데이터 수집은 아이폰과 같은 개인용 기기에서 흔하게 사용된다.

이렇게 수집된 움직임 데이터가 점점 증가하고, 여러 영역에서 가치가 입증됨에 따라, 이러한 데이터를 수집하는 데 특화된 기기나 센서, 프로그램의 수가 증가했다. 러너와 사이클리스트들이 지나온 거리와 위치를 추적할 수 있게 도와주는 앱인 스트라바Strava[2]가 대표적인 예다. 요즘엔 웨어러블 기기가 인기를 끌면서 심박수, 고도 등을 측정할 수 있는 좀 더 향상된 기능이 추가되기도 했다. 이에 따라 전문 운동선수들이 이를 통해 경기력을 모니터링하고 훈련의 방향을 결정하는 데 유용하게 이용되기도 한다.

---

2 *http://strava.com*

그러나 개개인의 데이터는 시작에 불과하다. 대량으로 수집된 데이터는 사회적 차원에서 더 유용할 수 있다. 예를 들어, 정부는 안전한 자전거 도로 등의 편의 시설을 어디에 설치할지 결정하는 데 이러한 데이터를 사용할 수 있다.

교통량 측정을 위한 위성 내비게이션의 증가는 차량의 속도, 혼잡도를 측정하여 원활한 도로이용에 도움을 줄 수 있다는 점에서 비슷한 유형의 데이터 수집에 해당할 수 있다. 대표적인 예로 스트라바 메트로 프로젝트Strava's Metro project[3]가 있는데, 교통 관련 데이터를 집계하고 국토교통부와 같은 정부 집단에 이를 제공하여 더 나은 미래 인프라 의사결정을 돕는다.

대량의 데이터 수집, 저장은 데이터 스토리지 솔루션에 부담을 주고 비용도 상당한 어려운 작업이었다. 하지만 지난 20년간의 기술 발전으로 훨씬 효율적이고 저렴해졌다. 더 세분화된 데이터 분석이 가능해졌지만, 개인 식별 가능 데이터 사용의 윤리적 이슈는 여전히 풀어야 할 숙제 중 하나이다.

사물인터넷

데이터는 사물인터넷Internet of Things이라고 불리는 장치들에 의해 집을 포함한 우리 주변에서 생성된다. 그러므로 기존에는 인터넷망에 연결되지 않았던, 세탁기, 냉장고 등에 인터넷 또는 로컬 네트워크 연결을 제공해야 하는 경우가 나타났다.

이 사물인터넷 기기들은 스마트폰으로 제어 가능한 가전제품이나 예상 강수량에 따라 관개 수위를 조절하는 농기구 등 유용한 연동 서비스를 창출하기 위한 데이터 생성을 위해 유기적으로 통신한다. 스마트 계량기 또한 대표적인 예로 전기, 수도 검침 등을 원격측정으로 가능하게 해주었고, 훨씬 더 세분화된 사용량 결정 등의 서비스를 제공할 수 있다.

이렇게 수집된 데이터는 엄청나게 방대해서 업무 진행에 부담이 될 수 있지만, 분석을 위해 제공되는 데이터는 이미 특정 카테고리로 합계되어 손쉽게 다룰 수 있다.

점점 더 많은 기기가 설치되고 더 많은 데이터가 수집되고 있다. 충분하고 정확한 분석을 위해 축복일 것 같은 방대한 데이터양은, 빠른 시간 안에 의미 있는 정보를 추출하고 제공해야 한다고 생각해 보면 때론 혐오스럽게 느껴지기도 한다.

----

3 *https://orcil.ly/nq0yu*

2.2.2 당신은 당신의 데이터를 신뢰하는가?

정확한 정보 전달을 위해 데이터를 바라보는 방식은 항상 회의적이어야 한다. 누군가의 주장 또는 온라인에 읽은 어떤 것을 믿기 전에 출처를 확인하고, 그 인용된 문구는 정확히 전달되었는지, 단어의 사용은 적절했는지 더 넓은 맥락에서 확인해야 한다.

> NOTE_ 국제교육기술학회International Society for Technology in Education(ISTE)는 참조 문헌 및 출처 확인을 위한 유용한 정보를 제공한다.[4]

데이터는 공정한 시각에서 평가되어야 한다. 데이터의 출처는 정보의 잠재적 편향성을 판단할 수 있는 척도가 되기도 한다. 잠재적 편향성 때문에 데이터를 배제해야 한다는 것은 아니지만 좀 더 주의 깊게 사용해야 하며, 데이터 출처가 당신의 분석 결과에 미칠 수 있는 영향을 청중에게 강조해야 한다.

[표 2-6]은 앞서 설명한 데이터 출처를 나열하고 잠재적 편향성에 대해 설명한다.

표 2-6 데이터 출처에 따른 잠재적 편향성

데이터가 생성되는 곳	데이터 출처에 따른 잠재적 편향성
운용 시스템	운영 시스템 개발자가 수집될 데이터 포인트를 지정하기 때문에 개발자의 성향에 따라 특정 성별/연령/민족에 편향된 데이터가 수집될 가능성이 있어, 주의해야 한다.
설문 조사	양적 데이터는 응답자의 답변 수집이 우선적으로 필요하다.
	질적 데이터 수집은 질문을 만드는 데 철저한 준비가 필요하다. 질문에 개인적인 편견이 추가될 수 있어, 주의해야 한다.
	설문 조사의 대부분이 특정 의견이나 부정적인 성향이 강한 사람들에 의해 이뤄지면, 정확한 결과를 도출할 수 없다.
움직임과 운송	자가 건강 측정 기술은 추가 비용을 요구하는 경우가 대부분이므로, 데이터가 더 부유한 개인에게 치우칠 가능성이 크다.
사물인터넷	이러한 유형의 데이터는 기술을 제공하는 장치를 구입한 사람에게만 해당되기 때문에, 기술을 사용하는 사람에게 편향될 수 있다.

데이터를 다른 사람에게 전달하는 사람으로서 데이터의 출처 그리고 데이터가 어떻게 사용되는지 이해하는 것을 매우 중요하다. 분석을 진행하는 사람은 이러한 과정을 세세하게 확인하고 고려하는 데 많은 부담감을 느낄 수 있지만, 출처를 회의적이고 비판적으로 평가하는 시도는

---

4 https://orell.ly/ZKVLX

잠재적인 문제를 파악하는 데 도움이 된다. 그리고 다른 분석가와의 협력과 경험은 이러한 능력을 향상시킨다.

2.3 다양한 데이터 자원

데이터는 많은 곳에 저장되어 있고, 많은 곳에서 얻을 수 있다. 이번 장에서는 가장 일반적인 데이터 저장 형태와 근래 증가하고 있는 형식에 대해 설명한다. 이러한 데이터 저장 방법에 대해 자세히 알면, 부서의 데이터 담당자에게 더 명확한 요구 사항이 설정된 양질의 질의를 할 수 있다.

또한 보안과 같은 데이터 보관 시 고려해야 할 주요 사항에 대해 살펴보자. 그럼 먼저 [그림 2-9]와 함께 관련된 몇 가지 중요한 용어를 알아보자.

데이터를 제공받을 때 적절한 수준의 정보를 요청하는 것이 분석에 적합한 데이터를 찾고 결론을 이루는 데 큰 도움이 된다. 그러므로 [그림 2-9] 용어의 이해는 실무에서 데이터 관련 작업에 매우 유용하다.

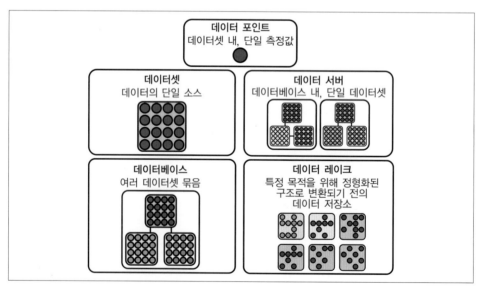

그림 2-9 데이터 저장 수준과 용어의 이해

2.3.1 파일

파일, 데이터 파일은 우리가 매일 다루고 사용하고 생성한다. 시장 조사 자료, 재무제표 또는 판매 기록과 같은 외부의 데이터를 입력하고 계산한 다음, 자신만의 논리를 추가한 새 데이터 파일을 생성하는 작업 등이 그 예다. 이러한 파일은 빠르게 쌓이고 시간이 지남에 따라 사용하고자 하는 많은 데이터를 포함하게 된다.

데이터 파일의 양은 분석의 중요 요소이자 동시에 풀기 어려운 숙제가 된다. 정확한 분석을 위해 자신뿐만 아니라 다른 조직의 파일도 사용해야 하는데, 필요한 정보를 신속하게 찾고 접근할 수 있도록 파일을 논리적으로 보관하는 것은 보통 어려운 일이 아니다. 디군다나 팀마다 고유한 파일 관리 기술이 있는 경우가 많고, 이들 간의 일관성은 거의 없어, 팀의 성공적인 협업이 매우 중요하다.

최근에는 파일을 개인 컴퓨터에 저장하기 보다는 많은 사람이 동시에 접근할 수 있는 클라우드 기반 드라이브에 저장되기 때문에 이러한 문제는 더욱 분명해진다.

일반 파일 형식

실무에선 여러 소프트웨어 프로그램으로 생성된 자료를 이용하기 때문에, 데이터 분석을 진행할 때 다양한 파일 형식을 다룬다. 여러 파일 형식에 익숙해지는 것은 더 다양한 데이터를 이용할 수 있다는 점에서 도움이 된다.

또한 당신의 이론, 가정을 테스트하고 발견한 의미 있는 데이터 포인트를 검증하기 위해 더 많은 자료들을 사용함으로써 연구 결과를 향상시킬 수 있다. 파일 형식은 데이터가 파일 내에 저장되는 방식과 검색 방법을 정의한다는 점도 유의해야 한다.

파일명 끝 문자인 파일 확장자를 통해 파일 형식을 식별할 수 있고, 우리가 주로 사용하게 될 파일 형식은 다음과 같다.

| 마이크로소프트 엑셀 스프레드시트(.xlsx) |

실무에서 엑셀 스프레드시트Excel spreadsheet는 무엇이든 기능하지만 특별한 능력은 없는 도구jack of all trades, master of none로 비견된다. 엑셀 스프레드시트는 데이터를 저장하고 분석 처리를 하는 데에도 사용될 수 있다. 하지만 각각의 스프레드시트가 사용자 정의된 독특한 형태를 취할 수 있다는 유연성은 특정 스프레드시트에서 원하는 데이터를 선택하는 데 어려움을 초래할 수도 있다.

| 쉼표 구분 텍스트 정보 파일(.csv) |

스프레드시트를 포함한 많은 데이터 도구가 CSV^{Comma-separated values} 파일을 입력할 수 있도록 허용하기 때문에, 운영체제, 데이터베이스, 웹 사이트 다운로드 시스템 등이 이 파일 형식으로 사용자에게 데이터를 제공한다. CSV 파일 형식은 데이터를 쉼표^{Comma}로 구분하고, 행 바꿈은 파일 내의 새 줄로 인식된다.

| 텍스트 파일(.txt) |

TXT 파일 형식은 쉼표로 데이터를 구분하지 않는 만큼 CSV 파일 형식보다 훨씬 더 단순하다. 대신 문자의 수로 데이터를 구분할 수 있기에, 먼저 사용하고자 하는 TXT 파일의 구조 및 내용을 행과 열로 변환하는 방법을 이해해야 한다.

| PDF(.pdf) |

PDF^{Portable Document Format} 파일에는 이미지뿐만 아니라 방대한 양의 텍스트가 포함되어 있는 경우가 많아, PDF 파일이 항상 데이터에 관한 내용을 담고 있다고 정의할 순 없다. 다만, PDF 파일에 있는 여러 형태의 자료들은 몇 가지 데이터 도구로 자세히 읽어올 수 있어, 유용한 데이터 자원이 될 수 있다.

| 공간 정보 파일(.shp, .kml, .geojson) |

이름에서 나타나듯이 공간 파일 형식은 공간 객체^{Spatial objects}를 담고 있다. 특히 위치 데이터를 통한 분석을 진행할 때, 점, 선 또는 다각형의 도형 등의 공간 객체가 위치 또는 지리적 경계를 설명한다. 셰이프파일^{Shapefiles}에 이러한 정보가 포함되어 있어, 지도와 같은 데이터를 다룰 때 가장 많이 사용된다.

이외에 셀 수 없을 만큼 많은 파일 형식이 분석에 포함될 수 있다. 하지만 이러한 파일 형식은 데이터를 생산한 고유의 소프트웨어 도구에 사용이 제한될 수 있어, 실제로 분석에 사용되는 파일 형식은 몇 가지로 수렴될 가능성이 크다.

> **NOTE_** 대부분 데이터 분석 도구는 데이터베이스에 정보 요청, 즉 쿼리^{Query}를 지원하는 드라이버를 이용하여 분석할 데이터가 저장되어 있는 파일에 연결한다. 앞에서 설명한 것보다 더 많은 사용자 지정 파일 형식에 연결하기 위해 특정 드라이버를 다운로드하여 설치할 수도 있음을 기억하자.

일반적인 어려움 그리고 문제점

앞에서 언급한 파일 형식의 유연성은 데이터를 입력할 때 유용할 수 있지만, 데이터 분석 시 다음과 같은 약간의 어려움이 생길 수 있다.

| 제어 |

데이터를 입력하거나 데이터 필드를 추가할 때 공통적인 규칙이나 제어Control의 부재는 파일을 다루는 사용자에게 어려움을 야기할 수 있다. 대부분의 데이터 분석 도구는 데이터가 행이나 열의 집합 구조에 정리되어 있어야 한다. 하지만 파일은 간혹 이러한 요구 사항을 충족하지 못할 때가 있다. 예를 들어, 마지막 행에 나열된 데이터의 합계를 표시해야 한다고 가정하자. 올바르게 정렬되지 않은 경우, 이중으로 합산 또는 몇몇 데이터를 제외하는 문제가 발생할 수 있다.

데이터 필드 추가는 데이터 파일에서 쉽게 수행되고 자주 일어나는 작업 중 하나이다. 하지만 이러한 데이터 필드 추가를 적절하게 처리하고, 수반되는 분석 보기 불가 등의 문제를 방지하기 위해 사용 중인 분석 도구의 설정을 잘 확인해야 한다. 또한 예상치 못한 데이터 변경은 커뮤니케이션 장애의 원인이 될 수 있기 때문에, 사람들이 필요로 하는 데이터를 원할 때 볼 수 있도록 확인해야 한다.

| 출처 |

분석 결과를 최신 데이터 기반으로 도출하기 위해 데이터 파일을 자주 업데이트해야 한다. 다만, 간혹 분석에 사용된 기법 등의 노출을 수반할 수도 있기 때문에, 데이터가 어떻게 생성되었는지 보여주는 원본 데이터 링크를 반드시 포함할 필요는 없다.

앞에서 설명했듯이 데이터의 잠재적인 편향성을 평가하려면 데이터 출처를 정확히 이해해야 한다. 출처를 정확히 특정할 수 없는 경우, 분석 결과에 미칠 수 있는 영향을 평가하기 어렵다.

| 처리 과정 |

데이터 파일의 출처가 명확하다고 해서 데이터 파일 변경 내역을 알 수 있는 것은 아니다. 이러한 경우 원본 데이터가 변경, 계산, 조작 등이 발생했는지 알 수 없고 잘못된 결론을 도출할 수 있는 등 문제를 발생시킬 수 있다. 일반적인 경우 변경 내용을 작성하는 데 공식적인 프로세스가 거의 없어, 데이터 파일에 값을 잘못 입력하거나 덮어쓰기 쉽다.

| 크기 |

데이터 파일은 대량의 데이터를 저장, 처리하기 위해 만들어지지 않았다. 그러므로 대부분의 파일 형식은 저장할 수 있는 행 수가 제한된다. 하지만 데이터 수집이 쉬워짐에 따라 데이터 크기가 기하급수적으로 커지고 있다. 엑셀의 경우 파일 형식이 보관할 수 있는 데이터양을 늘렸음에도 불구하고, 분석에 필요한 데이터를 **충분히** 저장할 순 없다. 또한 데이터 분석 도구에서 큰 데이터 파일을 연결할 때 이용 속도가 느려지는 문제를 발생시키기도 한다.

| 사용 |

데이터가 어떤 목적으로 생성되었는지 이해가 부족하면 데이터를 잘못된 방향으로 사용할 수 있다. 데이터 파일은 특정 그룹, 목적에 초점을 맞춘 연구 결과이거나 데이터베이스 쿼리의 결과물이다. 하지만 이 맥락을 망각하고 데이터셋을 전체 모집단으로 가정하는 등의 행위는 잘못된 분석 결과를 도출할 수 있다.

데이터로 작업하는 경우 데이터 파일을 사용할 가능성이 높다. 데이터 파일에 데이터를 유연하게 입력할 수 있기 때문에 즉각적인 데이터 분석을 할 수 있다. 그러나 분석을 안정적으로 대량 생산 하거나 자동으로 실행되도록 설정하는 경우에는 입력 파일을 더 잘 제어하여 데이터 처리 오류와 분석에서 잘못된 결과가 도출되는 것을 방지해야 한다.

2.3.2 데이터베이스, 데이터 서버, 데이터 레이크

데이터베이스Database는 데이터의 입력과 처리에 더 많은 구조와 최적화된 관리 방법을 제공하며, 데이터를 수집, 처리, 저장, 출력하기 위해 구축된다. 데이터 파일과의 주요 차이점은 데이터베이스가 더 세심하고 강력히 관리되며, 데이터와 상호 작용을 위해 컴퓨터 코딩이 필요하다. 이러한 특징 때문에 데이터 작업을 처음 시작하는 사람은 필요한 정보에 접근하는 데 상당한 노력과 시간이 필요하다.

데이터베이스 소프트웨어는 데이터 파일이 가지고 있던 많은 문제를 해결할 수 있고 데이터 처리, 분석에 특화되어 설계되었다. 그러므로 데이터베이스는 주로 개인 노트북이나 데스크톱 컴퓨터보다 훨씬 큰 메모리와 처리 능력을 가진 컴퓨터에서 실행된다. 데이터베이스를 이루는 하위 요소를 우리는 테이블이라고 부른다. 그리고 다음과 같은 조직의 데이터를 저장, 처리하는 데 유용하게 쓰일 수 있다.

- 고객 또는 학생 명부
- 제품
- 판매
- 직원관리대장

이러한 테이블들은 특정 질문에 답하기 위해 결합되는 경우가 많다. 예를 들어, 판매를 분석할 때 어떤 상품이 누구에게 팔렸는지에 대한 데이터를 함께 고려해야 완전한 분석 결과를 얻을 수 있다. 데이터 테이블은 총체적이고 의도된 뷰를 형성하기 위해 일반적으로 요청되는 방식으로 서로 연결될 수 있다. 그리고 데이터베이스의 테이블이 어떻게 결합되어 있는지 도표화Mapping 하는 것을 **데이터베이스 스키마**Schema라고 한다. 데이터베이스 스키마는 **join**이라는 명령어(2.5.2절 '데이터 사용'에서 자세히 설명)를 이용하여 테이블을 묶을 수 있다.

일반적인 형태의 데이터베이스

대부분의 서버가 윈도우Windows를 운영체제로 사용하기 때문에 마이크로소프트 SQL 서버Microsoft SQL Server는 가장 많이 사용되는 데이터베이스 중 하나이다. 가장 일반적인 데이터베이스의 유형은 **SQL**Structured Query Language이라는 컴퓨터 코딩 언어를 사용하고, 이를 이용하여 사용자는 데이터베이스에서 적절한 쿼리 명령을 통해 분석에 필요한 데이터셋 또는 집계 결과를 얻을 수 있다. SQL은 MySQL, PostgreSQL, Teradata 등 주로 사용되는 다른 데이터베이스에서도 이용된다. 하지만 그 코딩 언어의 구조가 조금씩 달라 별도의 교육을 통해 학습해야만 원활한 사용이 가능하다.

데이터의 기하급수적 증가는 데이터베이스의 증가 그리고 여러 데이터베이스의 동시적 실행을 요했다. 이것을 지원하기 위해 **데이터 서버**Data Servers가 등장했고, 이는 수많은 데이터베이스를 저장, 운영한다. 또한 **데이터 웨어하우스**Data Warehouse라는 용어는 분석을 목적으로 조직 내 여러 소스의 데이터를 수집하는 시스템을 의미한다.

최신 데이터베이스도 여전히 SQL로 질의된다. 하지만 많은 회사가 조직 내의 서버를 자체 운영, 호스트(온프레미스On-premises 방식)하지 않고 클라우드 기반 서버를 이용하는 추세이다. **클라우드 컴퓨팅**Cloud computing이란 특정 목적을 위한 콘텐츠 서버 운영을 다른 조직의 서버 공간을 임대하여 진행하는 것을 뜻한다. 당신이 원하는 성능과 용량을 필요에 따라 조정할 수 있어 정보 확장 등의 큰 장점이 있다. 클라우드 기반 서버는 주로 아마존 웹 서비스Amazon Web Services,

마이크로소프트 애저^{Microsoft Azure}, 구글 클라우드 플랫폼^{Google Cloud Platform} 등에서 제공한다.

방대한 양의 데이터를 처리해야 하는 요구는 SQL 기반 솔루션에 문제를 일으켰다. SQL이 효과적으로 작동하도록 설계된 데이터 구조는 데이터를 데이터베이스 구조에 밀어 넣을 만큼 많은 양의 데이터 유입이 빠르게 처리되지 못한다는 것을 방증한다. 이러한 문제점의 발견은 **데이터 레이크**^{Data Lakes}의 개념을 도입하게 했다. 데이터 레이크는 일단 모든 데이터를 비정형, 구조화되지 않은 채 보관하다, 데이터가 필요하고 올바르게 변환될 수 있다고 판단되면, SQL 데이터베이스로 변환 처리한다.

일반적인 어려움 그리고 문제점

첫째, 데이터베이스 내 데이터에 접근하기 위해 SQL이라는 컴퓨터 코딩 언어를 알아야 하기 때문에, 조직의 대부분의 사람들이 SQL을 배우지 않은 상황이라면, 소수의 사람들에게 데이터 확보를 의지해야 한다. 이것은 분석을 위한 데이터가 데이터베이스에만 존재하고 접근 가능할 경우 여러 문제를 야기할 수 있다.

데이터 접근을 제한하는 것은 코딩 언어뿐만이 아니다. 데이터베이스에 접근 권한 규제는 데이터 파일에 대한 것보다 훨씬 더 강력하고 엄격하게 관리된다. 대부분의 조직에서 데이터베이스 권한은 요청에 의해 부여될 수 있지만 IT팀과 임원의 승인을 거쳐야 해서 과정이 복잡하다.

방대한 데이터셋을 저장하기 위해 설계된 데이터베이스의 데이터를 엑셀과 같은 기본 분석 도구를 이용한 분석은 굉장히 어렵다. 또한 필요한 데이터셋을 얻기 위해 데이터베이스의 테이블과 뷰를 적절히 결합, 생성하는 것은 많은 전문가의 도움과 경험을 필요로 한다. 그리고 심지어 데이터베이스 다루기도 충분히 많은 노력이 필요한 상황에서 데이터 레이크의 데이터를 처리해야 한다면 더 큰 기술적 과제로 다가올 것이다. 데이터 레이크의 데이터를 탐색하고 처리하는 데 상당한 시간이 소요될 수 있으며, 그 과정에서 많은 반복 처리가 필요할 수 있다.

이 어려움들은 극복해야 할 많은 장애물을 만들지만, 데이터베이스가 보다 엄격하게 제어되는 데이터를 강력하게 처리할 수 있어, 그 노력은 충분한 가치가 있다. 또한 데이터베이스는 반복 가능하고 안정적인 데이터 처리, 분석을 지원한다. 그리고 정형화된 데이터베이스 구조는 쉽게 새 데이터를 추가하고 관리할 수 있어, 최신 정보를 기반으로 분석을 업데이트하는 데 쉽다.

2.3.3 API

현대 분석가들에게 점점 더 까다로운 요청 사항이 전달됨에 따라, 더 향상된 데이터 처리, 분석 기술이 요구되고 있다. 그중 한 분야가 데이터셋을 데이터베이스에 연결할 때 사용하는 **API**Application Programming Interfaces를 이용한 코딩 기술이다. API 사용자는 내재된 절차와 기능을 통해 시스템과 데이터를 사용하는 애플리케이션을 직접 구축할 수 있다. 음악 재생 서비스인 스포티파이Spotify는 사용자가 노래, 아티스트, 팟캐스트에 대한 정보를 API[5]를 통해 얻을 수 있도록 지원하고, 청취자는 직접 자신의 행동 분석까지 파악할 수 있다. API는 데이터 분석에만 쓰일 수 있을 뿐만 아니라, 애플리케이션에 데이터 입력까지 가능하게 한다. 예를 들어, 트윗을 '**좋아요**Like'하는 행위는 직접 권한을 부여 받지 않고 트위터 데이터베이스에 기록을 작성하도록 API를 통해 지원한다.

API는 다양한 데이터 소스를 한곳에 묶을 수 있고, 웹 사이트 기반 트래픽을 통한 데이터베이스 접근을 표준화할 수 있는 특징 덕분에 더욱 대중화되었다(그림 2-10). 기본적으로 분석을 위한 데이터를 가져오기 위해 웹 사이트로 이동하기 때문에 API 호출이 브라우저 URL에 표시되는 경우가 빈번하다.

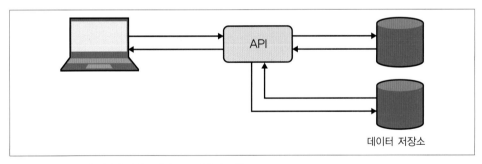

그림 2-10 사용자와 데이터 저장소 사이, API 호출의 흐름

다른 기술 발전과 마찬가지로, API는 사용자가 발견한 문제들을 해결하면서 여러 진화를 거듭했다. 초기 형태의 SOAPSimple Object Access Protocol API는 데이터를 다루기 쉽지 않고, 이해하기 어려운 구조의 XMLExtensible Markup Language 파일로 전달되는 등의 여러 문제가 있었다. 이후 사용자 친화적이며, 표준화된 RESTRepresentational State Transfer API가 소개되었고, 이는 더 논

---

5 *https://oreil.lv/3fNSC*

리적인 구조의 JSON^{JavaScript Object Notation} 파일을 통해 데이터가 전송된다. 최신 형태의 API는 GraphQL로, 보다 현대적이고 쉬운 작업 방식을 제공한다. 다양한 API가 여전히 사용되고 잠재적인 문제를 인지, 해결하기 위해, 모든 버전의 API를 사용해야 할 수 있다.

수많은 데이터 소스인 웹을 통해 제공되는 서비스들은 API를 사용한다. API와 지금까지 설명한 파일/데이터베이스 작업 사이에는 몇 가지 차이점이 있다. API 호출은 기본 데이터 집합에 대한 요청의 범위와 반환되는 데이터양을 제한한다. 이는 대용량 데이터셋에 대한 분석을 수행할 때, 필요한 정보를 수집하기 위해 여러 번 호출해야 하므로 문제가 될 수 있다.

API를 이용하여 데이터 작업을 하는 것은 몇 가지 근본적인 어려움을 수반한다. 첫째, 컴퓨터 코딩 언어에 익숙하지 않으면, 이러한 필요한 데이터를 요청하기 위해 쿼리를 보내는 데 많은 시간이 필요하다. 보통 조직 내 이러한 작업과 데이터 분석 도구에 입력할 수 있게 데이터 후처리를 전담하는 팀이 있다.

특정 데이터에 접근하기 위해 개발자가 제공한 API를 사용하기 어려운 부분이다. 사용자는 API는 통해 데이터를 제공받기 때문에 데이터 출처, 공정한 방식으로 어떠한 데이터가 수집되고 제거되어 반환되었는지 고려해야 한다.

2.3.4 데이터 보안 및 윤리

데이터 분석을 통해, 고객, 제품 및 서비스 동향을 파악할 수 있다. 하지만 이는 데이터에 사용된 개인에 대한 중요한 것을 드러낼 수 있어, 오용으로부터 엄격하게 보고해야 한다. 이러한 오용은 신원 도용부터 비윤리적 데이터 사용까지 다양한 형태로 나타날 수 있어, 꼭 유의해야 한다.

데이터 작업 시, 다음 사항을 확인해야 한다.

- 데이터를 제공한 개인은 데이터가 어떻게 사용될 것인지 알고 있어야 한다.
- 데이터는 수집부터 분석을 위한 사용까지 안전하게 보호되어야 한다.
- 데이터는 수집 목적을 달성하면 안전하게 삭제되고, 데이터 제공자 또한 데이터 사용으로부터 얻는 이득이 없어야 한다.

모든 데이터 사용 단계에서 데이터를 보호하는 프로세스를 **데이터 관리**^{Data management}라고 한다. 데이터를 안전하고 확실히 수집하는 것, 데이터 사용 목적을 명확히 정의하는 것 그리고 사용

후 데이터를 안전하고 확실하게 삭제하는 것은 매우 중요하다. 전 세계적으로 모든 개인적인 데이터는 사용 허가를 받은 경우에만 사용되어야 하고, 데이터 보유가 더 이상 개인의 이익에 도움이 되지 않을 때 삭제되어야 한다는 법률이 시행되고 있다.

모두가 알고 있듯, 데이터 보안은 매우 중요하다. 데이터 접근에 안전한 비밀번호를 걸어 놓는 것만으로는 부족하다. 데이터를 암호와 기기에 보관하고 보안망 내부에서 사용함으로써 적대적 도용 시도에 의한 데이터 손실을 사전에 막아야 한다. 데이터 보안은 데이터의 대상을 개인 정보 유출과 무분별한 도용 같은 잠재적인 손해로부터 보호하는 것을 의미한다. 결국, 이 데이터들은 당신에 관한 것이다. 당신은 당신이 정보가 어떻게 다루어지길 원하는가?

데이터 사용에서 고려해야 할 것은 보안뿐만이 아니다. 데이터가 가진 힘이 많은 영역에서 부각됨에 따라 데이터의 윤리적 이용은 더욱 논쟁거리가 되고 있다. 윤리는 단지 당신과 당신이 속한 조직의 윤리를 넘어서는 심오하고 중요하다. 더 나은 삶을 위해 수집되고 연구되는 데이터는 종종 인간의 행동에 관한 것이기 때문에, 면밀한 분석은 사람들의 움직임, 신념, 성적 성향 그리고 그 밖에 다양한 세부 사항을 밝혀낼 수 있다. 그러므로 데이터 제공자가 허가한 목적에서 분석이 벗어나지 않도록 하는 것이 데이터 윤리에서 중요한 부분이다.

데이터 보안과 윤리적 사용에 대한 많은 서적이 많기 때문에, 이 책에서 필요한 전부를 다루진 않겠다. 다만, 데이터 유출이나 오용 등에 의한 고객에 받을 수 있는 사칭, 사기, 성적, 종교적, 정치적 신념 차별 등 잠재적인 문제를 항상 염두에 두어야 한다.

> **NOTE_** 조너선 르블랑Jonathan LeBlanc과 팀 메서슈밋Tim Messerschmidt이 쓴 『웹 개발을 위한 인증 및 데이터 보안』(오라일리, 2016)은 데이터 보안에 대한 기본적이면서 자세한 내용을 잘 보여준다. 데이터의 윤리적 활용에 대해 더 많은 내용을 알고 싶다면, 빌 프랭크스Bill Franks가 편집한 『데이터를 다루는 모두가 알아야 할 97가지』(오라일리, 2020)를 참고하라. 핵심 이슈에 대한 폭넓은 이해를 도울 수 있다.

2.4 올바른 데이터 구조란?

데이터를 이루는 구성 요소와 데이터 출처를 명확하게 이해하는 것은 데이터 분석에 탄탄한 기반을 마련하는 데 도움이 된다. 또한 **형태**Shape라고도 불리는 데이터 구조는 분석하는 데 있어 큰 차이를 만든다. 앞서 기본적인 열과 행에 대해 설명하고 데이터셋의 내부 구성을 보았다면, 이번엔 분석을 위한 데이터 구체화와 정리 방법에 대해 설명한다.

2.4.1 데이터 형태

특정 구조에 맞는 데이터셋을 생성하는 것은 힘든 계산만큼 힘들 수도, 간단한 데이터 드래그 앤 드롭처럼 쉬울 수도 있다. 데이터 파일이든 데이터베이스이든, 출처로부터 받은 데이터 집합은 특정 열에 구성된다. 이때, 각 열이 나타내는 것은 분석을 얼마나 쉽게 구성할 수 있을지부터, 심지어 분석이 가능한지 여부까지도 결정하는 요소가 된다.

범주형 데이터

앞서 언급된 것처럼 범주형 데이터는 각 측정/측정값이 무엇을 나타내는지 설명한다. 데이터를 이루는 각 부분에 대해 별도의 열이 있으면, 각 열을 참조하여 질문에 대답할 수 있어 분석에 매우 용이하다. 예를 들어, [표 2-7]의 데이터를 이용하여 평균 시험 점수를 확인할 때, 여러 데이터 수준에서 값을 찾을 수 있다.

- 전체 평균
- 학과별 평균
- 과목별 평균
- 강좌별 평균
- 학생별 평균

표 2-7 범주형 데이터의 예

학과	과목	강좌코드	학번	점수
예술학과	역사	HI101	30957191	76
예술학과	역사	HI101	52814935	92
예술학과	역사	HI101	89620539	60
예술학과	역사	HI102	30957191	66
예술학과	역사	HI102	89620539	35
사회과학과	정치	PO101	30957191	58
사회과학과	정치	PO101	51123824	61
사회과학과	정치	PO102	89620539	75
사회과학과	지리	GE101	51123824	91
사회과학과	지리	GE101	63947347	82

대부분의 분석 도구는 조건을 충족하는 값을 결정하기 위해 숫자 열을 읽고 결과를 반환한다. 사용하는 소프트웨어가 이러한 방식을 제공하지 않는다면, 별도로 계산하여 질문에 답해야 한다. 예를 들어, 각 과목 평균 점수를 계산해 보자(표 2-8).

표 2-8 과목 평균 점수 계산

학과	과목	강좌코드	학번	점수
예술학과	역사	HI101	30957191	76
예술학과	역사	HI101	52814935	92
예술학과	역사	HI101	89620539	60
예술학과	역사	HI102	30957191	66
예술학과	역사	HI102	89620539	35
사회과학과	정치	PO101	30957191	58
사회과학과	정치	PO101	51123824	61
사회과학과	정치	PO102	89620539	75
사회과학과	지리	GE101	51123824	91
사회과학과	지리	GE101	63947347	82

평균을 구하기 위해 먼저 과목의 수를 확인하자. 이번 경우, 역사, 정치, 지리, 세 과목이 있다. 데이터 분석 도구는 각 과목에 해당하는 값을 합산 후, 학생 수로 나누어 다음과 같은 결과를 얻는다.

- **역사**: 합계 329, 나누기 학생 수 5, 평균 65.8
- **정치**: 합계 194, 나누기 학생 수 3, 평균 64.7
- **지리**: 합계 173, 나누기 학생 수 2, 평균 86.5

위와 같이 학과별 데이터 분석도 유사한 방식으로 간단히 진행할 수 있다. 데이터 분석 도구는 서로 다른 부서를 찾은 다음 관련 데이터 행에 대해 적절한 계산을 수행한다.

측정/측정값

각 범주형 데이터에 속한 데이터 집합이 고유한 열이 필요한 것처럼, 측정값도 마찬가지다. [표 2-9]의 측정값들은 개별 열이 없고, 이는 수월한 데이터 합계를 방해한다. 대부분의 데이터 분석 도구는 별도의 열에 데이터를 입력하도록 권장하고, 이는 전체 열 집계를 빠르게 진행되게 한다.

표 2-9 개별 열이 없는 측정값의 예

학과	과목	강좌코드	학번	측정 항목	값
예술학과	역사	HI101	30957191	점수	76
예술학과	역사	HI101	30957191	출결	6
예술학과	역사	HI101	52814935	점수	92
예술학과	역사	HI101	52814935	출결	8
예술학과	역사	HI101	89620539	점수	60
예술학과	역사	HI101	89620539	출결	10

위 표에 점수와 출결에 대한 별도의 열이 있다면, 데이터 통합을 더욱 쉽게 진행할 수 있다. 측정값에 대한 적절한 계산을 수행하는 것은 분석에 매우 중요한 요소이자 능력이며, 측정값마다 별도의 열을 갖는 것은 계산 복잡도를 줄여준다. [표 2-9]와 같이 한 열에 여러 측정값이 존재하는 것은 추가적인 작업을 요구하게 되고, 학번이 중복되어 데이터 분석에 방해를 일으키게 된다.

만약 분석에 필요한 데이터가 범주형 데이터로 구분되어 있지 않거나, 별도의 열에 측정값이 담겨 있지 않다면, 데이터의 형태를 재배치해야 한다. 그렇기 때문에, 우리는 분석을 위한 새 데이터셋을 받게 되었을 때, 가장 먼저 수행해야 하는 일에 데이터 구조 평가를 포함시키며 분석에 적당한 데이터 구조를 구성하는 데 필요한 몇 가지 기술이 존재한다.

열-행 피벗 변환

데이터 피벗은 데이터 구조를 재구성하는 데 가장 일반적인 방법 중 하나로, 열을 행으로 또는 그 반대 방향으로 선택된 데이터를 변환한다. 문서에 실제로 유용한 데이터 필드 헤더가 있는 경우 피벗의 사용이 유리하다. 그리고 이러한 헤더는 [표 2-10]과 같이 데이터셋에 새로운 데이터(표의 경우 새로운 학생의 성적 결과)가 새 열(학번)로 추가될 때 발생한다.

표 2-10 열-행 피벗 변환이 필요한 데이터셋의 예

학과	과목	강좌코드	30957191	52814935	89620539	51123824	63947347
예술학과	역사	HI101	76	92	60		
예술학과	역사	HI102	66		35		
사회과학과	정치	PO101	58			61	
사회과학과	정치	PO102			75		
사회과학과	지리	GE101				91	82

이 데이터셋을 분석하는 데 있어 어려운 점은 단순히 하나의 열을 집계하는 것이 아니라 새로운 학생이 추가될 때마다 분석을 업데이트해야 한다. 하지만 아래 [표 2-11]처럼 학생과 측정값이 별도의 열에 나란히 정렬되어 있다면, 이는 훨씬 쉽다. [표 2-11]은 열-행 피벗 변환한 결과이다.

표 2-11 [표 2-10]을 열-행 피벗 변환한 결과

학과	과목	강좌코드	학번	점수
예술학과	역사	HI101	30957191	76
예술학과	역사	HI101	52814935	92
예술학과	역사	HI101	89620539	60
예술학과	역사	HI102	30957191	66

예술학과	역사	HI102	89620539	35
사회과학과	정치	PO101	30957191	58
사회과학과	정치	PO101	51123824	61
사회과학과	정치	PO102	89620539	75
사회과학과	지리	GE101	51123824	91
사회과학과	지리	GE101	63947347	82

위 표와 같이 대부분의 데이터 분석 도구는 null 값을 제거하기 때문에, 결과 데이터에 null 값을
가진 별도 행은 존재하지 않는다. 이는 null 값이 분석에 어떠한 값도 제공하지 않기 때문이다.

행−열 피벗 변환

측정/측정값에 대한 설명에서 이야기했듯이, 별도의 열이 아닌 여러 개의 행에 특정 범주 데이
터가 존재할 때, 분석 복잡도를 올리는 등의 어려움을 야기할 수 있다. 이는 행을 열로 변환하
는 다른 형식의 피벗을 통해 해결할 수 있다. 아래 따라오는 [표 2−12]는 [표 2−9]의 전체 데
이터이며, 점수와 출결 사이의 관계를 찾는 것이 더 어렵다.

표 2-12 [표 2−9]의 전체 데이터, 개별 열이 없는 측정값의 예

학과	과목	강좌코드	학번	측정 항목	값
예술학과	역사	HI101	30957191	점수	76
예술학과	역사	HI101	30957191	출결	6
예술학과	역사	HI101	52814935	점수	92
예술학과	역사	HI101	52814935	출결	8
예술학과	역사	HI101	89620539	점수	60
예술학과	역사	HI101	89620539	출결	10
예술학과	역사	HI102	30957191	점수	66
예술학과	역사	HI102	30957191	출결	7
예술학과	역사	HI102	89620539	점수	35
예술학과	역사	HI102	89620539	출결	7
사회과학과	정치	PO101	30957191	점수	58
사회과학과	정치	PO101	30957191	출결	8

사회과학과	정치	PO101	51123824	점수	61
사회과학과	정치	PO101	51123824	출결	8
사회과학과	정치	PO102	89620539	점수	75
사회과학과	정치	PO102	89620539	출결	10
사회과학과	지리	GE101	51123824	점수	91
사회과학과	지리	GE101	51123824	출결	7
사회과학과	지리	GE101	63947347	점수	82
사회과학과	지리	GE101	63947347	출결	10

먼저, 행-열 피벗하려면 새 헤더를 구성할 데이터 필드를 설정해야 한다. 위 경우, 새 헤더를 구성할 값으로 구성된 알맞은 것은 값 데이터 필드이다. 보통 데이터셋의 한 행에 분석에 필요한 여러 값이 있는 경우, 피벗에 사용된다. 그리고 피벗 변환의 결과를 이용하여 가장 작은 값, 가장 큰 값, 평균 등의 여러 집계 결과를 도출할 수 있다. [표 2-12]의 데이터셋에는 중복된 내용은 없으므로 고려하지 않았다.

[표 2-13]은 행-열 피벗의 결과로 각 범주형 데이터 필드와 측정값이 자체 열을 가지고 있어 분석이 훨씬 용이하다.

표 2-13 행-열 피벗을 이용하여 도출한 표 데이터

학과	과목	강좌코드	학번	점수	출결
예술학과	역사	HI101	30957191	76	6
예술학과	역사	HI101	52814935	92	8
예술학과	역사	HI101	89620539	60	10
예술학과	역사	HI102	30957191	66	7
예술학과	역사	HI102	89620539	35	7
사회과학과	정치	PO101	30957191	58	8
사회과학과	정치	PO101	51123824	61	8
사회과학과	정치	PO102	89620539	75	10
사회과학과	지리	GE101	51123824	91	7
사회과학과	지리	GE101	63947347	82	10

통합

데이터 형태는 데이터 필드의 구성뿐만 아니라, 행의 수도 많은 영향을 끼친다. 데이터 행은 개별 측정값들로 인식되었고, 우리는 쉬운 분석을 위해 값들은 집계하여 데이터를 단순화시켰다. 우리는 보통 다양한 질문에 대비하기 위해 데이터를 매우 세부적으로 준비한다. 하지만 예상 가능한 질문에 빠른 대응을 위해 데이터를 준비할 수 있다는 것도 기억해야 한다. 다음은 더 적은 세부 정보로 더 높은 수준의 데이터 세분화를 이룰 수 있는 일반적인 데이터 집계의 범주를 보여준다.

| 합계 |

값들의 합

| 평균 |

값들의 합을 대상의 빈도로 나눈 값

| 최빈값 |

가장 빈번하게 나타난 값

| 중앙값 |

나열된 모든 값 중 중간값

| 최솟값 |

가장 작은 값

| 최댓값 |

가장 큰 값

[표 2-13]의 각 행은 특정 과목에서의 학생 성적과 출결을 보여주고 있다. 다시 말해, 학번 데이터 필드 수준으로 세분화한 결과이다. 강좌코드 수준으로 측정값을 집계하기 위해서는, 각 강좌의 학생 정보를 합산해야 한다. [표 2-14]는 각 강좌의 평균 점수와 평균 출석률을 [표 2-13]의 학생 점수 및 출결 데이터로 계산한 것이다.

표 2-14 평균 점수와 출결 데이터

학과	과목	강좌코드	평균 점수	평균 출결
예술학과	역사	HI101	76	8
예술학과	역사	HI102	50.5	7
사회과학과	정치	PO101	59.5	8
사회과학과	정치	PO102	75	10
사회과학과	지리	GE101	86.5	8.5

데이터 통합에서는 특정 범주의 인스턴스Instance **수**를 합산함으로써 세분화 정도를 낮출 수 있다.

| 카운트 |

한 범주의 구성 인스턴스 총계

| 특정 인스턴스 카운트 |

한 범주의 특정 구성 인스턴스 총계

사용자가 데이터의 완성도를 확인할 수 있도록 카운트를 사용하여 분석해 보자. 주어진 데이터에 과목당 오직 몇 사람의 기록만 존재하므로, 모든 정보가 제공되었을 가능성이 낮다. [표 2-15]는 [표 2-13]의 과목당 학생 수를 보여준다.

표 2-15 과목당 학생 수 집계

학과	과목	강좌코드	평균 점수	평균 출결	학생 수
예술학과	역사	HI101	76	8	3
예술학과	역사	HI102	50.5	7	2
사회과학과	정치	PO101	59.5	8	2
사회과학과	정치	PO102	75	10	1
사회과학과	지리	GE101	86.5	8.5	2

데이터 크기가 지속적으로 증가함에 따라, 수십억 행 정보도 쉽게 통합할 수 있는 분석 도구에 의한 데이터 계산의 필요성이 대두되었다. 데이터를 높은 수준의 세분화 정도로 집계하면, 분석 도구는 더 적은 수의 행을 처리하므로, 필요한 계산을 더 빠르게 수행할 수 있다. 또한 확인

할 행의 수가 적어지게 되기 때문에 데이터 검증에도 유리하다. 앞서 언급했듯이, 데이터 취합은 자세한 수준의 세분화가 필요하지 않는 답변을 수행할 때에만 이뤄져야 한다.

2.4.2 데이터 전처리

2.1.2절 '행과 열'에서 언급한 바와 같이 데이터 필드 또는 데이터 열은 단일 요소의 관찰, 측정 값을 나타내야 한다. 운용 시스템의 출력은 항상 읽기 쉬운 형식으로 제공되거나 '**각 열엔 하나의 데이터만 존재해야 함**'이라는 가이드를 충족하는 것은 아니다. 따라서, 데이터 사용 전 전처리를 통해 분석에 용이하게 만들어야 한다. 또한 시스템이 생성한 데이터뿐만 아니라 수동으로 입력된 정보도 오기 등으로 인해 데이터 전처리가 필요한 경우가 많다.

분할

모든 전체 데이터가 제대로 구성될 필요가 있는 것은 아니다. 데이터 분석에 스케줄을 고려하여 추가 작업이 필요한지 미리 결정해야 한다.

[표 2-16]의 데이터는 몇 가지 다른 방식으로 나눠질 수 있다. 예를 들어, 주요 데이터 값은 하이픈Hyphens으로 분할된다.

표 2-16 보안 출입 로그

로그
2022_10_13-08:31:47-30957191
2022_10_13-08:42:21-89620539
2022_10_13-08:47:19-52814935
2022_10_13-08:49:56-51123824

하이픈으로 로그 값을 분할하면 [표 2-17]과 같이, 날짜, 시간 그리고 학생 ID가 포함된 세 개의 열이 생성된다.

표 2-17 분할 결과

날짜	시간	학번
2022_10_13	08:31:47	30957191
2022_10_13	08:42:21	89620539
2022_10_13	08:47:19	52814935
2022_10_13	08:49:56	51123824

분할은 많은 데이터 분석 도구에서 클릭 몇 번 또는 간단한 계산을 작성함으로써 수행될 수 있는 프로세스이나, 직접 계산하여 작성하든 자동 옵션을 사용하는 동일한 방식으로 수행된다. 좀 더 자세히 말하면, 데이터 프로세서가 데이터 사이의 구분자를 인식하여 새 열을 생성하고 데이터를 채운다.

분석 유형에 따라 날짜를 한 번 더 분할하여 연도, 월 그리고 일에 대해 별도의 열을 생성할 수 있다. 또한 여름철 수업에 비해 겨울철 수업에 더 많이 지각하는지 여부를 분석하기 위해 시간 열을 시간, 분, 초로 나눠 분석해 볼 수도 있다. 로그 데이터를 분할하지 않고 분석하는 것은 훨씬 더 어려운 작업이 될 것이다. 또한 데이터는 지속적으로 업데이트될 것이기에, 프로세스를 자동화하지 않으면 분석에 더 많은 시간을 할애해야 한다. 그러므로 필요한 데이터가 어떻게 입력되고 저장되는지 미리 준비하고 파악해야 한다.

잘못된 문자 변경

2.1.2절 '행과 열'에서 다뤘듯이 각 데이터 필드는 하나의 데이터 유형으로 이뤄져야 한다. 문자열 데이터 필드일지라도 수학적 계산을 수행하려면 숫자 데이터만 존재해야 할 것이다. 이처럼 대부분의 분석 소프트웨어는 잘못된 문자가 존재할 경우 원하는 분석을 처리할 수 없다.

특히 값을 수동으로 직접 입력할 경우 데이터는 대부분 완벽할 수 없다. 직접 입력이 오류를 발생할 확률을 높인다면 왜 시스템은 수동 데이터 입력을 허용하는 것일까? 답은 간단하다. 데이터 입력의 유연성을 높이기 위해서다. 시스템을 디자인할 때, 간단한 드롭다운 리스트로 모든 데이터 입력을 받게 만드는 것은 항상 가능한 일이 아니다. 데이터 입력의 유연성을 높이는 것은 보다 폭넓고 자세한 분석에 용이할 순 있지만, 분석 자체를 복잡하고 어렵게 만든다.

아무리 데이터를 주의 깊게 입력한다 할지라도, 잘못된 문자가 추가될 가능성은 존재한다. [표 2-18]은 숫자 열에 문자 A가 실수로 추가된 예를 보여준다.

표 2-18 데이터 필드에 잘못된 문자 삽입의 예

강의동	강의실	수용 능력
로스코	연습실 A	470
로스코	연습실 B	236
사이먼	연습실 A	A198
사이먼	연습실 B	330
사이먼	연습실 C	121

직접 수동으로 정정하여 잘못된 값을 바꿀 수 있다. 그러나 이러한 방식은 데이터셋의 중요한 값이 필터링되어 분석 결과를 변경할 수도 있기 때문에 주의해야 한다. 다른 방법으로는 대부분의 데이터 분석 도구에서 지원하는 **Replace**라는 계산 함수를 이용하여 원하는 문자를 변경하는 방법인데, 위의 경우 A를 제거하고 198 값만 그대로 두어 데이터를 바로잡을 수 있다. [표 2-18]의 경우엔 잘못된 문자가 존재하는 위치를 명확한 패턴으로 규정할 수 없어 **정규 표현식**Regular expressions[6]과 같은 복잡한 함수를 사용하여 오류를 방지해야 할 수도 있다. 또한 잘못된 값을 남김없이 정확히 수정하기 위해 먼저, 삽입될 수 있는 값의 범위 또는 기댓값을 확인하는 것도 중요하다. 198이라는 값은 해당 데이터 필드 범위 내에 있으므로, 데이터 집합 내에서 사용될 수 있는 올바른 값일 가능성이 크다.

데이터를 구조화하고 준비하는 방법을 배우면 쉬운 분석을 가능하게 하고, 데이터 내 다른 유용한 값도 드러나게 할 수 있다. 각 열이 단일 범주의 측정값을 나타내면 쉽게 데이터셋에서 원하는 질문의 답을 얻을 수 있다. 또한 이는 데이터 작업 시 지속적으로 필요한 계산 및 집계를 막힘 없이 진행하는 데 큰 장점이 있다.

2.5 올바른 데이터

분석을 시작하기 전에 올바르고 적절한 데이터가 있는지 여부를 판단하는 기준은 접근 가능한 데이터셋의 유무가 아닌 답해야 할 질문이 무엇인지에 의해 대부분 결정된다. 무엇이 필요한지에 대한 명확한 이해 없이는 정확한 답변을 제공하는 것이 사실상 불가능하기 때문이다.

요구 사항 Requirements이란 데이터로 해결해야 하는 질문과 과제이다. 나는 분석가로 성장하면서

---

[6] 문자열의 독특한 패턴을 찾고 바꿀 때 유용

고객, 조직의 상사 등의 이해관계자가 실제로 필요로 하는 것이 무엇인지 파악하는 방법에 대해 배웠다. 데이터 가용성, 필요한 요구가 발생한 상황 등 여러 가지 요인으로 인해 이해관계자가 자신이 실제 요구를 정확하게 표현하지 못하는 경우가 많다(그림 2-11).

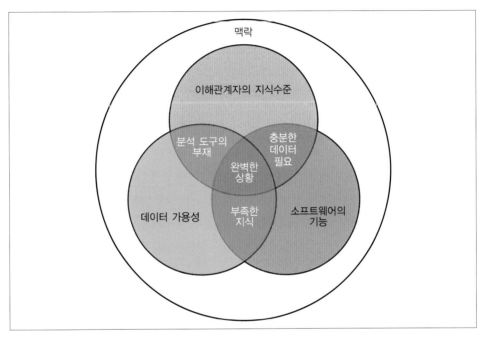

그림 2-11 요구 사항 결정에 수반되는 어려움

이러한 어려움에 대한 세부 내용은 다음과 같다.

| 맥락 |

데이터에서 답을 찾으려면 질문이 발생한 상황의 정확한 맥락을 이해해야 한다. 예를 들어 "우리 이익 수준은 어떠한가?"와 같은 간단한 질문에도 글로벌 거시경제 상황, 조직의 발전단계, 질문의 시점 등에 따라 답이 크게 달라질 수 있다.

조직뿐만 아니라 질문을 제기하는 개인 맥락 또한 중요하다 목표치를 달성하지 못해 성과와 개선 방법에 대해 좀 더 분석적인 답변이 필요할 수도 있고 또는 뛰어난 성과를 분석을 통해 기대치에 비해 얼마나 앞서 있는지 입증하고자 하는 것일 수도 있다. 이때, 맥락에 대한 명확한 이해가 없다면 고객, 조직 내 상사 등의 이해관계자가 무엇을 원하는지 정확히 알 수 없다

| 이해관계자의 지식수준 |

요구 사항의 정확도는 이해관계자의 지식수준에 따라 판이할 수 있다. 그리고 이때 적용되는 지식은 해당 영역에 대한 전문 지식과 데이터 기술, 두 가지로 나눌 수 있다. 해당 영역에 대한 전문 지식을 보유한 이해관계자가 얼마나 그 분야에 경험이 있는지, 조직의 운영 방향에 대한 이해는 깊은지 등에 대한 전문성 수준은 제시될 요구 사항의 세부 수준에 많은 영향을 미친다. 이해관계자가 자신의 역할에 익숙하지 않거나 일반적인 수준의 전문성을 보유할 경우, 요구 사항이 충분하지 않거나 자세히 전달되지 않을 가능성이 농후하다. 이 경우 요구 사항의 뉘앙스를 따르기보단 훨씬 더 많은 상황별 맥락을 포함해야 자세한 분석을 진행할 수 있다.

데이터 분석의 목적에 대해 잘 이해하는 것만으로는 심층적인 기술적 검토를 진행할 수 없다. 데이터의 흐름, 데이터 분석을 통해 달성할 수 있는 목표, 분석에 사용할 수 있는 데이터까지 파악하면 요구 사항을 보다 자세히 구성할 수 있다. 데이터와 분석 기술에 대한 이해가 낮은 이해관계자는 완벽한 요구 사항을 형성할 가능성이 매우 낮다. 특히 이해관계자가 데이터 분석에 대한 이해가 낮은 조직의 상사라면 추가적인 질문을 통해 필요한 요구 사항을 더 면밀히 파악해야 한다.

| 데이터 가용성 |

데이터 없는 분석은 존재하지 않는다. 데이터를 찾는 데 시간을 단축할 수 있기 때문에, 조직에 어떤 데이터가 어디에 어떠한 형태로 저장되어 있는지 파악하는 것은 중요한 능력이다. 다시 말해, 데이터를 빠르게 찾을 수 있거나, 찾는 데 도움을 줄 수 있는 사람을 아는 것은 데이터를 다루는 데 큰 이점이 된다. 타사의 데이터 또는 인터넷에서 수집한 자료 등을 통해, 분석을 위한 더 많은 데이터를 확보할 수 있는 능력은 당신이 충족할 수 있는 요구 사항의 범위를 넓힐 수 있다. 이러한 지식과 능력이 있다는 것을 조직 내 상사와 같은 이해관계자가 충분히 알고 있다면, 당신의 분석에 대해 많은 걱정과 우려를 표하지 않는다.

| 소프트웨어의 기능 |

지금까지 앞서 봤던 구성 요소가 모두 충족된다 하더라도, 요구 사항에 맞는 분석을 진행할 수 있는 소프트웨어가 없다면 무용지물이다. 데이터 분석 도구는 요구 사항에 맞게 변경하여 사용될 수 있으며, 인터넷은 수많은 예제와 분석을 위한 해결책을 제공한다. 소프트웨어 기능이 요구 사항을 설정할 때 과소평가되는 경우가 많은데, 이는 조직 내 이해관계자가 기능에 대한 이해가 부족할 때 발생한다. 이러한 경우 전체 기능을 요청하지 않아 소프트웨어의 유용한 기능을 충분히 사용하지 못할 가능성이 있으므로 주의해야 한다. 또한 대부분의 데이터 시각화 도구는 훨씬 더 많이 상호 작용하여 고려해 볼 수 있는 많은 데이터 포인트를 제공하는데, 이해관계자는 이러한 것들보다 특정한 답을 원해 보다 폐쇄적인 요구 사항을 요구할 수 있다.

[그림 2-11]의 중복된 부분은 실제 요구 사항과 이를 답하는 데 필요한 데이터를 이해하는 데 어려움을 나타낸다.

| 부족한 지식 |

필요한 데이터와 소프트웨어 도구가 있더라도 충분한 제반 지식이 없는 이해관계자가 참여하는 경우, 추가 작업 없이 명확한 요구 사항을 얻는 데 어려움을 겪을 수 있다. 이때 데이터를 함께 탐색하면서 해당 주제에 대해 알게 될 가능성이 매우 높으므로, 이해관계자와 긴밀히 협력할 수 있도록 준비해야 한다. 또한 이러한 경험이 많은 주변 동료를 찾아 초기에 요구 사항을 정의할 수 있는 프로세스에 대해 조언을 얻는 것도 좋은 방법이다.

| 분석 도구의 부재 |

충분한 데이터와 지식수준이 높은 이해관계자가 있더라도 분석에 필요한 기능을 제공하는 소프트웨어 도구가 없다면 요구 사항을 충족시키는 데 어려움을 겪을 수 있다. 당장 조직에 새로운 도구를 도입하는 것은 어려울 수 있으므로, 사전에 관련 프로세스를 시작하여 대비하는 것이 중요하다.

| 충분한 데이터 필요 |

필요한 데이터가 어디에 저장되어 있는지 알고 있다면 이 문제는 해결하기 쉬울 것이다. 하지만 데이터의 접근이 제한되거나 담당자를 알기 어려운 상황이라면 답답한 경험이 될 수 있다. 여러 유관 부서의 데이터 담당자를 미리 파악하여 다양한 데이터 소스를 파악하는 것이 도움이 될 수 있다.

언급된 기본 요구 사항을 충족하는 데 충분한 시간을 투자하지 않으면, 데이터 분석 작업이 의도한 대로 흘러가지 않거나 관련된 당사자 간에 혼란을 초래할 수 있다. 이렇게 수많은 어려움이 산재한 상황에서 성공적으로 요구 사항을 수집하고 정의하려면 어떻게 해야 할까?

2.5.1 요구 사항 수집

요구 사항 수집은 프로젝트 시작도 전에 데이터 분석을 완성시키거나 중단시킬 수 있는 중요한 작업이다. 이해관계자의 명확한 요구 사항은 보다 명쾌한 충족을 이루게 한다. 그렇다고 요구 사항이 반드시 정확할 필요는 없다. 이러한 경우 데이터 분석 결과가 함의하는 중요한 통찰력을 놓칠 수 있다. 반면에 요구 사항이 너무 불분명하면 분석 결과에 대해 제기되는 질문에 답하기 어려울 수 있다.

요구 사항을 명확하게 수집하면 주요 이해관계자가 미처 생각지 못했던 부분까지 파악하고 전달할 수 있다. 대부분의 경우 당신은 매번 새로운 데이터를 분석할 것이고, 분석을 시작하기 전에는 데이터가 함의하는 것을 알기 어렵다. 그러므로 데이터 분석을 시작하며 요구 사항을 문서화하고 이를 이해관계자와 공유하면, 분석에 필요한 내용에 대해 다시 한번 서로 합의할 수 있어 순조로운 작업에 도움이 된다.

올바른 질문하기

이해관계자의 요구 사항을 완벽히 이해하는 것의 첫걸음은 올바른 질문을 하는 것이다. 이해관계자의 분석 목표와 데이터에 대한 이해 수준은 당신이 요구 사항을 이해하는 데 큰 영향을 미친다. 데이터에 대한 이해가 밝고, 분석을 의뢰하는 데 익숙한 이해관계자와 협력할 때, 당신은 보다 쉽고 완벽하게 요구 사항을 파악할 가능성이 높다. 하지만 그렇지 못한 이해관계자와 일해야 한다면 세밀하고 올바른 추가 질문을 통해 정확한 요구 사항을 정의해야 한다.

다음의 가정을 통해 더 이야기해 보자.

당신은 영국 대학에서 다음 학년도 대학의 학생 수용을 계획하는 기획팀의 일원이다. 영국에서는 고등학교 성적을 기준으로 신입생을 선발하기 때문에, 이는 입학할 학생 수를 예상하고 강좌 개설과 교직원 임용을 결정하는 데 판단 기준으로 사용될 수 있다. 기획팀장인 비키Vicky는 지원한 학생들의 고등학교 성적 집계 결과가 산출되고 신입생 수가 확정됨에 따라 필요한 강좌와 교직원 수 등 다음 학년도 학생 수용능력을 평가하는 데 도움이 되는 프로젝트를 요청하기 위해 당신을 찾아왔다.

비키의 첫 번째 요청은 '우리 대학에서 이용할 수 있는 장소와 학생 수를 비교할 수 있는 대시보드'이다. 처음 이 요청을 들었을 때, 이것은 합리적이고 다음의 몇 가지 데이터만 확인해도 쉽게 해결할 수 있는 것처럼 보인다.

- 몇 명의 학생이 입학할 수 있는 성적인가?
- 몇 명의 학생이 입학하기에 부족한 성적인가?
- 성적 확인 중인 학생은 몇 명인가?

하지만 이 세 가지 데이터를 제공하더라도, 다른 많은 질문을 받을 가능성이 크다. 모든 이해관계자는 어떤 데이터가 제공되면, 이를 학습하고 원하는 분석 결과에 도달할 수 있는지 판단하기 때문이다. 좋은 데이터 분석가는 이에 앞서 올바른 질문을 통해 요구 사항을 수집하고, 이해관계자의 질문의 목적이 무엇인지 이해를 형성함으로써 원활한 작업 진행을 위한 노력을 한다.

이처럼 비키의 요청에 단순히 협력하는 대신, 당신은 더 나은 요구 사항을 구할 수 있는 간단한 질문을 할 수 있다. "질문에 대한 답변으로 당신이 진행할 계획은 무엇입니까?" 비키의 답변은 그녀가 정말로 원하는 데이터를 내가 제공할 수 있도록 도울 수 있기 때문에 매우 중요하다. 비키의 답변이 다음과 같다고 하자.

- 학생을 수용할 수 있는 충분한 강의실이 필요하다.
- 학생에게 좋은 교육을 제공할 수 있는 충분한 교수 인원인지 확인해야 한다.
- 학생들을 충분히 수용할 수 있는 기숙사 공간이 있는지 확인해야 한다.

지금까지 이러한 방식으로 이해관계자와 이야기하고 협력하면서 요구 사항을 파악했다. 질문들을 설정하는 데 추가 작업이 요구되지만, 한 번에 필요한 답변을 얻을 가능성이 높아 효율적이다.

필요한 요구 사항을 확실히 정할 수 있는 또 다른 방법은 일본의 토요타 그룹을 창립한 사키치 토요타Sakichi Toyoda가 만든 '다섯 가지 이유Five Whys' 기법을 사용하는 것이다. 토요타는 원하는 바를 정확히 찾기 위해 5번 "왜?"라고 질문해야 한다는 것을 발견했다. 사실 이해관계자는 많은 질문을 원하지 않을뿐더러, 이러한 방식의 계속된 "왜?"는 짜증을 유발할 수도 있다. 하지만 데이터 분석에 대한 진정한 초점을 찾기 위해 이 방법은 매우 유용하다.

다음의 예는 다섯 가지 이유를 통한 비키와 상호 작용을 보여준다.

비키: "우리 대학에서 이용할 수 있는 장소와 학생 수를 비교할 수 있는 대시보드가 필요합니다."

나: "그런데 그 데이터가 왜 필요하죠?"

비키: "부총장님께 다음 학년도 우리 학교 수용 능력을 말씀드려야 합니다."

나: "부총장님은 그 데이터를 왜 찾고 있나요?"

비카: "부총장님은 필요한 교직원 수를 확인하고 있기 때문입니다."

냐: "그럼 왜 부총장님은 지금 그 수를 확인하고 계신 가요?"

비카: "부총장님은 더 작은 그룹과 강의실에서 학생을 가르칠 직원이 부족하다면, 더 큰 강의실이 필요진 않는지 우려하고 있습니다."

냐: "왜 강의실 크기와 수에 초점을 두고 있는 거죠?"

비카: "C동의 모든 강의실을 새롭게 단장할 계획인데, 이는 사회과학과 강좌 수용 능력에 영향을 미칠 것으로 판단되기 때문입니다."

앞에서 우리는 오직 네 가지의 이유로 필요한 정보를 훨씬 더 명확하게 파악했다. 필요한 분석을 위해 학과별 학생 수, 교수와 강의실 크기가 정리된 데이터가 요구되며, 이를 이용하면 강좌와 강의실을 효율적으로 배분할 수 있음을 알 수 있다.

이처럼 요구 사항을 명확히 파악하는 것은 그리 어렵지 않다. 그러면 왜 다들 처음부터 제대로 된 질문을 하지 않을까? 일반적인 경우 이해관계자는 고위 임원이기 때문에, 이들에게 어려운 질문을 하는 것이 그리 편치 않기 때문이다. 하지만 우리가 열심히 논의한 효율적이고 편리한 방식을 이해관계자에게 인식시켜 원활한 데이터 분석이 되도록 노력해야 한다.

스케치

작업을 시작하기 전에, 이해관계자의 요구 사항을 이해하는 것만이 올바른 데이터를 확보하기 위해 필요한 작업은 아니다. 이해관계자는 특정한 차트, 레이아웃 등의 형식을 염두에 두고 있을 가능성이 크다. 이러한 시각적 형식을 미처 확인하지 못하고 분석 결과를 제공할 경우, 설사 올바른 분석이 이뤄졌다 할지라도 재작업을 요청할 가능성이 높다.

3장과 4장에서는 데이터를 시각화하는 가장 효과적인 방법을 살펴본다. 하지만 이해관계자의 요구 사항은 더 복잡하고 세부적일 수 있다. 3장과 4장의 목적은 데이터 시각화 방법과 데이터에 내포된 메시지를 명확하게 전달되도록 하는 데 필요한 지식을 제공함에 있다.

특히, 이해관계자나 외부 협력업체를 위한 업무를 처리할 때 시각적 형식은 상당히 중요하다. 하지만 이러한 세부 정보를 누군가의 머릿속에서 꺼내 문서로 만드는 것은 다음과 같은 여러 가지 이유로 매우 어렵다.

| 고객 또는 이해관계자가 경험이 풍부한 데이터 전문가일 때 |

경험 많은 전문가 고객은 제시한 요구 사항에 그들이 접근했던 방식으로 일해줄 것이라고 기대할 수 있다. 또한 그들은 당신이 사용하는 것과 다른 옵션과 특징을 가진 데이터 분석 도구로 작업했을 수도 있어. 이들의 기대를 만족시키는 것은 상당히 까다로울 수 있다.

| 고객 또는 이해관계자는 분석 결과를 사용할 최종 사용자가 아닐 때 |

당신은 최종 사용자가 아니기 때문에, 분석을 어떻게 활용할지, 이를 이용하여 어떤 질문에 답변을 할지 예상하기 어렵다. 이해관계자가 이에 대한 충분한 예상을 했을지라도, 완벽한 요구 사항을 전달할 가능성은 매우 낮다.

| 고객 또는 이해관계자가 원하는 바를 정확히 알고는 있지만, 분명히 표현하지 못할 때 |

가장 어려운 경우이다. 이해관계자가 회의 또는 다른 프로젝트를 리뷰하는 도중 갑작스레 떠오른 시각적 요구 사항을 전달하려 할 때 발생할 수 있다. 협력한 경험이 많은 이해관계자라면 쉽게 이해하고 원하는 바를 찾을 수 있지만, 처음 교류하는 경우라면 상당한 시간과 논의가 요구된다.

이러한 어려움을 해결하기 위한 가장 좋은 접근법은 이해관계자들이 스스로 생각하는 것을 끌어내도록 하는 것이다. 그들의 표현이 명확할 필요도 없다. 대충이라도 표현해낼 수 있다면 최종 분석 결과가 어떤 모습일지 논의를 통해 빠르게 알 수 있다. 많은 사람이 잘못된 완성품을 만들까 봐 스케치도 시작하지 못하는 경향이 있다. 스케치 형식은 중요하지 않다. 차트 유형에 대한 짧은 노트, 간략한 한 장의 포스트잇도 좋은 아이디어 스케치가 된다. 스케치는 데이터가 없을 때에도 분석 작업에 중요한 필수 요소가 되고, 프로젝트를 완료하는 데 필요한 전문 지식으로 쓰인다.

[그림 2-12]는 다섯 가지 이유에 기초한 비키의 요구 사항을 스케치한 것이다.

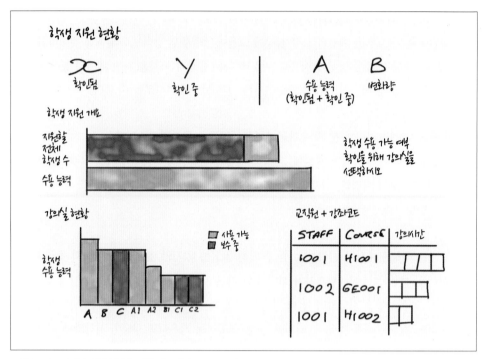

그림 2-12 비키의 요구 사항을 만족하는 대시보드 스케치

스케치는 특정 차트를 형성하는 데 필요한 데이터 필드를 파악할 수 있도록 하여, 올바른 데이터를 얻는 데 도움이 된다(그림 2-13).

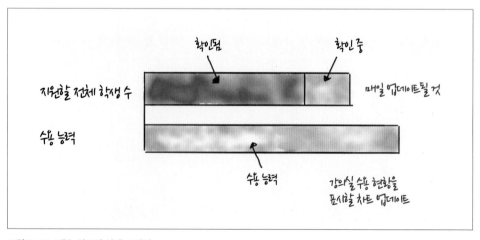

그림 2-13 개요 차트의 상세 스케치

올바른 요구 사항을 충족하면 최상의 분석 결과를 얻을 수 있고 프로젝트에 필요한 모든 데이터를 수집할 수 있다. 당신의 데이터 시각화 프로그램에 대한 이해가 매우 높지 않은 이상, 화이트보드나 종이에 스케치를 반복하는 것이 좋은 데이터 시각화 결과를 얻는 데 도움이 될 것이다. 빠르고 많은 스케치 반복은 가장 좋은 결과를 더 빨리 얻게 해줄 것이고, 고객은 당신의 작업에 만족을 느낄 것이다.

2.5.2 데이터 사용

요구 사항과 데이터 시작 방향에 대해 파악하게 되면, 다음 단계는 수집부터 분석까지 데이터 흐름을 이해하는 것이다. 필요한 데이터를 적시에 적절한 형식으로 확보하려면 다음에서 다룰 여러 부분을 고려해야 한다.

빈도

2.2절의 '데이터의 생성'에서 논했듯이 데이터는 다양한 방식으로 생성되며, 현재 그 어느 때보다 많은 데이터가 우리 주변에서 만들어지고 있다. 예를 들어 이제 설문 조사는 대면 또는 우편이 아닌 온라인으로 진행되어 실시간으로 결과를 업데이트 받고 분석을 진행할 수 있다. 그러므로 당신의 이해관계자는 지속적인 최신 버전의 분석 결과를 제공받길 원할 것이다. 이런 업데이트 작업은 데이터 분석 도구에 따라 난도가 다를 수 있으니, 여러 소프트웨어에 대한 경험을 쌓는 것을 추천한다.

데이터가 준비되었다는 것은 데이터가 이해관계자의 요구에 답하기에 적합하며, 분석 결과는 확실하고 신뢰할 수 있다는 것을 의미한다. 잦은 데이터 업데이트로 인해 수반되어야 하는 데이터 작업이 적절하게 진행되지 않아, 이러한 데이터가 준비되어 있지 않다면 많은 혼란을 야기할 수 있기 때문에 주의해야 한다. 예를 들어, 업데이트된 데이터가 시각화 자료를 변경할 가능성이 있다면, 이해관계자에게 발생 여부와 시기를 명확히 알려야 한다. 데이터 업데이트는 관련 영역의 잠재적인 영향과 새로운 추세를 살펴보려는 이해관계자에게 많은 도움이 될 수도 있어, 회의와 협의를 통해 업데이트 주기와 시기를 명확히 하여 이해관계자를 충족시키는 것이 핵심이다.

크기

영상전송과 같은 스트리밍 서비스가 기하급수적으로 증가하면서, 최신 데이터의 크기는 그 어느 때보다 커지고 있다. 많은 저장 솔루션이 대용량 데이터를 저장하고 처리할 수 있지만, 다음과 같이 시각화 도구의 성능뿐만 아니라 여러 분석 옵션에도 영향을 미친다.

| 느린 작업 속도 |

대용량 데이터에 연계되는 모든 처리는 데이터 분석 도구가 더 많은 정보를 처리해야 하기 때문에, 수행 작업의 증가로 느려질 수 있다. 그러므로 데이터를 더 잘 이해하기 위한 데이터 시각화 생성 등의 중요한 데이터 탐구는 훨씬 더 많은 시간을 요구한다.

| 더 어려운 분석 |

대용량 데이터를 이용한 분석은 고성장이 가능할 제품군, 떠오를 뮤지션 등 다가올 추세를 예측하는 데 큰 도움이 될 수 있지만, 방대한 데이터에서 주요한 발견을 찾는 것, 분석에 이상 징후를 알아채는 것, 검증해야 할 데이터 포인트가 많다는 것 등 분석 자체에 어려움 발생하게 한다.

| 성능 저하 |

큰 데이터 때문에 발생하는 데이터 처리 성능 저하는 분석가뿐만 아니라 최종 사용자에게도 불편함을 준다. 거의 모든 사용자는 요청한 데이터 결과를 오랜 시간 기다리는 것을 그리 달가워하지 않는다.

앞의 문제점을 해결하기 위해 다음의 다양한 방법을 사용할 수 있다.

| 샘플링 |

대규모 데이터셋에서 일정 수준의 표본을 샘플링하면 데이터 시각화에 많은 도움이 된다. 일반적으로 방대한 데이터에서 대표적인 표본을 찾는 것은 거의 불가능하다. 그러므로 무작위로 추출하거나 첫 1,000개의 데이터를 이용하는 등의 기법이 사용되기도 한다. 기법마다 문제가 있을 수 있지만, 많은 시간을 절약할 수 있다. 하지만 시각화가 아닌 분석 자체에는 전체 데이터셋이 사용되어야 정확한 결론에 이를 수 있다는 것은 주의해야 한다.

| 새 데이터 행 추가를 통한 데이터셋 업데이트 |

데이터셋은 시간이 지남에 따라 업데이트가 필요하다. 하지만 대용량 데이터셋의 경우 전체 데이터를 새로 고치는 데 상당한 시간이 요구된다. 이때 기존 데이터 변경이나 구조 변화 없이 새 데이터 행만 추가되는 방식은 업데이트 시간을 상당히 단축할 수 있다. 하지만 예를 들어, 고객이 제품을 반품하는 경우와 같이 기존 데이터가 변경되어야 하는 경우, 이러한 기법이 작동하지 않는다는 것을 유의해야 한다.

하나의 빅 데이터셋을 이용한 다수이 표현

기하급수적으로 증가하는 데이터셋에서 분석에 적합한 데이터를 얻기 위한 노력은 점점 더 흔한 일이 되고 있다. 하지만 서로 다른 데이터 소스에서 가져온 정보를 어떻게 변경하여 합칠 것인지, 분석 결과엔 어떤 정보가 있어야 하는지 등을 고려해야 하기 때문에, 이러한 모든 데이터 소스를 관리하는 것은 상당히 부담스러운 작업이 될 수 있다.

데이터 소스를 병합하는 두 가지 일반적인 방법이 있다. 첫 번째, 데이터 조인Join이다. 두 데이터 소스를 조인하는 작업은 데이터 소스에서 다른 데이터 소스로 데이터 필드를 추가하는 작업이 필요하다. [그림 2-14]는 과목명과 평균 점수 그리고 과목명과 수강 중인 학생 수에 대한 개별 데이터를 결합하여, 분석에 필요한 단일 데이터셋을 생성하는 것을 보여준다.

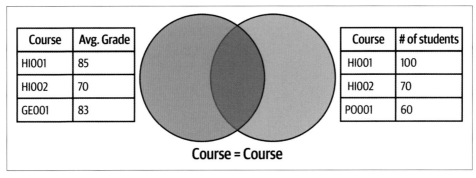

Course	Avg. Grade
HI001	85
HI002	70
GE001	83

Course	# of students
HI001	100
HI002	70
PO001	60

Course = Course

그림 2-14 데이터셋에 데이터 필드를 추가하는 결합 기법

두 데이터셋을 조인하기 위해 다음의 두 가지를 지정해야 한다.

| 결합 조건 |

이는 두 개의 개별 테이블을 어떻게 연결할지를 결정한다. 이 과정에서 당신은 결합할 데이터 필드를 선택하게 된다. 예를 들어, [그림 2-14]의 경우 첫 번째 테이블과 두 번째 테이블의 과목명 데이터 필드를 이용하여 데이터 결합을 진행해 볼 수 있다.

| 결합 유형 |

결합 조건에 따라, 데이터 결과에 나타낼 데이터를 어떻게 검색할지 선택할 수 있다.

데이터 결과는 아래의 결합 유형에 따라 달라진다.

| 내부 조인 |

내부 조인의 결합 결과는 두 테이블의 조건(이 경우 과목명)을 모두 충족하는 값을 보여준다(표 2-18). 의미 있는 분석을 수행하기 위해 두 테이블의 완전한 데이터가 필요할 때 쓰인다.

표 2-19 내부 조인 결과

Course	# of students	Avg.grade
HI001	100	85
HI002	70	70

| 왼쪽 내부 조인 |

결합 결과는 왼쪽 테이블을 기반으로 생성되며, 과목명 결합 조건을 충족하는 데이터가 추가된다(표 2-20).

표 2-20 왼쪽 내부 조인 결과

Course	# of students	Avg.grade
HI001	100	85
HI002	70	70
PO001	60	

| 전체 조인 |

두 테이블의 모든 데이터가 결합되고, 조건이 충족된 데이터는 해당 행에 추가된다(표 2-21).

표 2-21 전체 조인 결과

Course	# of students	Avg.grade
HI001	100	85
HI002	70	70
PO001	60	
GE001		83

두 번째 기술은 Union이다. 이는 유사한 구조의 데이터셋을 겹쳐 쌓아 결합한다(그림 2-15).

설정된 분석 목적에 따라 적합한 하나의 대용량 데이터셋을 만들지(Union) 또는 필요한 개별 데이터 조각에 보다 세밀하게 설정된 데이터셋을 만들지는(Join) 섬세한 조정 작업이다. 또한 이는 사용 중인 데이터 분석 도구에 따라 다를 수 있다.

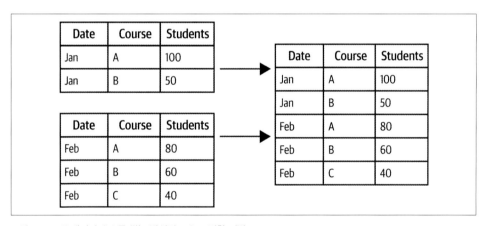

그림 2-15 두 데이터 소스를 쌓는 방식의 Union 결합 기법

2.6 마무리

데이터의 구성, 출처, 저장 방법 그리고 데이터 작업 시 고려 사항 등은 데이터 기반 커뮤니케이션에 기본이며 핵심이다. 이러한 기본기가 좋을수록 데이터 활용을 효과적으로 할 수 있기 때문에, 처음엔 힘들 수 있지만 여러 번 되새기며 확실히 이해하기 바란다.

데이터를 이용하여 다른 사람을 설득하는 것은 결코 쉬운 일이 아니다. 게다가 거의 모든 데이터 사용자, 이해관계자의 요구 사항은 다르다. 우리가 할 수 있는 최선은 기본적인 구성 요소에 대한 이해를 높여 보다 확실한 데이터 분석 기술을 익히는 것이다.

데이터 시각화 요소

3장과 4장은 데이터 시각화의 주요한 측면인 일상 업무에서 쉽게 볼 수 있는 가장 중요한 차트 유형과 이에 관련된 모범 사례를 소개한다. 이를 통해 나의 메시지를 가장 효과적으로 전달할 수 있는 차트를 선택하고 만드는 방법을 배울 수 있다. 5장은 단일 시각회의 요소에 대해 자세히 설명하고 서로 어떻게 조화를 이루는지 보여준다. 6장에서는 차트 자체를 넘어서, 보는 이에게 그 속에 담긴 추가적인 맥락을 제공하는 데 도움이 되는 다른 주요한 측면을 살펴본다. 2부의 마지막인 7장에서는 데이터 시각화가 다양한 커뮤니케이션 형식과 방법에서 이떻게 동작히는지 탐구한다.

Part II

데이터 시각화 요소

CHAPTER 3

데이터 표현

지금까지 데이터 기본 지식을 알아보았다. 이번 장에서는 데이터 기반 커뮤니케이션의 핵심이라 할 수 있는 차트에 대해 살펴보자.

데이터를 시각화하여 전달하기란 데이터에 숨겨진 사실을 청중에게 보여줄 수 있는 강력하고 명확한 방법이다. 차트를 적절히 사용한다면 복잡한 메시지를 쉽게 청중에게 전달할 수 있다. 하지만 당신의 차트가 불명확하다면, 청중들은 당신이 전하고자 하는 메시지보다도 차트를 해석하는 데 시간을 더 쏟아야 한다.

수많은 데이터셋은 그 형태가 너무 다양하기 때문에, 그 속에 숨겨진 메시지를 찾기 어렵다. 그러나 이러한 풍부한 데이터 자원을 잘 분석할 수 있는 능력은 개인에게는 직장에서 경쟁력을, 조직에는 운영 비용 절감이나 새로운 수익창출의 기회를 가져다줄 수 있다.

분석 중 데이터 속 발견의 이점이 수반되는 노력보다 크다고 어떻게 확실할 수 있을까? 사실 이 부분은 발견한 것을 전달하는 방식에 큰 관련이 있다. 이번 장에서는 이러한 커뮤니케이션을 훨씬 쉽고 효과적으로 수행할 수 있는 간단하고 기본적인 시각화 기술들을 알아본다.

내가 처음으로 조직을 이끌게 되고 데이터 작업에 엑셀을 사용했을 때, 데이터 시각화라는 어려운 도전에 맞닥뜨렸다. 나는 3년 동안 데이터를 정리하여 엑셀에서 표와 차트를 만들고 마이크로소프트 파워포인트PowerPoint 슬라이드를 통해 회사 경영진에 보고해야 했다.

생각해보면 우리 팀의 업무는 아래와 같은 몇 가지 간단한 시나리오가 있었다.

| 이해관계자가 좋은 소식을 이미 알고 있을 때 |

내 업무가 가장 쉬울 때는 경영진이 좋은 소식을 이미 알고 있는 경우였다. 그들은 이미 입소문 또는 이미 공유된 다른 데이터를 통해 결과를 알고 있었고 좋은 소식이었기 때문에, 내 발표에 거의 관여하지 않았고 자세히 분석하려 하지도 않았다.

| 이해관계자가 좋은 소식을 처음 보고받았을 때 |

예상하지 못한 좋은 소식을 받았을 때, 경영진은 뿌듯한 미소와 함께 데이터는 정확히 계산되었는지, 어떤 부분이 좋은 실적을 만들었는지 정도의 간단한 질문만 던지며 넘어가는 경향이 있었다. 하지만 이 또한 데이터 분석팀의 브리핑을 통해 알고 있었기 때문에, 큰 어려움 없이 답할 수 있었다.

| 이해관계자가 나쁜 소식을 이미 알고 있을 때 |

실적 부진에 대한 요약은 특히 해당 팀장이 있을 때, 잘 전달될 수 없었다. 부진한 실적을 분석하기 위해 차트를 수정한 경우엔, 경영진으로부터의 '지나치게 과장됨'이라는 비난을 피할 수 없었다. 또한 그들은 데이터 분석 프로세스보다도 데이터를 형편없이 보여주는 시각화 방법을 탓했기 때문에, 평범한 차트 템플릿을 사용하지도, 실적 부진을 타개하기 위한 개선점을 제시하지도 못하는 상황이 벌어지기도 했다.

| 이해관계자가 나쁜 소식을 처음 보고할 때 |

"엉뚱한 사람에게 화풀이하지 마!"라는 말 많이 쓰지 않는가? 내 역할에서 가장 힘들었던 부분은 저조한 실적이나 잠재적인 문제에 대한 발견을 보고하는 것이었다. 어려운 데이터 분석을 통해 개선점을 찾고, 저조한 실적을 보기 쉽게 정리하여 전달하며, 힘든 일을 잘 해냈다는 격려의 말을 기대했다. 하지만 그들은 보통 **"왜 차트에 이런 게 나와 있나? 어떤 데이터가 여기에 반영되었는가? 도대체 어떤 계산에 근거한 것인가?"**와 같은 질문을 통해 '데이터'를 공격했다. 이에 대한 방어로 적절한 답변과 대응을 시도했다. 하지만 엑셀과 파워포인트 사용은 요약된 데이터를 제공한다는 뜻이다. 그러므로 문제의 원인이 된 개별 데이터를 보여줄 수 없었고, 이해관계자가 원하는 자세한 세부 사항을 전달할 수 없었다. 이렇게 질문에 대한 답을 할 수 없게 되면, 이해관계자들은 이것을 데이터 오차로 보았다. 하지만 사실 데이터에는 아무 문제가 없었다. 단지 메시지가 제대로 전달되지 않았을 뿐이다.

차트를 이용한 요약과 발표는 올바른 선택이었지만, 데이터를 좀 더 설득력 있고 명확하게 시각화할 수 있는 가장 좋은 차트를 사용하지는 못했다. 우리 팀원들은 데이터를 정리하고 시각자료로 변환하는 데는 능숙했지만, 데이터에서 발견한 특정 사실을 설명할 차트 선택에는 그렇지 않았다. 사실 그 당시에는 나 역시 정확히 알지 못했다.

단지 차트에 데이터를 넣은 것만으로 좋은 데이터 시각화를 만들 수 없다. 각 차트의 특성을 이해하고 어디에 사용해야 하는지 알게 되면 훨씬 더 효과적인 데이터 분석가 그리고 전달자가 될 수 있으며, 이해관계자들로부터 신뢰를 얻는 데 도움이 된다.

만약 우리가 메시지를 잘 전달한다면, 메시지가 긍정적이거나 좋은 소식이 아니더라도 선날하고 있는 메시지에 대해 더 많은 신뢰를 얻을 수 있다.

효과적인 차트 사용은 우리가 함께 살펴볼 다음 몇 장의 핵심이며 데이터 기반 커뮤니케이션의 뼈대이다. 또한 여러 차트를 함께 사용하여 메시지를 훨씬 더 효과적으로 전달할 수도 있다. 이에 대한 자세한 내용은 6장과 7장에서 다룬다.

내가 가르쳤던 사람 대부분은 항상 예술이나 디자인 기술이 데이터 분석에 사용될 수 있으리라고는 생각하지 못했다고 말한다. 하지만 실제로 데이터 시각화엔 다양한 디자인 기법이 사용되고, 명확하고 흥미로운 방식으로 메시지를 전달할 수 있게 돕는다.

이 장에서는 가장 중요한 차트 유형 몇 가지를 읽는 방법, 사용해야 할 때와 사용하지 말아야 할 때 등의 특징과 함께 살펴본다.

3.1 표

데이터를 시각화할 때에도 표에 대한 여러 다양한 요청을 받을 수 있고, 표가 필요한 경우와 아닌 경우를 이해하는 것은 이해관계자의 요구를 충족할 수 있는 능력을 키우는 것에 많은 도움이 된다.

표를 이용하여 데이터를 보여주는 것은 굉장히 흔한 일이다. 우리는 일상적으로 직장에서 스프레드시트, 슬라이드 그리고 다양한 보고서에 표를 사용하여 데이터를 저장하고 공유한다. **그러면 왜? 사전주의 속성조차 활용하지 않는 표가 이렇게 흔하게 사용되는 걸까?** 3.1.2절 '표 최적화'에서 이 질문에 대해 논하기 선에 퓨의 각 부분과 사용법을 실펴보자.

3.1.1 표 해석

우리는 거의 매일같이 표를 읽고 해석한다. 하지만 표의 핵심 요소를 이해하는 것이 표를 보다 효과적으로 사용하는 데 도움이 되기 때문에 자세히 설명하고자 한다.

표는 열, 행, 헤더 및 값으로 구성된다. 이 구성 요소들을 아래 정의와 [그림 3-1]을 바탕으로 이해해 보자.

| 열 |

표는 열이라는 수직 부분으로 나뉘며, 각 열은 데이터를 나타낸다.

| 행 |

표는 또한 행이라는 수평 부분으로 나뉘며, 각 행은 표의 주제에 대한 관측치 또는 그 집합을 나타낸다.

| 헤더 |

열 또는 행의 첫 번째 셀로, 담길 데이터의 내용을 대표하는 값이다.

| 값 |

표를 구성하는 세부 사항이며, 각 값은 해당 값이 위치한 열에 의해 정의된다.

열과 행은 표의 기본 구조를 구성하지만 표의 쓰임에 헤더와 값은 바뀐다. 분석에 사용할 표의 헤더가 날짜인 경우, 이 값을 왼쪽으로 오른쪽으로 나란히 정렬하여 비교할 수 있고, 이러한 유형의 표를 일반적으로 **피벗 테이블**Pivot Table이라고 한다. 시각화 목적의 데이터로 사용될 표의 경우, 표의 각 측정값에 대한 별도의 열이 필요하며, 각기 다른 날짜는 [표 1-1]에서와 같이 별도의 행으로 표기한다.

		열	
자전거 매장 헤더	판매량	매출	이익
런던	2370 값	2844487	227598
맨체스터	2407	2768049	249124
행 요크	2907	3226770	-354944

그림 3-1 표의 구성 요소

범주

표를 읽는 첫 번째 단계는 범주를 이해하는 것이다. [그림 3-1]과 같이 맨 왼쪽 열에 숫자가 아닌 값이 포함되어 있다면, 2.4.1절 '데이터 형태'에서 다룬 것처럼 측정값을 설명하는 표의 범주형 데이터일 가능성이 매우 크다. [그림 3-1]의 경우 자전거 매장으로 구분되어 있으며, 매장별 판매와 이익에 대한 정보를 담고 있다.

표를 읽을 때 이 표가 요약된 데이터인지 원본 데이터인지 생각해 본 적 있는가? 답을 아는 것은 표에 대해 어떤 질문을 하고 싶은지 생각하는 데 도움이 된다. 데이터가 요약되지 않은, 원본일 경우 청중들은 데이터의 전반적 동향을 파악하기 어렵다. 요약 데이터의 경우, 다양한 의미 있는 데이터 포인트가 단일 값으로 집계되면서 데이터 일부가 손실된다.

TIP 범주형 값이 반복되지 않는 표는 요약된 데이터일 가능성이 매우 크다. 예를 들어, 자전거 판매가 이루어질 때마다 매장, 판매, 이익에 대한 정보가 정확히 기록되었을 것이고, 그 후 [그림 3-1]과 같이 요약되었을 것이다.

2장에서 살펴봤듯이 데이터의 세분성은 범주형 필드의 조합에 의해 설정된다. **교차표**Cross tabulation or Crosstab 작업하지 않은 경우, 범주형 필드는 열인 경우가 대부분이다.

표에서 각 열은 범주 또는 측정값이다. 원활한 데이터 기반 커뮤니케이션을 진행하는 데 사용되는 많은 비즈니스 인텔리전스 도구는 이러한 방식의 데이터 저장을 요구한다. 이 형식에 맞춰, 가장 사용하기 쉬운 방법으로 데이터를 형성하려면 표가 어떻게 사용되고 활용될지 이해하는 것이 매우 중요하다.

측정/측정값

범주를 이해했다면, 표의 세부 내용인 측정값을 평가할 수 있다. 측정값의 이름은 교차표가 아니라면 열 헤더에 위치한다. [그림 3-1]의 자전거 판매 내역표는 판매량, 매출, 이익의 세 가지 척도를 가지며, 각 자전거 매장에 대한 측정값을 찾으려면 해당 자전거 매장명 행의 관련 열을 참조하면 된다.

> NOTE_ 3장의 다양한 예시는 올체인(Allchain)이라는 자전거 회사에서 가져왔다. 올체인은 실제 매장은 아니지만 많은 소매업자들과 일했던 나의 경험으로 만들었고, 관련된 사례는 소매업뿐만 아니라 다른 많은 조직과 업종에 적용된다.

작은 표에서 특정 측정값 찾기는 쉽지만, 그 크기가 커지면 여간 어려운 일이 아니다. 표가 커지면 커질수록 청중이 원하는 가치 있는 데이터 포인트를 찾기 위한 인지 부하도 증기하게 된다. 대부분의 데이터 시각화 도구는 줄무늬 행 기능을 제공한다. 이는 연속된 행들의 음영을 다르게 표시하여, 눈이 표의 각 행을 쉽게 따라갈 수 있게 돕는다. [그림 3-3]의 표는 밝은 회색과 흰색을 사용한 줄무늬 행 기능의 예이다.

자전거 판매 내역표

자전거 매장	월					
	1월	2월	3월	4월	5월	6월
버밍엄	509	378	325	699	592	927
리즈	564	540	112	633	606	961
런던	358	118	769	636	196	293
맨체스터	525	278	196	596	119	693
요크	557	404	533	115	989	309

그림 3-3 줄무늬 행 적용된 표

표는 많은 요소를 가지고 있기 때문에, 표를 해석하고 읽는 데 드는 인지 부하를 줄이면, 청중들이 표가 내포하는 핵심 내용을 훨씬 더 많이 찾게 만들 수 있다. 다양한 서식을 사용하면 표를 구성하는 개별 값이 더 쉽게 이해된다.

나는 큰 은행의 데이터 작업을 진행한 적이 있다. 수많은 9자리 또는 10자리 길이의 데이터 값들은 처리하기 매우 까다롭고 때론 실수를 일으키기도 했다. 작업하며 한 가지 교훈을 얻었는데, 알맞은 서식을 사용하면 작업에 매우 큰 도움이 된다는 사실이다. 32812749210와 32,812,749,210 중 어떤 숫자가 더 쉽게 읽히는가? 둘 다 큰 값이지만 천 단위 구분 기호를 사용하면 값의 크기는 쉽게 알 수 있다.

청중들이 이런 긴 숫자를 자세히 확인할까? 절대적인 정밀도가 필요한 경우를 제외하곤 그렇지 않다. 그래서 대부분의 경우 천 단위 값을 k로, 백만 단위를 m으로, 수십억 단위 값을 b로 표시하는 등 요약하여 표현한다. 보통 재무 보고서가 이러한 서식을 잘 활용하는데, [그림 3-4]에 명기된 HSBC 은행의 2020년 3분기 주요 재무 지표를 살펴보자.

주요 재무 지표		9개월 결과		3분기 결과		
	각주	2020년 9월 30일	2019년 9월 30일	2020년 9월 30일	2020년 6월 30일	2019년 9월 30일
결과 항목						
		38,672	42,727	**11,927**	13,059	13,355
세전이익($m)		**7,392**	17,244	**3,074**	1,089	4,837
세후이익($m)		**5,164**	13,732	**2,039**	617	3,795
모회사귀속이익($m)		**3,336**	11,478	**1,359**	192	2,971
비용효율(%)		**63.5**	59.2	**67.4**	66.4	61.0
기본주당이익($)		**0.17**	0.57	**0.07**	0.01	0.15
희석주당이익($)		**0.16**	0.57	**0.07**	0.01	0.15
순이자마진(%)		**1.35**	1.59	**1.20**	1.33	1.56

그림 3-4 HSBC 은행 2020년 3분기 주요 재무 지표[1]

이러한 구분 기호를 사용하여 적절한 서식을 적용하지 않고, [그림 3-4]와 같은 복잡한 표를 읽는 것은 매우 어렵다.

3.1.2 표 최적화

앞서 우리는 표의 요소를 정의했으며, 읽기 쉽게 표를 구성하는 법도 알아보았다. 이제 표를 어떤 경우에 사용해야 하는지 이야기해 보자.

3.1절에서 시각화 기법의 이점을 활용할 수 없음에도 표가 여전히 많이 사용되는 이유에 대한 질문을 기억할 것이다. 이에 대한 답은 **정확성**Precision을 제공하기 때문이다. 누군가 "몇 개?"라는 질문을 하면 표는 이에 대한 답을 정확히 알려줄 수 있다.

또한 표의 단순한 구조는 값을 쉽게 찾을 수 있게 해줄 뿐만 아니라, 올바른 서식과 단위와 같은 구분 기호를 사용하여 표를 단순화하면 이 작업은 더욱 쉽게 진행될 수 있다.

게다가 표는 여러 지표를 나란히 표시할 수도 있다(표 3-1).

---

1 *https://oreil.ly/ncRD4*

표 3-1 자전거 매장의 여러 판매 지표

매장	자전거 종류	주문건수	운송건수	변량	비용	판매가
런던	일반도로용	973	948	−25	631	853
런던	비포장도로용	355	355	0	316	427
런던	산악용	1,077	1,067	−10	1,299	1,564
요크	일반도로용	1,037	1,017	−20	716	968
요크	비포장도로용	726	726	0	402	484
요크	산악용	1,154	1,164	10	1,367	1,775

[표 3-1]의 데이터는 간단한 검색 참조에 좋은 예시가 될 수 있다. 하지만 몇 가지 수정을 통해 더 괜찮은 표로 변환해보자.

- 음수 값은 괄호에 넣어 표기할 수 있다(회계 서식에서 일반적인 관행).
- 또한 음수 값을 빨간색으로 달리 표현할 수 있어, 주문된 자전거가 배송되지 않았다는 사실에 관심을 집중시킬 수 있다.
- 비용과 판매가는 천 파운드 단위(£ '000s)로 표시하여 단순화할 수 있다. 이 단위를 헤더에 배치하면 표에 반복하여 나타낼 필요가 없어, 값을 읽고 비교하기 쉽다.

[표 3-2]는 위 수정이 반영된 표이다.

표 3-2 서식이 적용된 자전거 판매 지표

매장	자전거 종류	주문건수	운송건수	변량	비용(€'000s)	판매가(€'000s)
런던	일반도로용	973	948	**(25.00)**	631	853
런던	비포장도로용	355	355	0	316	427
런던	산악용	1,077	1,067	**(10.00)**	1,299	1,564
요크	일반도로용	1,037	1,017	**(20.00)**	716	968
요크	비포장도로용	726	726	0	402	484
요크	산악용	1,154	1,164	10	1,367	1,775

표가 여전히 널리 사용되는 이유는 친숙함이다. 대부분 국가의 교육과정에서, 아이들은 다양한 표를 읽는 방법을 배우며 성장한다. 또한 표는 개별 값을 명확하게 나타내기 때문에, 청중들은 많은 해석이 필요한 데이터 시각화 형식보다 표를 더 신뢰하는 경향이 있다.

하지만 표는 데이터 내의 중요한 추세나 패턴을 알아채고 분석하는 데 많은 도움은 되지 않는다. 예를 들어, 이익 대비 비용 비율이나 관리 비용이 증가한 이유에 대한 분석은 꺾은선 차트나 산점도 같은 시각화 자료를 살펴보는 것이 훨씬 더 유리하다. 그러나 지금까지 표에 대한 단점을 강조하고자 이렇게 긴 이야기를 이어온 것은 아니다.

표는 데이터 값을 청중이 볼 수 있게 함으로써, 당신의 분석을 확인할 수 있고 결과에 대한 견고한 신뢰를 구축하는 데 도움이 된다. 청중이 당신의 분석 결과를 더 많이 신뢰할수록, 다양한 곳에 활용할 가능성이 높아진다.

표 강조

표에 간단한 데이터 시각화 기법을 적용하여 사전주의 속성을 부여할 수 있다. 이는 청중이 표 자체를 분석함으로써 내포된 추세와 패턴을 찾을 수 있도록 돕는다.

표 강조는 표의 명기된 숫자들에 더 많은 맥락을 추가함으로써 시간 경과에 따른 값의 변화 등을 강조할 수 있는 데이터 시각화 기법이다. 이 기법을 사용하면 청중이 값의 변화를 직접 계산할 필요 없이, 한눈에 비교할 수 있도록 표를 제공한다.

[그림 3-5]는 표 강조 기법이 적용된 [표 1-1]을 보여준다.

자전거 매장	월					
	1월	2월	3월	4월	5월	6월
버밍엄	509	378	325	699	592	927
리즈	564	540	112	633	606	961
런던	358	118	769	636	196	293
맨체스터	525	278	196	596	119	693
요크	557	404	533	115	989	309

그림 3-5 표 강조 기법이 적용된 자전거 판매 내역표

[그림 3-5]에서 높고 낮은 자전거 판매량을 색의 명암을 이용하여 시각적으로 표현했다(값의 배경색이 옅을수록 판매 실적이 낮고, 어두울수록 높다). 따라서, 청중은 월간 비교를 비롯한 판매량에 대한 분석을 보다 쉽고 빠르게 진행할 수 있다.

이와 같이 간단한 색 추가를 통해 데이터에 대한 빠르고 효율적인 분석이 가능하다. 하지만 이 기법이 표가 가지고 있는 모든 단점을 해결해주지는 않는다. 여전히 어느 지역의 판매에 가장 많은 변화가 있었는지는 한눈에 알아볼 수 없다. 다만, 당신의 이해관계자가 표 강조 기법이 필요 없는 단일 척도 결과표를 원하더라도, 데이터의 잠재적인 경향을 보여주는 것은 하등 해가 되지 않으므로 이 기법을 사용할 것을 권한다.

3.1.3 표가 사용되지 않는 경우

표는 분석을 진행하면서 대부분의 경우에 최고의 선택은 아니다. 그렇기에 이 책은 데이터와 시각화에 대한 새롭고 다양한 방식을 소개하고 알려주고자 하는 것이다. 그럼 이제 표 대신 시각화를 사용해야 할 경우를 살펴보자.

| 데이터의 전반적인 추세를 파악해야 할 때 |

표 강조 기법은 여러 지표가 동시에 존재할 때 또는 지나치게 크거나 작은 값이 혼재할 때 좋은 효과를 볼 수 없다. 따라서 표에서 변량에 기반한 분석을 진행하려 한다면 좋은 선택이라 할 수 없다.

| 표에 너무 많은 열이 있을 때 |

열이 많을수록 표는 복잡해진다. 열이 많은 표에서 특정 값 하나를 검색할 때, 이리저리 표를 스크롤하며 원하는 범주가 어느 열이었는지 찾던 경험이 누구나 한 번쯤은 있을 것이다.

| 표에 너무 많은 행이 있을 때 |

표는 너무 많은 열뿐만 아니라 행의 수에 의해서도 방해를 받는다. 행이 너무 많으면 원하는 데이터를 찾기 위해 수없이 컴퓨터 마우스를 위아래로 스크롤 해야 할 것이다. 이러한 경우 원하는 관련 정보만 남기도록 데이터를 필터링할 수 있다(6장에서 자세히 설명).

3.2 막대 차트

표의 단점을 극복할 수 있는 한 가지 대안은 막대 차트이다. 막대 차트는 데이터 분석 결과를 상대방에게 전달할 때 매우 효과적으로 쓰인다. 이번 장에서는 막대형 차트의 중요한 구성 요소와 필요한 경우 그리고 사용을 지양해야 할 때를 살펴본다.

3.2.1 막대 차트 해석

막대 차트는 사람이 가진 가장 강력한 사전주의 속성인 길이와 높이를 이용한다(막대 차트는 가로 또는 세로 방향으로 표시할 수 있다). 가로 막대는 길이를, 세로 막대는 높이를 사용하여 데이터를 표현한다. 이렇게 만들어진 막대 차트는 데이터의 패턴을 빠르게 파악하는 데 유리하다.

[그림 3-6]은 올체인 자전거의 판매량을 막대 차트로 표현한 결과이다. 이 차트를 통해 어떤 분석을 해볼 수 있을까?

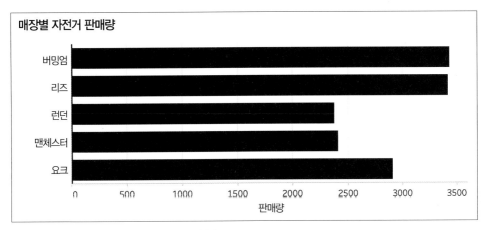

그림 3-6 막대 차트로 표현한 자전거 매장의 판매량

[그림 3-6]의 막대 차트를 통해 한눈에 파악할 수 있는 몇 가지 특징은 다음과 같다.

- 리즈를 제치고, 가장 높은 판매를 올린 매장은 버밍엄이다.
- 판매량은 런던이 가장 낮았지만, 맨체스터도 그리 좋지 못하다.
- 요크의 판매량은 선두와 후미 그룹의 중간에 위치하고, 3위이다.

쉽다! 이번엔 알파벳 순서가 아닌, 값에 따라 정렬해서 읽기 더 쉽게 만들어보자. [그림 3-7]은 판매량 순으로 막대를 정렬하여 독자가 데이터의 추세를 더욱 빠르게 찾을 수 있도록 돕는다.

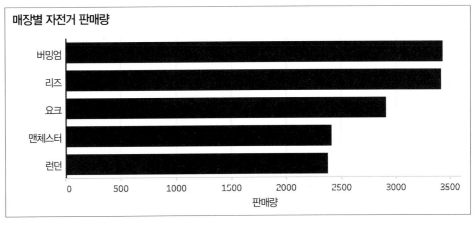

그림 3-7 판매량 순으로 정렬된 자전거 판매량 막대 차트

막대 차트는 축, 영점 기준선 그리고 헤더와 같은 주요 요소로 구성된다. 이런 구성 요소 없이는 막대 차트를 제대로 해석할 수 없으며, 만약 이 중 하나라도 제거된다면, 다른 형태로 이를 제공해야만 명확한 데이터 전달이 가능하다.

축

축은 막대 차트의 핵심 중 하나이며, 데이터 측정값의 척도를 나타낸다(그림 3-8).

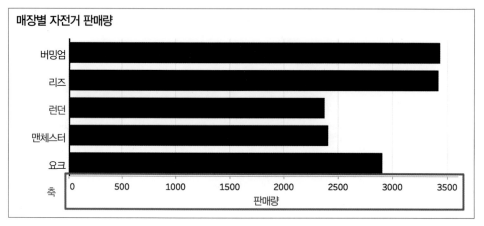

그림 3-8 막대 차트의 축

내가 어렸을 때, 우리 부모님은 벽에 큰 자처럼 보이는 차트를 붙여 놓았고, 난 종종 그곳에 기대어 내가 얼마나 자랐는지 확인해 보곤 했다. 지금 생각해 보면 나 자신이 큰 막대 차트였다.

축은 벽에 붙은 큰 자의 눈금자와 같다. 막대의 길이를 파악하기 위해, 축에 일정한 간격으로 표시된 **눈금**Tick mark을 읽어야 한다. 일부 막대 차트에는 축의 위치를 좀 더 편하게 안내하기 위해 배경에 희미하지만 일정한 간격으로 표시된 선이 있다. 이를 **격자선**Gridline이라고 한다.

시각적 혼란을 방지하기 위해 축을 막대 차트에서 종종 배제하기도 한다. 데이터 시각화에 대한 가장 영향력 있는 사상가 중 한 명인 에드워드 터프티Edward Tufte는 데이터를 완벽히 보여주면서도 사용되는 잉크 양을 줄일 필요가 있다고 제안했다.[2] 터프티는 별도의 아이콘, 텍스트 또는 로그가 아니라 데이터 자체가 중점이 되기를 동시에 원했기 때문에, 이것은 풀기 어려운 숙

---

2 Edward Tufte, The Visual Display of Quantitative Information (Cheshire, CT: Graphics Press, 1983).

제였다. 터프티는 **자료 잉크 비율**Data-ink ratio라는 개념의 소개를 통해 스스로 해결책을 제시했고, 이후 많은 데이터 시각화 전문가들은 막대 차트에서 축을 제거함으로써 적절한 자료 잉크 비율을 만족했다. 하지만 축을 없앴기 때문에 막대 차트의 분석이 어려워질 수 있다는 점도 알고 있어야 한다.

막대가 나타내는 값뿐만 아니라 무엇을 의미하는지 알기 위해 축을 찾는 경향이 있어, 평소 축을 그대로 두는 것이 좋다. 또는 축을 제거할 경우, 막대 자체에 값을 포함시켜 이 축의 크기를 쉽게 판독하게 할 수 있다. [그림 3-9]는 왼쪽 막대 시작 부분에 값을 추가해 막대 길이를 인식하는 방식에 영향을 미치지 않으면서 축을 제거한 예이다.

그림 3-9 축이 생략된 막대 차트

영점 기준선

다른 차트 유형에선 가능하지만 막대 차트에서 **절대** 제거할 수 없는 한 가지가 막대가 시작되는 영점 기준선Zero line (영점이라고도 함)이다.

> NOTE_ 보통 절대 안 된다는 이야기는 하지 않는 편이다. 이번에도 '절대'라는 단어를 사용하긴 했지만, 일부 매우 드문 경우 데이터 시각화 전문가가 영점 기준선이 없는 막대 차트를 사용하기도 한다. 하지만 아직 좋은 사례를 한 번도 찾지 못했다. 이 책은 데이터를 처음으로 사용할 때 필요한 지식과 명확한 지침을 전달하기 위해 작성되었다. 따라서 내가 이와 같은 극단적인 단어를 사용하는 것은 매우 드문 예외가 존재할 수 있다는 것을 의미하고, 꼭 따랐으면 하는 조언이라 생각하기 바란다.

막대 차트에 영점 기준선과 같은 절대 위치가 존재하는 이유는 사람의 뇌가 막대 차트를 해석하는 방식과 관련이 있다. 기준선을 제거하면 데이터를 비교하기 위해 사용하는 상대 척도가 사라져, 잘못된 해석을 야기할 수 있다. [그림 3-10]을 살펴보자.

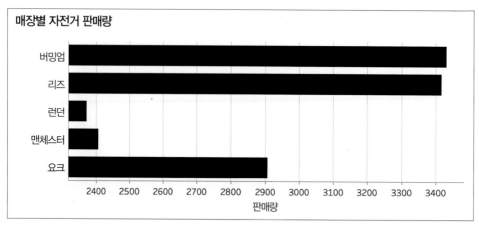

그림 3-10 영점 기준선이 제거되어 해석에 오해의 소지가 있는 막대 차트

[그림 3-10]의 첫인상은 점포별 판매량의 엄청난 차이다. 올체인 CEO가 이 차트를 봤다면, 적어도 런던과 맨체스터 매장의 매니저는 즉각 해고되지 않았을까?

일반적인 막대 차트인 [그림 3-6]에서 런던 매장의 막대 길이는 버밍엄 막대 길이의 거의 70%였다. 하지만 영점 기준선이 제거된 막대는 2,300에서 시작되었고, 이제 런던의 막대는 버밍엄의 6% 밖에 되지 않는다. 우리 뇌는 막대의 길이를 비교해 값을 평가하기 때문에, 그 차이는 매우 과장되어 인식된다(이는 사전주의 속성의 중요성을 다시 한번 보여준다).

종종 축의 일부가 제거되고 이를 지그재그로 표시한 차트가 사용된다. 이것은 보통 중요한 데이터 값 사이의 비례를 보여주기보다는 차이를 강조하려고 할 때 발생하는데, 청중에게 잘못된 데이터의 이해와 결론을 심어줄 수 있어 이 차트에 대한 언급은 피하려고 한다.

헤더

헤더는 표에서와 마찬가지로 막대 차트에서도 전달하고자 하는 데이터 그리고 메시지 내용 대한 정보를 명확하게 지정하는 매우 중요한 역할을 한다. 막대 차트에서 헤더는 [그림 3-11]과 같이 개별 막대 범주의 식별자로 사용된다.

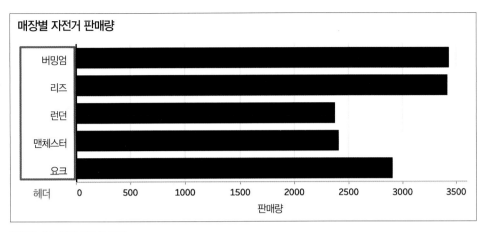

그림 3-11 막대 차트의 헤더

헤더를 적절하게 사용하면 막대 차트를 더 쉽게 해석할 수 있다.

우리가 지금까지 본 막대 차트가 왜 모두 왼쪽으로 오른쪽으로 향하는 가로 막대 차트인지 궁금하지 않은가? 헤더는 막대 차트의 방향을 결정하는 데 매우 중요한 역할을 한다. 대부분의 사람들은 세로로 쓰인 텍스트를 읽기 위해 고개를 돌리는 것을 썩 좋아하지 않는다. 세로 막대 차트로 변경하게 나타낸 [그림 3-12]를 확인해 보자.

[그림 3-12]의 세로 막대 차트의 헤더를 읽기 위해 고개를 기울였는가? 벤 존스Ben Jones는 그의 첫 번째 책『태블로를 이용한 데이터 기반 커뮤니케이션Communicating Data with Tableau』(오라일리, 2014)에서 이 점을 강조했다.

세로 막대 차트는 헤더 텍스트를 뒤집지 않고 막대 아래 공간에 위치시킬 수 있을 때 선택 가능한 옵션이 될 수 있다. 또는 막대 차트를 다른 차트와 함께 적합 시킬 때 세로 막대 차트도 유용하게 사용된다.

헤더는 또한 각 막대에 할당된 공간을 설정하는 데 도움이 된다. 이 공간을 통해 세로 막대 차트에선 막대의 너비, 가로 막대 차트에서의 높이를 결정할 수 있다. 막대의 크기에 대한 엄격한 규칙은 없지만, 막대 사이사이에 충분한 공간을 주면 청중이 자료를 해석하는 데 도움을 줄 수 있다. 하지만 막대 사이의 공간을 너무 넓힌다면 차트를 읽기 어렵게 만들 수 있다. 공간의 적절한 균형을 나만의 차별화 전략으로 사용할 수 있다.

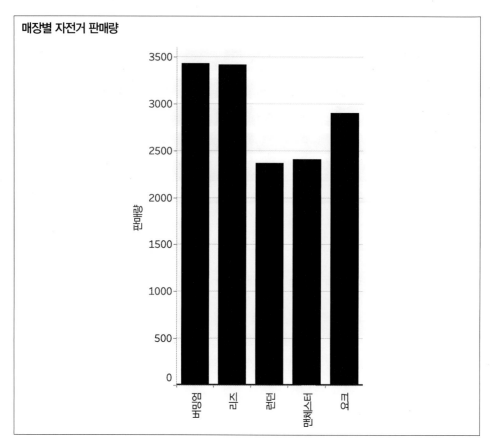

그림 3-12 세로 막대 차트

3.2.2 막대 차트 최적화

막대 차트는 우리가 위에서 살펴본 것보다 훨씬 더 효과적으로 사용될 수 있다. 사실 차트는 주의해서 사용하지 않으면 금방 복잡해지는데, 간단명료한 한 단계 더 발전한 막대 차트를 만드는 기법을 살펴보자.

여러 범주의 적용

때론 복잡한 질문에 답하기 위해 막대 차트에 단일 범주가 아닌 여러 범주를 사용해야 한다. 물론 여러 범주가 꼭 사용되어야 하는지 차트를 그리기 전에 주의 깊게 확인해야 한다.

"각 매장에서, 어떤 종류의 자전거가 얼마나 주문되었나?"라는 질문에 답해야 한다고 생각해보자. [그림 3-13]은 여러 범주를 사용함으로써 자전거 종류와 매장을 쉽게 구분했고, 이를 통해 모든 매장에서 산악자전거가 가장 많이 주문되었다는 것을 쉽게 알 수 있다.

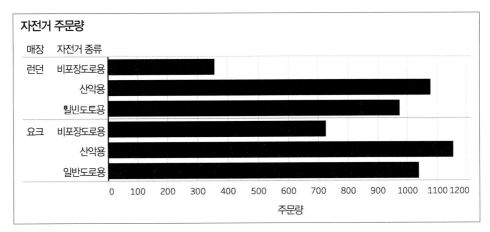

그림 3-13 여러 범주가 사용된 막대 차트

이번엔 "어느 매장이 각 종류의 자전거를 가장 많이 주문했는가?"라는 질문에 답한다고 가정하자. [그림 3-14]는 이전 표의 범주 순서를 간단히 변경함으로써 이를 명확히 표현했다. 이처럼 적절한 범주의 순서와 이를 이용한 차트 구성은 매우 중요하다.

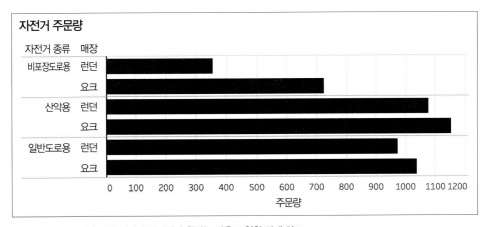

그림 3-14 범주의 순서를 적절히 변경하여 원하는 답을 표현한 막대 차트

작은 데이터에 대한 막대 차트의 구성하고 원하는 답을 표현하는 것은 그리 어렵지 않다. 하지만 범주의 수가 증가하면 할수록 그 구성이 복잡해지고, 차트를 이해하기 위한 인지 부하도는 극도로 증가한다. 그러므로 준비해야 할 답변에 대한 명확한 이해를 통해 막대 차트와 범주를 포함한 구성 요소의 선택에 신중을 기해야 한다.

색 적용

막대 차트에 여러 색을 입혀 사용하면 더 쉬운 데이터 해석이 가능하다(혹은 더 어려워지기도 한다). 색을 사용하면 [그림 3-13] 또는 [그림 3-14]와 같이 범주를 세분화할 필요 없이 동일한 막대에 데이터 표현이 가능하다.

색을 적용하는 한 가지 기법은 막대에 여러 범주를 나눠, 각기 다른 색으로 표현하는 것이다. [그림 3-15]의 각 매장의 주문을 나타내는 막대는 자전거의 종류별로 구분되어 있어 있는데, 막대의 색상들이 빌딩 블록처럼 서로 겹쳐 쌓여있어 **누적 막대 차트**Stacked bar chart라고 부른다.

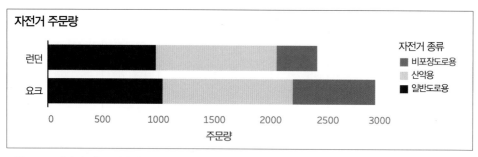

그림 3-15 여러 범주를 구분하여 나타내기 위해 색을 사용한 누적 막대 차트

어느 매장에서 일반도로용 자전거를 더 많이 판매하였는가? 누적 막대 차트로 표현된 [그림 3-15]를 통해, 우리는 두 매장에서 판매한 자전거의 종류를 비교할 수 있다.

그러나 막대를 쌓아 표현하는 이 기법이 항상 도움이 되진 않는다. 산악용 그리고 비포장도로용 자전거 판매를 비교해야 한다고 가정해보자. 두 막대가 동일한 위치에서 시작하지 않았기 때문에, 각 자전거 종류의 판매량을 비교하기가 쉽지 않다([그림1-7] 간트 차트에서도 비슷한 사례를 확인했음). 한 가지 해결책은 점 차트Dot plot과 같은 쌓이지 않는 차트 유형을 사용하는 것이다. 이 장 뒷부분, [그림 3-25]에서 이러한 유형을 살펴보자.

여기서 강조하고자 하는 것은 색의 적용에 신중해야 한다는 것이다. 색을 사용한다고 해서 반드시 차트가 명확하고 선명해지는 것은 아니라는 점도 이해해야 한다.

예를 들어, 색상을 최소한으로 유지하는 것은 차트를 해석하는 데 드는 인지 부하를 감소시킨다. 지금까지 우리가 살펴본 차트에 밝거나 튀는 색상이 많이 사용되지 않았다. 대신, 의도적으로 가능한 회색조를 유지했다. 나는 데이터의 특별한 부분이나 가치를 강조하기보다는 전제적인 명확한 전달에 중점을 맞추는 것이 더 효과적이라고 생각한다. [그림 3-16]은 단순한 회색조 색상을 사용하여 두 매장의 자전거 종류별 주문량을 표현했다.

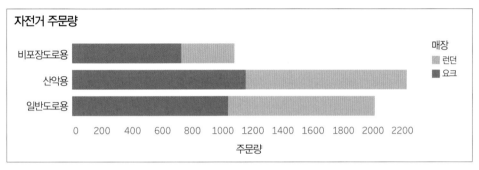

그림 3-16 두 색을 사용한 누적 막대 차트

색상이 적용되면, 차트가 필요 이상으로 훨씬 더 요란한 상태가 될 수 있다([그림 3-17] 참조). [그림 3-16] 또는 이전 페이지로 돌아가 다른 막대 차트와 [그림 3-17]을 비교하면 확연한 차이를 느낄 수 있다.

다양한 색을 사용하면 청중의 관심을 끌 수는 있지만, 차트 해석에 정말 도움이 되는지는 항상 심사숙고해야 한다.

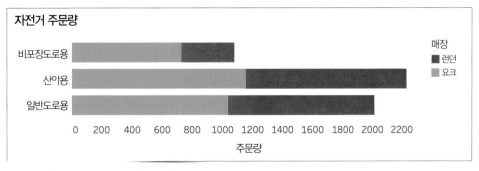

그림 3-17 요란한 색을 사용한 누적 막대 차트

주제를 설정하거나(5장에서 자세히 설명) 특정 범주를 강조함으로써 색상을 보다 효과적으로 사용할 수 있다. 또는 [그림 3-18]과 같이 색을 사용하며 차트의 특정 부분을 강조하면, 원하는 곳에 집중시킬 수 있다. 이것은 데이터에 기반 커뮤니케이션에 매우 유용한 기법이다.

막대 차트가 가장 강력한 사전주의 속성을 이용하는 데 유용하긴 하지만 구성 요소의 신중한 사용 없이는 메시지를 명확하게 전달할 수 없다.

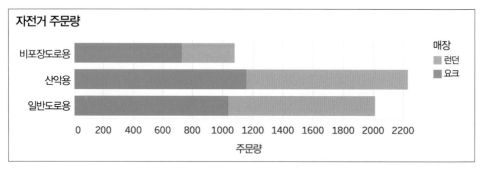

그림 3-18 색을 이용하여 특정 부분을 강조한 막대 차트

일부 막대 차트는 특정 종류의 데이터를 전달하는 데 특히 효과적이다. 히스토그램, 100% 기준 누적 차트 및 폭포 차트, 세 가지 유형을 살펴보자.

히스토그램

히스토그램Histogram은 데이터 포인트들의 분포를 확인하는 데 특히 유용한 막대 차트다. 히스토그램은 두 가지의 숫자 축으로 구성되며, 일반적으로 한 축은 특정 값의 발생 횟수 그리고 다른 한 축은 값을 막대(히스토그램에선 빈Bin이라고 표현한다)로 그룹화하여 표시한다.

[그림 3-19]의 히스토그램은 올체인 1,000명 고객의 연령 분포를 보여준다. 올체인은 고객들의 나이를 수집해 25세에서 29세, 30세에서 34세, 35세에서 39에 등으로 그룹화했다. 가로축에 25라는 값의 막대는 25세에서 29세 사이의 모든 고객을 나타낸다.

히스토그램을 통해 어떤 사실을 알 수 있는가? 다음을 살펴보자.

- 대부분의 고객은 25세에서 50세 사이다.
- 60세 이상의 고객은 매우 적다.
- 올체인은 25세 이하보다 25세 이상의 고객이 훨씬 더 많다. 이는 회사의 미래에 부정적 요인일 수 있다.

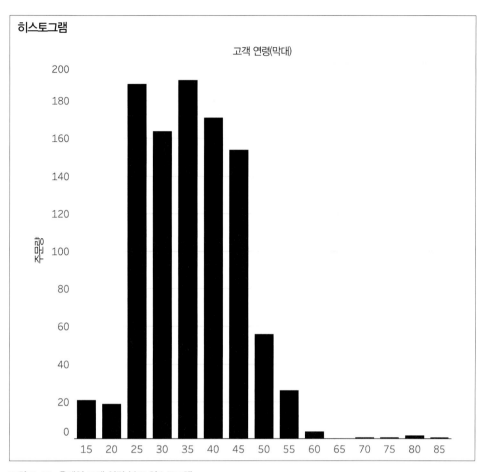

그림 3-19 올체인 고객 연령 분포 히스토그램

100% 기준 누적 차트

막대 차트는 백분율도 효과적으로 표시할 수 있다. 데이터의 한 값이 전체 구성에 얼마나 기여하는지 표현해야 할 때를 생각해 보자. 지금까지 살펴온 올체인의 경우, 자전거 매장에 있는 특정 제품이나 판매원의 기여도에 이야기일 수 있다. 기본적인 막대 차트도 이러한 표현을 할 수 있지만, 100% 기준 누적 차트가 훨씬 더 명확하다.

매장별로 주문된 자전거 종류를 표시한 [그림 3-18]의 누적 막대 차트를 다시 살펴보자. [그림 3-20]은 동일하지만 각 매장에서 주문된 자전거 종류를 백분율로 변환하여 표시했다.

자전거 종류별 주문 패턴을 이해하기 위해선, [그림 3-18]보다 [그림 3-20]의 차트가 훨씬 더 유용하다. 요크의 매장이 런던보다 일반도로용 그리고 산악용 자전거는 약간 더 많이 판매했지만, 비포장도로용 자전거의 경우 상당한 호실적을 냈다는 것을 알 수 있다. 100% 기준 누적 차트를 이용하면, 데이터를 여러 색상의 사용과 함께 분할하여 전달함으로써 특정 메시지를 효과적으로 전달할 수 있다.

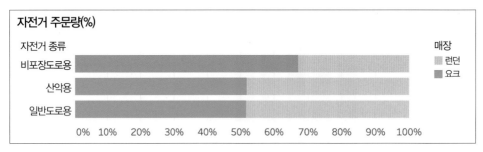

그림 3-20 100% 기준 누적 차트

폭포 차트

폭포 차트는 막대 차트와 간트 차트를 결합한 형태이다.

폭포 차트는 데이터의 유입과 유출을 모두 보여주는 특성 때문에 재무 분석, 고객의 멤버십 가입 및 탈퇴, 제품의 구매와 반품 그리고 수강신청 등에 자주 사용된다.

폭포 차트는 기존 표준 막대 차트와 동일한 방식으로 표시된다. 다른 점은 이전 막대의 끝이 다른 막대의 시작점으로 사용된다는 것이다. 그림 [그림 3-21] 손익계산서를 폭포 차트로 표현한 [그림 3-22]를 살펴보자.

	2021	2020
	£ '000s	£ '000s
총매출	4,592	3,402
매출원가	(2,301)	(1,927)
매출총이익	2,291	1,475
일반 관리비	(421)	(123)
영업이익	2,712	1,598
세금	(325)	(192)
기간이익	**2,387**	**1,406**

그림 3-21 손익계산서

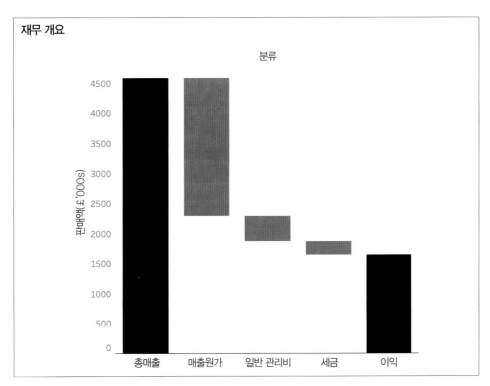

그림 3-22 폭포 차트

여기서 나는 수익은 검은색으로, 손실은 빨간색으로 표현하는 전통적인 금융계의 색 표현을 사용했다. 총매출액은 한 해 동안 판매와 서비스를 통해 창출한 가치이므로 수익으로 표현된다. 매출원가는 영업과 판매에 사용되는 비용이며, 빨간색으로 나타냈듯이 회사입장에서 손실이다. [그림 3-22] 폭포 차트에서 매출원가는 총매출액 막대의 맨 위에서 시작되어 그 비용만큼 하락했다.

폭포 차트의 한 가지 장점은 막대의 끝점을 통해 시계열적으로 어떻게 변화하는지 그리고 각 단계의 총계를 쉽게 파악할 수 있다는 것이다. [그림 3-21] 손익계산서에서 중간 계를 생략하고 같은 순서로 폭포 차트를 구성했다. 하지만 명시적으로 표시되지 않았더라도 마지막 막대, 기간이익까지 차트에서 쉽게 확인이 가능하다.

폭포 차트는 대부분의 막대 차트에 비해 읽기 어렵다. 하지만 전체적인 데이터의 그림을 제공하기 때문에 표보다 훨씬 명확하다. 폭포 차트의 사용은 이득이나 비용이 예상보다 비례적으로 높은지 쉽게 확인할 수 있어 예산 관리에 유리하다.

3.2.3 막대 차트가 사용되지 않는 경우

앞서 언급했듯이 막대 차트는 대부분의 경우에 데이터를 명확하게 표시한다. 하지만 막대 차트에 너무 많은 정보를 넣으면 너무 복잡해질 수 있어 주의해야 한다.

우리는 누적 막대 차트에 사용된 요란한 색이 그 해석을 방해한다는 것을 배웠다. 이번엔 자연스러운 계층구조 그리고 관계성이 없는 두 개 이상의 범주를 사용했을 때 나타날 수 있는 잘못된 막대 차트 사용의 예를 살펴보자. [그림 3-23]은 하나의 차트에 너무 많은 정보를 담고 있다.

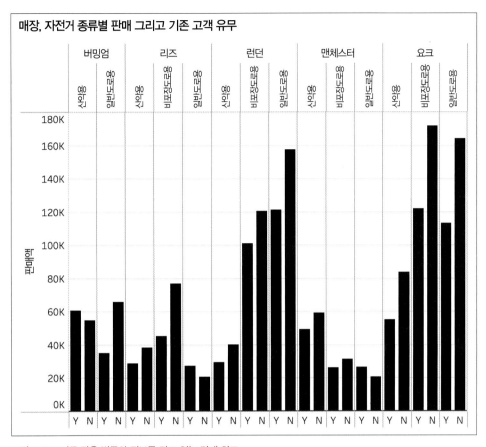

그림 3-23 너무 많은 범주와 정보를 담고 있는 막대 차트

[그림 3-23]의 막대 차트에서 원하는 정보 찾기는 가능하지만 시간이 오래 걸리고 예상치 못한 패턴이 있는지 확인하는 등의 주의를 기울여야 한다. 차트를 직접 작성한 사람에게는 모든 정보가 명확히 보이지만, 차트를 이용하는 사용자에겐 큰 부담일 수 있다. 우리는 6장에서 이런 복잡한 차트를 여러 부분으로 나눴을 때 나타나는 인지 부하 감소를 학습한다.

다음의 이 장 나머지 부분에서는 꺾은선 또는 영역 차트와 같이, 데이터 포인터의 추세를 파악하는 데 막대 차트보다 더 유리한 유형을 살펴본다. 하지만 대부분의 경우에서 막대 차트는 데이터 분석 및 커뮤니케이션의 기초를 형성하므로 사용에 익숙해지는 것이 매우 중요하다.

3.3 꺾은선 차트

꺾은선 차트는 데이터를 효과적으로 표현할 수 있는 중요한 차트 중 하나이다. 데이터의 추세를 확인하는 데 유용하며, 날짜, 나이, 학년과 같은 **순서**^{Ordinal} 데이터 표현에 효과적이다.

꺾은선 차트를 생성하기 위해, 순서 데이터 즉, 한 데이터가 다른 데이터 뒤에 논리적으로 이어지는 군 계급, 교육 수준, 조직 내 직급 등과 같이 이해하기 쉬운 순서로 이뤄진 데이터가 필요하다.

3.3.1 꺾은선 차트 해석

막대 차트와 마찬가지로 꺾은선 차트에는 데이터 값을 나타내는 축이 적어도 하나 이상 있다. 차트가 서양 문화권에서 발달하였기 때문에 측정값을 나타내는 축은 수직으로 뻗어있고, 왼쪽에서 오른쪽으로 읽는다.

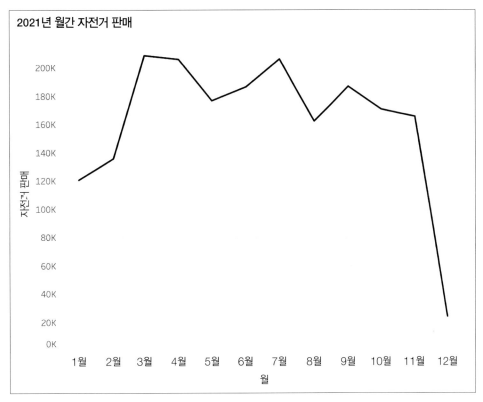

그림 3-24 기본 꺾은선 차트

꺾은선 차트의 수평 축은 보통 헤더 즉, 범주형 데이터로 구성된다.

날짜가 비규칙적인 방식으로 정렬되어 있다면 오류가 발생한다. 종종 데이터를 꼼꼼하게 확인하지 않고 차트를 생성하여 잘못된 결론에 도출된 사례들이 발생한다. 항상 데이터를 시간 흐름에 따라 입력하고 정렬하여 저장하면 이러한 실수를 피할 수 있다.

꺾은선 차트는 2차원 구성을 사전주의 속성으로 사용하며, 선의 형태 자체가 청중에게 데이터 해석에 직관력을 부여하기 때문에 효과적이다. 선의 형태를 통해 청중은 측정값이 빠르게 증가하는지, 느리게 증가하는지 또는 감소하는지 빠르게 파악할 수 있다. [그림 3-25]는 [그림 3-24]의 차트에서 선을 제거하였다. 선을 제거하면 전체 데이터 추세를 확인하기가 조금 더 어렵다.

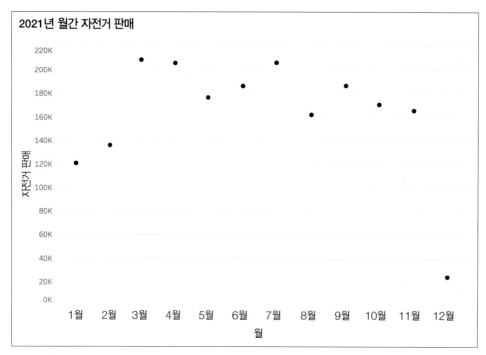

그림 3-25 데이터 연결선의 중요성을 강조한 점 차트

단일 선으로 차트가 구성된 경우, 규칙적인 순서 데이터(수평축)를 참조하여 점의 위치를 쉽게 확인할 수 있다(그림 3-26).

분석에 범주를 추가하여 사용해야 한다면 막대 차트에서와 마찬가지로 색을 사용할 수 있다. [그림 3-27]의 꺾은선 차트는 구매자가 신규 고객인지 기존 고객인지에 따라 선을 추가하고 각기 다른 색으로 표현했다. [그림 3-15] 누적 막대 차트와는 다르게 한 선이 다른 선 위에 쌓이지 않아 비교하기 쉽다.

[그림 3-27]에서 신규 고객에 의한 판매 고점이 기존 고객에 의한 고점 바로 앞에 위치한다는 사실을 파악할 수 있다. 이러한 구매 패턴 정보를 마케팅 팀이 연중 다양한 시점에 적절한 판촉 활동을 기획하는 데 효과적으로 사용할 수 있다.

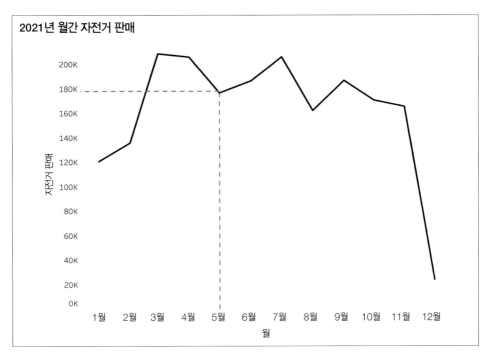

그림 3-26 꺾은선 차트 해석 방법

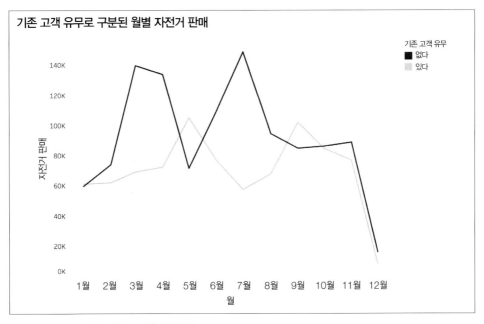

그림 3-27 범주에 따라 나뉘 표시된 꺾은선 차트

꺾은선 차트는 여러 범주를 동시에 평가할 수 있게 해주는 차트 유형이다. [그림 3-28]에서는 [그림 3-27]에 자전거 종류를 추가하여 차트 분석과 평가가 조금 더 어려워졌다. 하지만 시간의 경과에 따른 다양한 자전거 종류의 판매 변화, 각기 다른 고객의 유형에 따른 판매의 영향 등을 평가해야 한다면 이 차트가 적절하고 효과적인 선택이 될 수 있다.

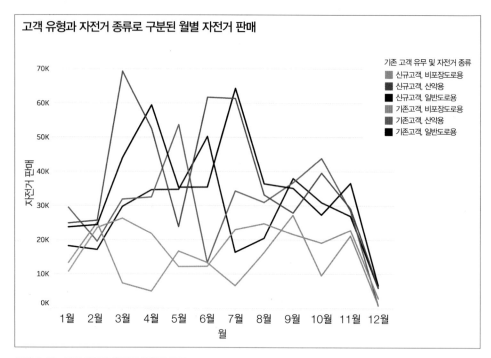

그림 3-28 여러 범주가 추가된 꺾은선 차트

꺾은선 차트는 시간 경과에 따른 데이터 추세를 보여주는 기본적인 차트일 뿐만 아니라, 여러 범주에 색을 추가하여 더 많은 세부 정보를 파악할 수 있게 해주는 효과적인 차트 유형이다.

3.3.2 꺾은선 차트 최적화

꺾은선 차트 또한 강력한 사전주의 속성을 가지며 청중에게 익숙한 차트이다. 따라서, 데이터 기반 커뮤니케이션에서 이해관계자들의 요청 사항을 만족시키기 위해 많이 사용된다. 꺾은선 차트를 약간 변형하면 데이터의 특정 부분을 더 선명하게 표시할 수 있다.

주기 꺾은선 차트

날짜 범주는 데이터를 비교할 때 매우 유용하게 쓰인다. 나는 은행에서 데이터 분석가로 일할 때, 고객이 언제 지점으로 방문하는지 또는 모바일 뱅킹을 이용하는지 살펴본 적이 있다. 이때 날짜를 서로 다른 방식으로 나눠봤더니 데이터 분석이 훨씬 더 풍성해져, 내가 찾은 특정 데이터 패턴이 선명하게 나타났다.

일반적으로, 꺾은선 차트는 왼쪽에서 오른쪽으로 이동하는 하나의 시간 흐름을 가지고 있고, 그 표현도 개략적이다. 예를 들어, [그림 3-24]에서는 요일별 변화를 알 수 없다. 하지만 [그림 3-29]와 같이 표현하면, 1분기 일요일이 2분기, 3분기, 4분기 일요일과 어떻게 다른지 알 수 있다.

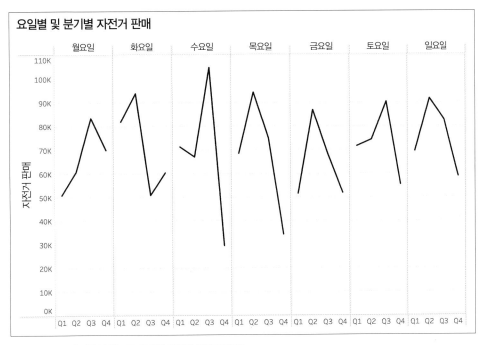

그림 3-29 주기 꺾은선 차트로 표시한 요일별 자전거 판매

이렇게 다른 방식으로 나눈 데이터 추세를 이해함으로써, 상품 판매를 위한 적절한 직원 채용 및 재고 확보 계획을 결정할 수 있다. 예를 들어, 봄과 여름의 주말 판매는 주중보다 너 증가하고, 주중 판매는 겨울에 감소한다. 또한 주말 판매는 일 년 내내 일정하다. 약간 변형된 꺾은선 차트는 표준 유형에서 찾을 수 없는 추세를 명확히 보여주고 데이터에 대한 다양한 시점을 알려주기 때문에 매우 유용하다.

경사 차트

[그림 3-28]에서 몇몇의 범주형 변수 추가만으로도 꺾은선 차트 해석을 어렵게 만들 수 있다는 것을 살펴보았다. 하지만 특정 기간에 개략적인 변화만을 알고 싶다면 어떨까? **경사 차트**는 여러 범주가 동시에 존재하지만 복잡하지 않은 보기를 제공해, 특정 기간의 개략적인 변화를 이해하기 쉽게 알려준다.

보다 정확한 데이터 추세를 전체적으로 볼 필요가 없는 경우, 경사 차트를 사용하면 효과적인 분석이 가능하다. 중간 데이터 포인터를 제거하여 차트의 기울기를 통해, 원하는 시기의 시작과 끝의 변화를 훨씬 쉽게 평가할 수 있다.

[그림 3-30]은 [그림 3-28]에서 관찰된 12월 판매 부진의 영향을 똑같이 확인할 수 있지만, 경사도 차트로 표현했기 때문에, 그 변화를 훨씬 더 쉽게 파악할 수 있다.

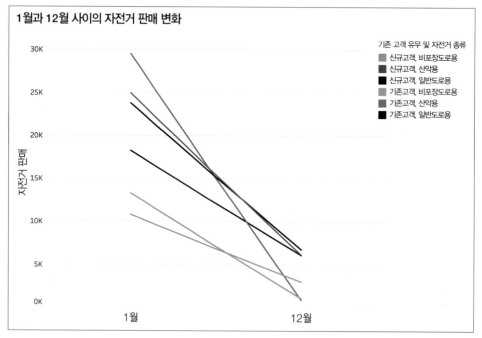

그림 3-30 경사 차트

경사 차트는 데이터를 지나치게 단순화하기 때문에, 중간에 놓인 부분의 중요한 추세 파악에 불리하다. 그러므로 경사 차트는 각 선의 두 점이 모두 주요한 시기일 때 가장 적합하다.

스파크라인

스파크라인은 적은 공간을 이용하지만 큰 효과를 주는 꺾은선 차트의 미니 버전이다. 이는 에드워드 터프티에 의해 만들어졌으며, 데이터의 전체적인 추세를 보여주는 데 사용되지만 정확한 값을 제공하기 위해 설계되지는 않았다. 스파크라인은 중요한 값에 대한 추가 맥락을 제공하는 것부터 각 범주형 변수의 추세를 보여주는 것까지 다양한 용도로 사용된다. [그림 3-31]과 같이 스파크라인은 데이터 값을 평가할 수 있는 수평, 수직 축의 자세한 식별 값을 제공하지 않지만, 전체적인 추세를 명확히 보여준다.

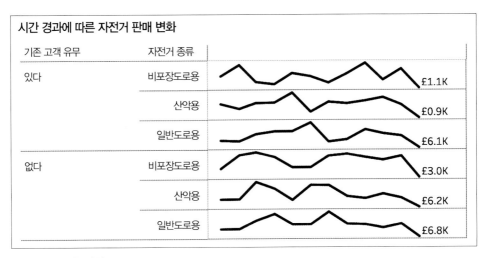

그림 3-31 스파크라인

앞에서 잠깐 언급한 것처럼, 스파크라인의 목적은 추세를 보여주는 것이다. 스파크처럼 작기 때문에 작은 공간에도 적합하다. 스파크라인을 만드는 네 가지 방법은 다음과 같다.

| y(수직)축 제거 |
데이터의 개괄적인 추세 파악이 목적인 만큼, y축 제거가 가능하다.

| x(수평)축 제거 |
스파크라인을 [그림 3-31]과 같이 개별적으로 사용할 경우, 제거해도 무방하다.

| 적절한 라벨 추가 |

y축을 제거하는 경우 스파크라인 선 시작 혹은 끝에, 값을 명기한 라벨을 추가함으로써 데이터 정량화에 도움을 줄 수 있다. 또는 값의 범위를 표시하기 위해 최솟값과 최댓값 라벨을 붙이기도 한다(이 경우 조금 더 큰 스파크라인이 필요함).

| 개별 y축 범위 사용 |

각 스파크라인에 각기 다르게 지정한 y축 범위를 표시하면 추세를 더 명확히 볼 수 있다. 하지만 각 범주형 변수 간의 상대적 관계성을 잃을 수 있어 주의하여 사용해야 한다([그림 3-31]은 개별 y축 범위 사용한 예).

스파크라인은 특히 단일 숫자와 지표에 많은 맥락을 추가하는 한 방법이다. 이를 통해 데이터 추세를 청중에게 보여줌으로써, 단일 숫자로 표시된 데이터의 이전 흐름(개선 또는 감소 여부)을 알 수 있게 한다.

영역 차트

데이터 추세를 더 강조해서 보고 싶다면, 영역 차트가 더 효과적인 선택이 될 수 있다. 꺾은선 차트가 간단히 데이터 사이에 선을 이어 표현했다면, 영역 차트는 높이를 사전주의 속성으로 이용하는 추가점인 이점이 있고, 데이터를 나타내기 위해 선과 축 사이에 채워진 색 영역을 이용한다. 영역 차트는 강렬한 색과 큰 면적으로 청중의 시선을 사로잡을 수 있다(그림 3-22).

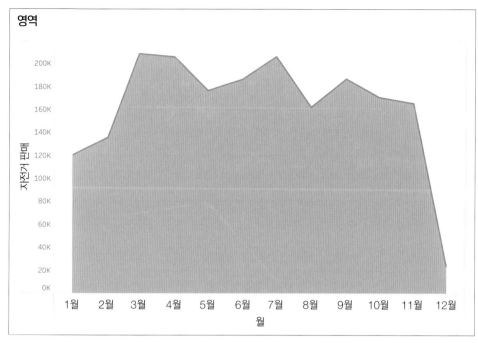

그림 3-32 영역 차트

동일한 데이터를 사용하는 [그림 3-24]의 꺾은선 차트와 비교하여, [그림 3-32]는 높이를 사용하므로 표시된 값을 더 쉽게 정량화할 수 있다. 동시에 영역 차트 상단은 꺾은선 차트와 같은 방식으로 동작하므로, 시간 경과에 따른 데이터 변화 강도를 평가하는 이점도 여전히 남아있다.

> WARNING_ 영역 차트는 데이터를 나타내기 위해 선과 축 사이에 채워진 색 영역을 이용한다. 그러므로 영점 기준선을 없애는 경우 청중들이 데이터를 잘못 해석할 수도 있다. 데이터 값이 크고 시간 경과에 따른 변화가 작다면 꺾은선 차트를 선택하는 편이 좋다.

3.3.3 꺾은선 차트가 사용되지 않는 경우

앞서 살펴본 것처럼 순서 데이터를 분석할 때, 너무 많은 범주형 변수를 표시할 필요가 없는 한, 꺾은선 차트는 매우 좋은 선택이다. 다음은 꺾은선 차트를 사용하지 않는 몇 가지 상황이다.

| 순서 데이터를 이용한 꺾은선 차트가 아닐 때 |

꺾은선 차트가 효과적인 한 가지 이유는 강력한 사전주의 속성 중 하나인 2차원을 활용하기 때문에, 데이터 추세를 쉽게 확인할 수 있다는 것이다. 이때 순서 데이터가 아니므로, 존재하지 않는 추세를 나타내려 한다면 청중들이 혼란을 겪을 수 있다. 예를 들어, 판매되는 자전거 종류에는 논리적인 순서가 없으므로, 선을 연결하여 표시하면 안 된다.

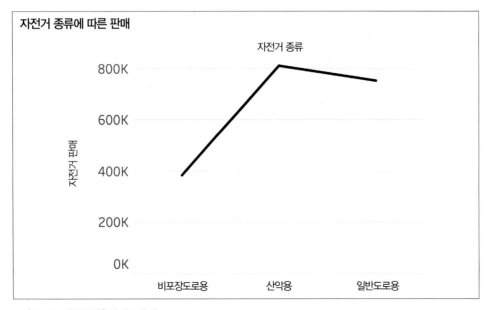

그림 3-33 잘못된 꺾은선 차트의 예

| 너무 많은 범주가 사용되어야 할 때 |

꺾은선 차트에 너무 많은 선들이 있으면 추세를 파악하기 더 어렵다. 이 문제는 영역 차트에서도 발생할 수 있는데, 특히 각 범주가 누적되어 다른 색으로 표시되는 누적 영역 차트에서 더 두드러진다(그림 3-34).

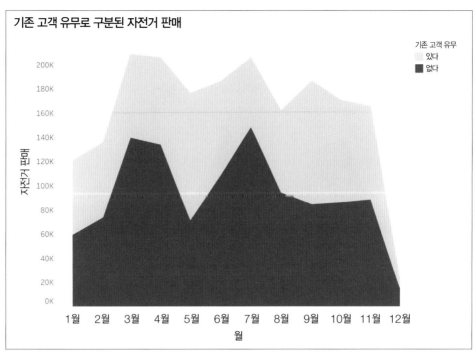

그림 3-34 누적 영역 차트

누적 막대 차트와 마찬가지로, 영점을 기준으로 그려진 신규 고객 범주는 그 최댓값과 변화를 명확히 읽을 수 있다. 하지만 기존 고객에 대한 부분은 어떠한가? 연한 회색으로 채워진 기존 고객에 대한 매출 변화는 상대적으로 판단하기 애매하다.

한 범주는 하강하고 다른 범주는 상승하는 등의 범주들 사이에 유의한 변화를 확인하기 위해서, 영역 변화를 정확히 확인할 수 있어야 한다. [그림 3-34]에서 두 범주의 변화량이 가장 큰 두 달을 찾아보자. 그리고 자신만의 답을 생각한 다음 [그림 3-35]를 확인해 보자.

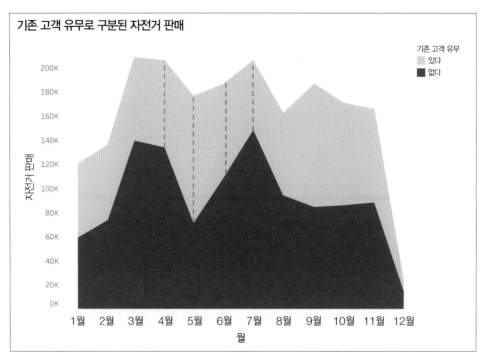

그림 3-35 누적 영역 차트에서 추세 변화 식별

앞의 누적 영역 차트에서 차이가 가장 큰 두 달은 6월과 7월(빨간색 선)이다. 빨간색 선은 청중들이 발견하기 힘든 추세를 강조하는데, 차트의 전반적인 높이가 증가했음에도 불구하고, 기존 고객들의 구매력이 떨어졌다는 것이다. 이는 데이터 추세를 찾을 때 누적 영역 차트 사용이 어렵다는 것을 방증한다.

파란색 선은 반대 현상을 보여주는데, 기존 고객들의 매출은 증가하고 있지만 신규 고객들의 매출이 더 가파르게 감소함에 따라 옅은 회색 영역이 하락하는 것과 같이 보인다.

그럼 누적 영역 차트는 언제 필요할까? 이는 전체에 각 범주의 기여를 보여주는 데 유용하다. 하지만 앞서 언급한 것처럼, 서로 다른 범주형 변수가 서로 다른 방향으로 증가 또는 감소할 경우, 이러한 변화를 누적 영역 차트에서 알아채기란 매우 힘든 일이다. 이 문제를 해결할 수 있는 한 가지 방법은 영역을 분할하여 둘 다 영점을 기준으로 표시하는 것이다(그림 3-36).

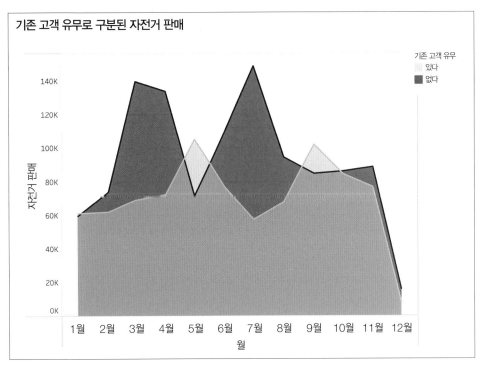

그림 3-36 비누적 영역 차트

[그림 3-36]과 같은 기법 사용으로 누적 영역 차트의 누적 효과가 사라지더라도 개별 범주는 평가하는 것은 더 쉬워진다. 이와 같이 단 두 개의 영역만이라도 겹겹이 쌓이는 순간 데이터 추세를 따라가는 것은 물론 한 영역과 다른 영역을 구분하는 것이 어려워질 수 있다. 따라서 차트를 설계할 때, 주의가 필요한 누적 표시 여부 판단은 매우 중요하다.

모든 데이터 시각화와 마찬가지로, 가장 중요한 점은 청중들이 어떤 메시지를 받게 될 것이며, 얼마나 쉽게 받아들일 수 있느냐 하는 것이다. 누적 영역 차트는 각 범주의 기여도를 판단하기에 좋지만, 상대적 추세를 파악하는 데 불리하다. 따라서 범주 간 상대적 추세를 평가하는 데 우세한 꺾은선 차트와 누적 영역 차트를 적절히 사용하는 것이 가장 좋은 방법이다.

3.4 마무리

지금까지 우리는 데이터 기반 커뮤니케이션에 필요한 기본적인 방법들을 살펴보았다. 효과적인 표와 차트를 만드는 것과 이를 통해 요점을 뒷받침하는 것에 익숙해지면, 청중은 메시지를 훨씬 더 쉽게 이해할 수 있게 될 것이다.

막대 차트와 꺾은선 차트가 단순하고 기본적인 것처럼 보일지라도, 여러 가지 기법으로 다양하게 설계할 수 있기 때문에 사용 방법은 무한하다. 또한 가장 강력한 사전주의 속성을 사용하기 때문에, 데이터를 효과적으로 전달하기에 매우 유용하다. 다음 장에서는 다양한 상황에서 보다 명확하게 메시지를 전달할 수 있는 차트 유형들을 살펴보자.

CHAPTER 4

다양한 데이터 표현법

3장에서 학습한 표, 막대 차트 그리고 꺾은선 차트만으로도 자유로운 데이터 기반 커뮤니케이션이 가능하다. 하지만 이러한 기본적인 형태만 사용하는 것은 분석을 제한하고 발표를 지루하게 만들 수 있다.

다른 다양한 유형의 차트 사용과 한 차트에 두 가지 측정값을 동시에 사용하는 것은 데이터 속에 숨겨진 다른 중요 메시지와 데이터 사이에 관계성을 파악하는 데 도움이 된다. 이러한 방법은 한 지표를 다른 지표와 직접 비교할 수 있어, 두 개별 차트를 별도로 분석해 집계할 필요를 제거하며, 데이터에서 새로운 추세를 파악하는 데 용이하다.

4장에서는 몇 가지 다른 유형의 차트와 그 사용 방법들을 살펴보자.

4.1 산점도

산점도는 다양한 분석에 적용이 가능하고 해석이 쉬운 장점을 가진 가장 강력한 데이터 시각화 차트 유형 중 하나이다. 산점도를 사용하면 수백 또는 수천 개의 데이터 포인트를 단일 차트에 결합하여 표기할 수 있어, 대량의 데이터를 한 페이지에 맞게 추려 표시할 때 손실될 수 있는 사례를 극복할 수 있다(주요 데이터 포인트를 다른 색으로 표시, 강조할 수 있다).

산점도의 기본 구성 요소와 다양한 사용 방법들을 알아보자.

4.1.1 산점도 해석

다른 차트와 마찬가지로 산점도에도 많은 세부 정보를 추가할 수 있지만, 너무 상세하면 차트를 해석하기 어려울 수 있다.

올체인 자전거 매장 데이터를 포함한 기본 산점도부터 살펴보자. [그림 4-1]의 산점도는 자전거 종류별 판매와 이익을 비교한다.

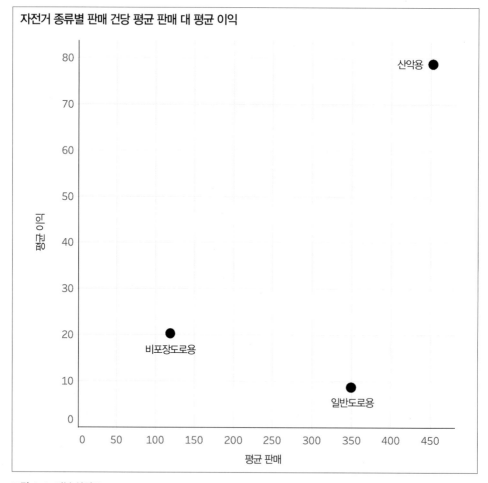

그림 4-1 기본 산점도

선택할 수 있는 다양한 산점도의 구성 요소를 살펴보자.

다중 축

지금까지 살펴본 차트에서는 모두 단일 축이 사용되었다는 것에 반해, 산점도에는 두 개의 축이 있는데, 이는 두 지표를 직접 비교하는 데 매우 유용하게 이용된다.

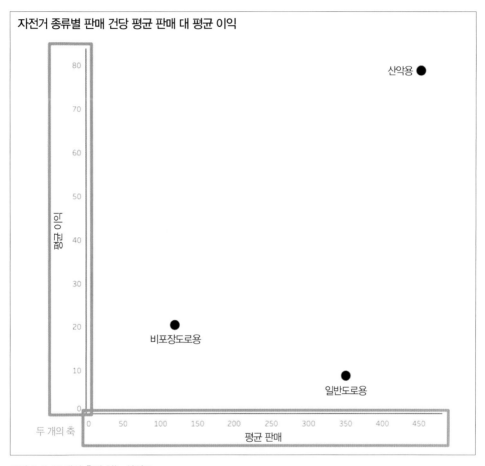

그림 4-2 두 개의 축이 있는 산점도

두 개의 축은 각 지표를 비교할 수 있는 2차원 위치를 생성하는데, 여러 점을 그려보면 데이터 사이에 유의미한 관계와 패턴을 찾고 분석하는 데 매우 용이하다. 산점도에 x축을 구성하는 측정값은 y축에 의존하지 않는 독립 변수Independent variable이며, y축의 측정값은 x축에 종속된 종속 변수dependent variable라고 한다. [그림 4-2]를 살펴보자. 차트의 평균 판매는 x축에, 평균 이익은 y축에 표시되어 있다. 판매가 없으면 이익이 발생할 수 없기 때문에, x축을 형성하는 측정값은 독립 변수, y축의 측정값들은 종속 변수 관계가 성립한다.

이렇게 여러 점으로 생성된 패턴을 상관관계Correlation patterns라고 한다(그림 4-3). 잘못된 유추의 오류false cause fallacy[1] 또는 '상관관계와 인과관계는 같지 않다'는 말을 들어본 적이 있는가? 이는 데이터에서 두 요인 간의 강한 상관관계가 있다고 해서 한 요인이 다른 요인을 유발했다고 가정할 수는 없다는 것을 의미한다.

[그림 4-3]을 보면, 올체인은 맑은 날에 더 많은 자전거 헬멧을 판매한다. 그렇다면, 맑은 날씨가 자전거 용품의 판매를 증가시킨다고 가정할 수 있는가? 꼭 그렇다고 할 수 없다. 일반적으로 비가 오는 날보다 볕이 잘 드는 날에 자전거를 훨씬 더 많이 타며, 화창한 날은 대부분은 여름 시즌에 분포한다. 그러므로 화창한 날에 헬멧이 더 많이 팔린다면, 햇볕 때문이 아니라 여름의 전반적인 따뜻한 계절 특성 덕이라고 유추할 수 있다.

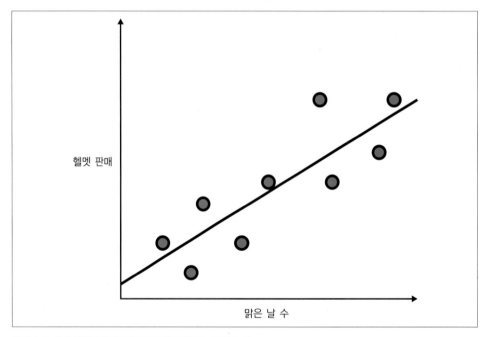

그림 4-3 상관관계와 인과관계의 다름을 보여주는 산점도 예

---

[1] https://oreil.ly/quwEH

상관관계는 정적, 부적 상관관계 그리고 강하고 약한 상관관계 등 몇 가지 유형으로 분류된다. 정적 상관관계Positive correlation에선 x축의 측정값이 증가하면 y축의 값도 같이 증가한다(그림 4-4). 산점도에서 추세선Trend line을 사용하여 이를 표시할 수 있다([그림 4-4]의 주황색 추세선 참조).

독립 변수가 증가함에 따라 종속 변수가 감소할 때, 두 지표 사이에 부적 상관관계Negative correlation가 있다고 한다(그림 4-5). 예를 들어, 올체인이 자전거 유지 보수 서비스를 제공한 횟수가 증가하면, 그 이듬해 고객의 기계적 고장 보고 횟수는 감소할 것이다. 이를 x축과 y축으로 구성하여 산점도를 그리면, 이들 사이에 부적 상관관계를 볼 수 있다.

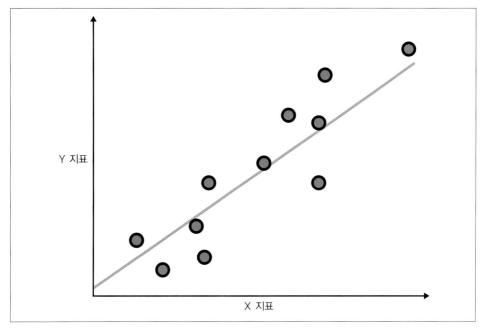

그림 4-4 정적 상관관계를 보이는 산점도

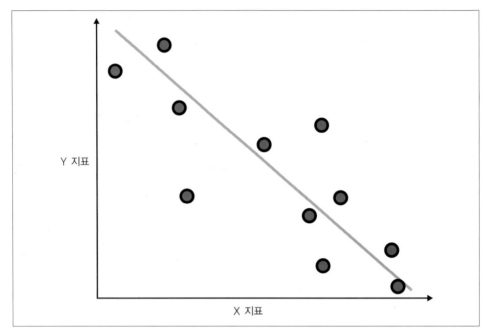

그림 4-5 부적 상관관계를 보이는 산점도

정적, 부적 상관관계와 같은 방향성 말고도, 발견한 지표 간에 관계 강도도 살펴보아야 한다. 그려진 점들이 추세선 주위에 몰려 있다면, 두 지표 간에 강한 상관관계가 있다고 말할 수 있다 (그림 4-6).

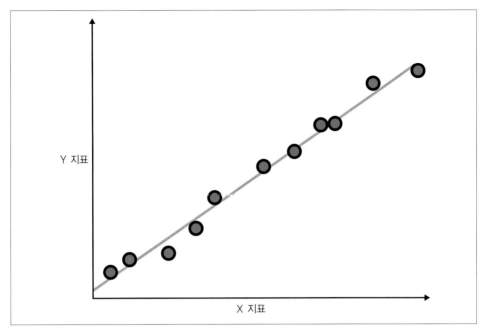

그림 4-6 강한 상관관계를 보이는 산점도

추세선과 산점도 위 점들의 거리가 멀어질수록 상관관계는 더 약해진다(그림 4-7).

모든 산점도가 상관관계를 이루는 것은 아니다. [그림 4-8]과 같이, x축과 y축을 구성하는 측정값 사이에 특정한 관계성이 관찰되지 않는다면 두 지표 사이에 상관관계는 없다.

추세선의 존재 여부에 관계없이, 글 또는 다른 차트를 통해 관계를 설명하는 것보다 산점도가 표현하는 패턴을 이용하는 것이 훨씬 유용하고 쉬울 수 있다. 예를 들어, 산점도 위 점들이 이루는 특정한 패턴에서 벗어난 특이치Outliner가 관찰된다면, 이를 조사함으로써 그동안 드러나지 않았던 문제를 발견할 수 있다.

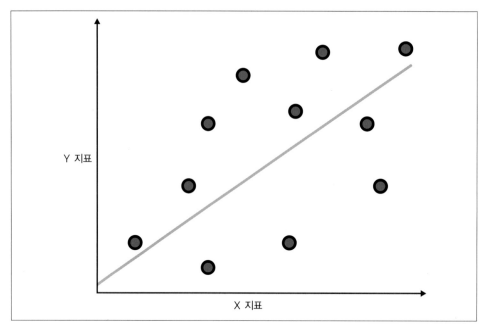

그림 4-7 약한 상관관계를 보이는 산점도

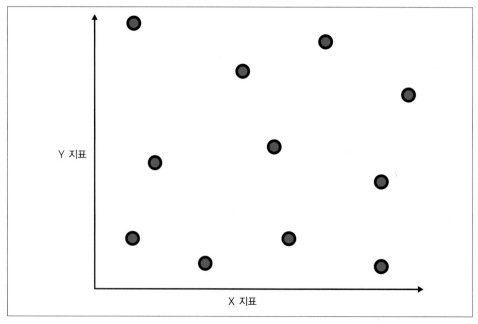

그림 4-8 상관관계가 없는 산점도

차트

산점도에서 가장 중요한 요소는 차트 x축과 y축을 구성하는 측정값이 실제 표시되는 데이터 점들이다.

[그림 4-1]과 같이 표시된 데이터 점이 너무 적으면, 차트에서 유용한 내용을 추출하기 어렵다. 그 반대의 경우도 유사한데, 데이터 점이 너무 많으면 차트가 표현하는 것을 파악하기 어렵다. 이를 과잉플롯Overplotting이라고 한다. [그림 4-9]는 과잉플롯의 예로 약 800건의 자전거 판매와 이익을 보여준다.

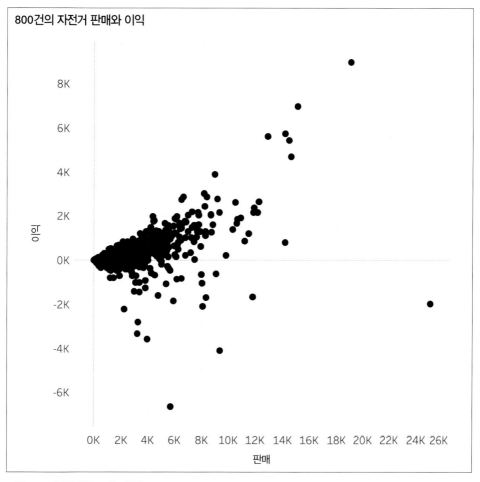

그림 4-9 과잉플롯을 보이는 산점도

[그림 4-9]가 표현하는 800건의 점을 각각 식별하기란 거의 불가능하다. 다시 말해, 데이터 점들이 겹쳐서, 그 형태 또한 불분명한 어두운 덩어리에선 의미를 찾기 어렵다. 하지만 한곳에 몰려있지 않은 특이치를 관찰할 수 있어, 전혀 쓸모없는 것은 아니다.

만약 해결해야 하는 문제가 모든 개별 데이터 포인트 분석을 필요로 한다면, 산점도 스타일 조정이 도움이 될 수 있다. [그림 4-10]과 같이 그려진 점의 투명도를 높이면, 점의 위치가 더 명확하게 나타난다. [그림 4-10]에선 불투명도를 30%로 줄였다.

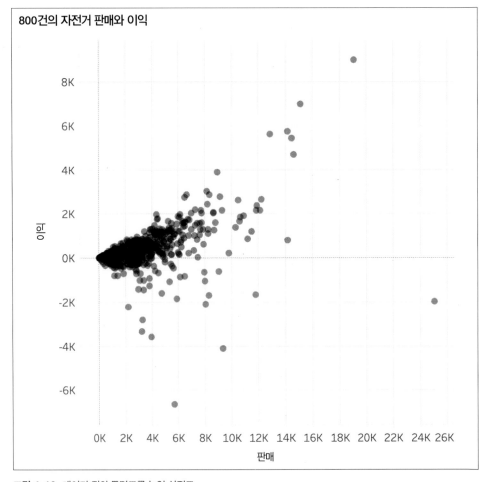

그림 4-10 데이터 점의 투명도를 높인 산점도

식별하기 어려운 데이터 점의 겹침을 해결하는 또 다른 방법은 점에 테두리를 추가하여 표시하는 것이다. [그림 4-11]은 밝은 회색 테두리를 사용하여 개별 포인트가 두드러지게 했다.

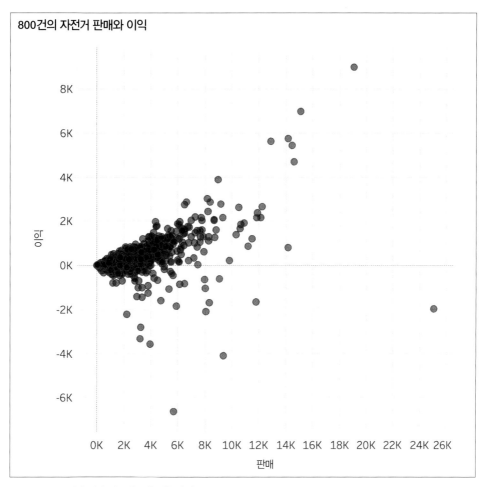

그림 4-11 데이터 점에 테두리를 추가한 산점도

필요한 정보를 하나의 차트에 모두 담는 것은 매우 어려운 일이다. 7장에서 이를 모두 하나로 압축하지 않고, 여러 차트를 사용하여 데이터의 다양한 측면을 보여주는 방법을 살펴본다.

데이터 점의 색

지금까지 살펴본 산점도에선 어떤 점이 어떤 범주와 관련이 있는지 확인하기 어렵다. 이 경우, [그림 4-12]와 같이 색과 색 범례Color legend(차트 옆면에 각 색이 나타내는 것을 설명하는 작은 참조)를 추가하여 표현하는 방법이 도움이 된다.

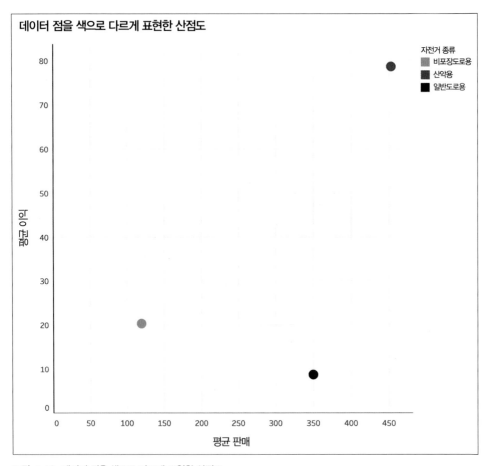

그림 4-12 데이터 점을 색으로 다르게 표현한 산점도

청중들은 20가지 색이 각각 무엇을 나타내는지 한 번에 기억할 수 없으며, 색 범례를 일일이 비교하며 데이터를 해석하는 것은 당신의 발표에 집중하기 어렵게 만든다. 이처럼 산점도에서 과도한 색의 사용은 청중들에게 혼란을 가중시키는 요소가 될 수 있다. 1장에서 논의한 바와 같이, 우리가 집중해야 할 초점 중 하나는 전달하는 메시지를 이해하는 데 필요한 인지 부하를

줄이는 것이다.

대부분의 문화권에서 색은 다양하게 사용되고 있으며, 우리는 이를 유리하게 사용할 수 있다. 만약 우리에게 이미 익숙한 개념과 연계된 방식으로 색을 사용한다면 범례의 사용도 생략될 수 있다. 예를 들어, 식료품점 과일과 야채 판매를 시각화할 때, 딸기는 빨간색, 바나나는 노란색과 같이 음식과 관련된 색상을 사용한다면, 차트 해석이 매우 쉬워질 것이다. 비슷한 방식에서, 관용적으로 빨간색은 손실, 검은색은 수익을 뜻하므로, 손익에 관계된 데이터를 표현할 때 이를 유용하게 사용할 수 있다. 이렇게 소비자, 대중의 인식을 이용하여 데이터를 표현하는 것을 심리적 도식Psychological schema[2]의 사용이라고 한다

[그림 4-12]에서 산악용 자전거는 진흙색, 비포장도로용 자전거는 황토색 그리고 일반도로용 자전거는 회색을 사용하여 표시했다. 이와 같이 개별 색상을 사용하며 범주를 나타내는 것을 범주형 색상표Categorical color palette라고 한다.

순서 데이터 표현의 경우 순차적 색상표Sequential color palette를 사용할 수 있다. 순차적 색상표란, 밝은 색에서 어두운 색까지 색의 음영으로 일련의 값을 표현하는 것을 뜻한다. [그림 4-13]은 16개의 데이터 점을 시간의 흐름에 따라 밝은 색에서 어두운 색으로 순차적 색상표를 사용하여 표현했다. 이를 통해 비교적 최근에 더 증가한 판매 이익을 기록하였음을 알 수 있다.

---

2 Ryan Sleeper, Practical Tableau (Sebastopol, CA: O'Reilly, 2018), 495.

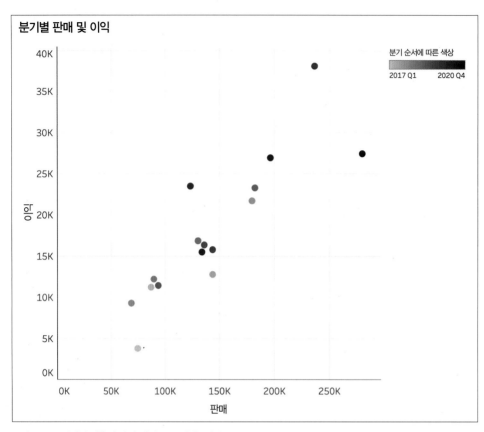

그림 4-13 데이터 점을 순차적 색상표로 표현한 산점도

특정 임곗값을 기준으로, 두 가지 색상을 사용하여 표현하는 이분 색상표^{Diverging color palette}도 자주 사용된다. 한 색은 기대치 이하일 때, 또 다른 색은 기대치 이상일 때를 표현한다.

[그림 4-14]는 수백 명의 구매 건 가운데, 내가 직접 구매한 데이터 점을 다른 색으로 강조했다. 이처럼 색의 사용은 원하는 특정 포인트를 돋보이게 하여, 좀 더 명확한 표현을 돕는다.

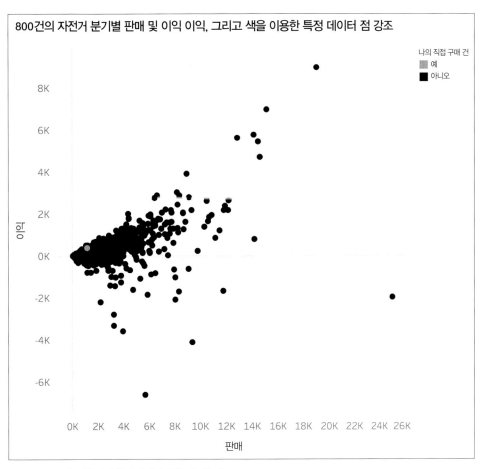

그림 4-14 색을 이용하여 특정 데이터 점을 강조한 예

데이터 점의 형태

산점도 데이터 점이 꼭 둥근 형태일 필요는 없다. [그림 4-15]와 같이 특정 범주를 나타내기 위해 도형의 형태를 이용할 수 있다.

때때로 어떤 사람(색맹 또는 색각 이상Color blindness)에게는 색상의 구별이 쉽지 않을 수 있다. 이러한 경우, 여러 형태의 데이터 점이 사용된 산점도가 더 명확한 이해를 제공한다.

색이 형태보다 더 강력한 사전주의 속성이고, 형태 해석이 더 많은 인지 부하를 주는 것은 사실이다. 그러므로 가능한 범주를 쉽게 떠올릴 수 있는 형태의 사용이 요구된다. 5장에서 이를 더 자세히 살펴본다.

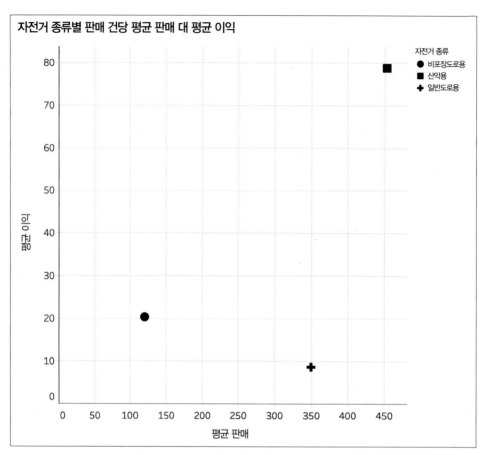

그림 4-15 여러 형태의 데이터 점이 사용된 산점도

4.1.2 산점도 최적화

산점도는 두 지표를 비교할 때(특히 측정값이 다른 측정값에 영향을 미치는 경우) 좋은 선택지가 된다. 위에서 살펴본 판매와 이익 측정값을 생각해 보자. 일반적으로 판매가 증가할수록 이익도 증가할 것으로 예상되지만, 항상 그렇진 않다. 다른 회사와 경쟁하기 위해 가격을 낮추거나, 기생산된 재고를 청산하기 위해 판매 비용이 증가되는 등 여러 상황이 발생할 수 있기 때문이다.

산점도가 모든 데이터 포인트를 표현하고 알려줄 순 없다. 하지만 좋은 질문을 이끌어 냄으로써, 데이터 분석을 올바른 방향으로 유도한다. 다음에서 특정 상황에서 유용하게 쓰일 수 있는, 몇 가지 변형된 산점도 유형들을 살펴보자.

소형 다중 산점도

4.1.1절의 '다중 축'에서 살펴본 것처럼, 추세선을 이용하면 두 지표의 관계를 보다 쉽고 정확히 보여줄 수 있다. 하지만 산점도에 너무 많은 선과 점의 표현은 중요한 패턴 혹은 추세를 파악하기 힘들게 하는 요수가 된다. 이에 대한 한 가지 해결 방법은 단일 산점도를 여러 개의 작은 산점도로 축소하고, 보다 간단히 메시지 형식으로 변경하여 나눠 표현하는 것이다.

소형 다중 산점도는 각 범주로 세분되어 격자 구조로 표현된다. 대부분의 차트가 이와 같이 나누어질 수 있지만, 산점도가 특히 효과적이다. [그림 4-16]은 분기별 추세를 명확하게 비교하기 위해 연도별(수직) 그리고 분기별(수평)로 구분했으며, 다른 부분보다도 추세가 차트에서 가장 확실히 표현되도록 색을 적용하고 형식을 단순화했다.

[그림 4-16]의 소형 다중 산점도를 보면 2014년 1분기에 판매가 증가함에도 불구하고 이익이 하락한 부적 상관관계가 관찰되고, 2017년 1분기에 가장 많은 판매와 이익이 발생했음을 보다 쉽게 알 수 있다. 이와 같이 격자 구조로 나누어져 표현된 소형 다중 산점도를 사용하면 분기별, 연도별 추세를 보다 쉽고, 효율적으로 비교할 수 있다.

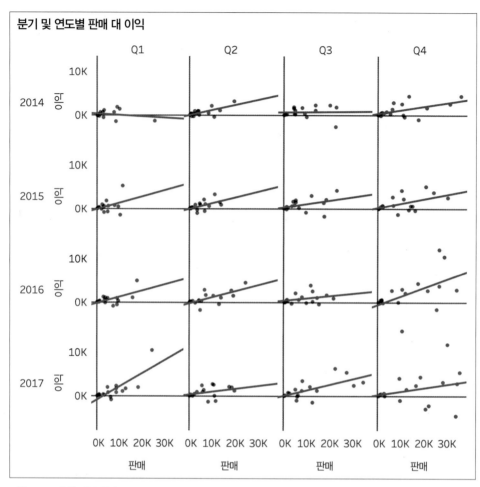

분기 및 연도별 판매 대 이익

그림 4-16 소형 다중 산점도

사분면 적용

소형 다중 산점도가 추세를 더 명확히 보여주는 것처럼, 데이터를 사분면^{Quadrant}으로 나눠 표현하면 더 쉽고, 효과적인 해석이 가능하다.

[그림 4-17]과 같이 약한 상관관계를 보이는 데이터 차트는 어떻게 해석해야 할까? x축은 판매, y축은 이익을, 각 점은 서로 다른 자전거 종류에 대한 데이터를 나타낸다.

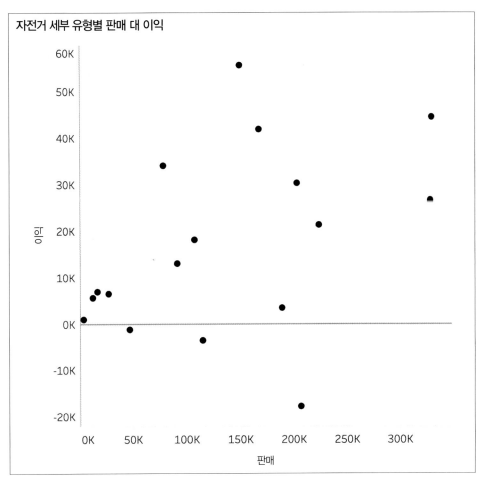

그림 4-17 사분면을 적용할 기본 산점도의 예

데이터를 그룹화하여 표현하면 청중에게 메시지를 보다 쉽게 전달할 수 있으며, 이는 좋은 사전주의 속성이다. [그림 4-17]의 경우 데이터가 산개되어 있어 별다른 특이점을 관찰하기 어렵다.

[그림 4-18]은 더 쉬운 분석을 위한, 각 축의 평균선으로 구성된 사분면을 적용했다.

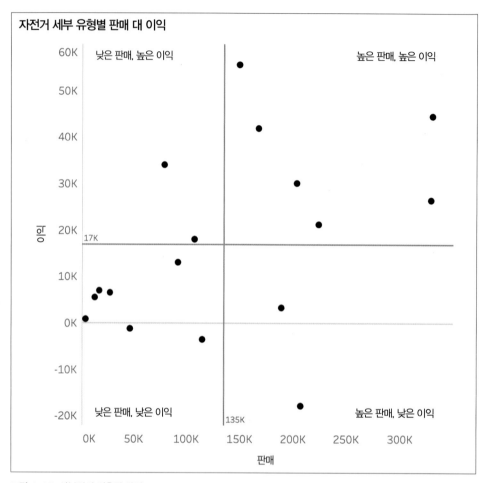

그림 4-18 사분면이 적용된 산점도

쉬운 설명과 함께 네 부분으로 분할된 산점도 차트는 청중이 각 데이터 점에 대해 어떤 추가적인 대책, 대응을 할 수 있는지 방향성을 제시할 수 있다. 예를 들어, 높은 판매, 높은 이익 분면의 데이터 점들은 좋은 판매 실적과 이에 따른 많은 현금 흐름이 발생한다는 사실을 보여준다.

낮은 판매, 높은 이익 분면의 데이터는 어떻게 낮은 판매로 높은 이익 가치를 실현할 수 있었는지 고민할 기회를 제공하며, 또한 더 높은 판매 실적을 기록했을 때, 동일한 비율의 이익이 창출될 수 있는지에 대한 예상도 고려해 볼 수 있다.

높은 판매, 낮은 이익 데이터는 높은 판매 건수에도 불구하고 낮은 이익이 발생하는 이유를 주의 깊게 고민하게 한다. 왜 효율적이지 못한 판매가 이뤄지는가? 자전거 판매를 중단하고 다른 사업 기회를 찾아야 하는가?

낮은 판매, 낮은 이익 분명의 데이터는 두 가지 고려할 만한 질문을 던질 수 있다. 시장에 아직 성장 가능성이 있는가? 아니면, 이제 이 품목에 대한 판매를 중단해야 하는가?

이처럼, 사분면이 적용된 산점도는 데이터 점들을 더 명확하게 표시하고 동시에 분석을 단순화 하는 데 유용하다. 특히 산점도에 익숙하지 않은 청중에게 도움이 된다.

4.1.3 산점도가 사용되지 않는 경우

산점도는 매우 자주, 유용하게 사용되는 차트 유형이다. 하지만 너무 많은 색상을 적용하거나, 세 가지 지표를 동시에 표현해야 하는 경우엔 사용하지 않길 권장한다. 다음에서 각 예와 함께 자세히 알아보자.

너무 많은 색의 사용

너무 많은 색이 한 번에 사용된 산점도는 명확한 정보를 전달하기 어렵다. [그림 4-19]가 그 예이다.

이 문제에 대한 잠재적인 대안은 8장에서 논할 대화형^{Interactive} 차트다. 대화형 차트를 사용하면 사용자는 각 점을 마우스로 가리킴으로써 데이터에 대한 설명을 확인할 수 있다. 현시점에서 이 문제를 완화할 수 있는 방안은 [그림 4-14]와 같이 단일 데이터 점 또는 꼭 필요한 몇 가지 핵심 데이터만 강조 표시하는 것이다.

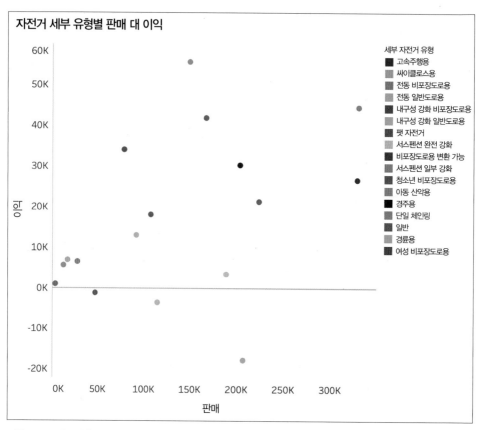

그림 4-19 너무 많은 색이 사용된 산점도

구분하기 어려운 색의 사용

산점도는 두 가지 지표를 비교하는 데 특히 효과적이기 때문에, 데이터에 추가적인 관계를 확인하려는 의도로 세 번째 지표를 추가하는 노력과 시도가 많이 일어난다. [그림 4-20]은 [그림 4-17] 산점도에 평균 할인율 지표를 추가하여 나타낸다.

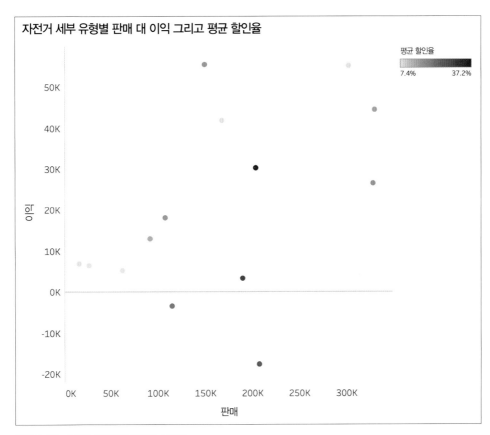

그림 4-20 순차적 색상표를 활용한 산점도

순차적 색상표에서 파란색 그러데이션으로 표시되는 평균 할인율을 정확히 구분하기란 거의 불가능하다. 가장 높고 낮은 점을 발견하는 것이 가능할 순 있지만, 하위 30%를 명확히 구분하는 것은 어렵다. 하지만 [그림 4–21]과 같이 몇몇 특정 그룹으로 분할되어 표시한다면, 데이터 간의 명확히 차이를 구분할 수 있다.

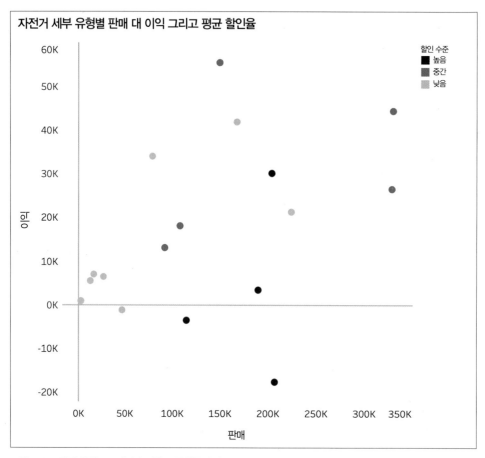

그림 4-21 색의 음영으로 데이터 점을 그룹화한 산점도

색상의 음영 수준을 몇 개만 골라야 할 때, 표현하고자 하는 데이터와의 관계를 고려하여 선택하면 쉽다. 또한 두 지표 사이에 관계를 명확히 하기 위해 각 축의 길이를 같게 표시하면, 두 지표 사이에 관계를 왜곡하지 않고 상관관계 또한 정확히 보여주는 데 유리하다.

앞서 강조한 것처럼, 산점도는 두 지표를 비교하는 데 매우 유용하다. 무리해서 세 번째 지표를 넣는 노력은 지양해야 한다. 대신, 별도의 차트를 통한 훨씬 간단하고 명료한 정보 전달을 추천한다.

4.2 지도 차트

지도는 청중의 관심을 쉽게 끌 수 있고, 전달하고자 하는 메시지를 차트에 표현하기 간단하며, 어릴 때부터 접한 친숙한 형태의 데이터 기반 커뮤니케이션이다. 이번 절에서는 지도를 이용한 데이터 시각화 방법을 자세히 알아본다.

4.2.1 지도 차트 해석

지도의 경도와 위도를 각각 차트의 x축과 y축으로 생각한다면, 사실 지도 차트는 산점도의 형태라고도 말할 수 있다.

그러므로 사전주의 속성 중 그룹화의 활용이 가능하다. 예를 들어, 운석 충돌과 같은 자연 사건 그리고 현상에 대한 빈도를 지도 상에 점들의 군집으로 표현하여 보여줄 수 있다.

데이터가 사람의 특정 활동에 대한 것이라면 어떻게 표현될까? [그림 4-22]와 같이 인구 밀도가 높은 주요 도시지역에 데이터 점이 군집화되어 나타날 것이다.

[그림 4-22]처럼 도형을 사용하여 데이터를 표현한 지도 차트를 도형표현도Symbol map라고 한다.

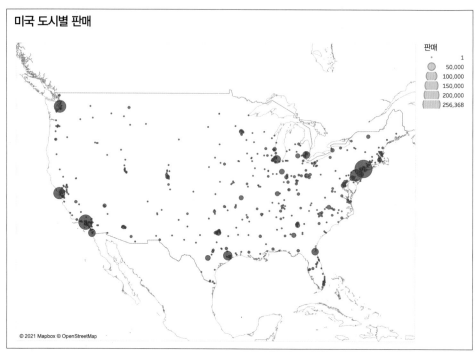

그림 4-22 미 전역 자전거 매장의 판매에 대한 도형표현도

크기와 형태

도형표현도는 특정 도형의 크기를 통해 데이터를 표현한다. 도형의 크기가 클수록 그 데이터 측정값은 크고, 작을수록 데이터 값은 작다. 이러한 방식의 표현은 가장 큰 값은 쉽게 확인할 수 있지만, 가장 작은 값은 배경에 흡수되어 구분할 수 없는 경우도 있을 수 있어, 값의 크기가 작은 데이터를 보다 정확히 식별해야 하는 경우 문제가 될 수 있다. 도형표현도는 청중에게 값의 범위를 빠르고 쉽게 인식시킬 수 있는 장점이 있지만, 미세한 크기를 측정할 수 없어 데이터 간 정확한 차이를 보여 줄 수 없다는 단점이 있다.

도형표현도의 또 다른 잠재적 문제점은 실제 데이터를 왜곡하여 표현할 수 있다는 것이다. [그림 4-22]의 지도 오른쪽 상단을 보면 미국 북동부 지역에서 특히 많은 판매가 나타나는 것을 확인할 수 있다. 실제로 많은 미국 주요 도시들이 그 지역에 몰려 있어 예상과 일치하지만 여러 크고 작은 원들이 겹쳐 표현되어 실제 데이터 값이 왜곡되어 청중에게 인식될 수 있다.

도형표현도에는 데이터를 표현하기 위해 어떤 형태의 도형도 사용될 수 있다. 원의 경우, 그 중심이 데이터의 위치를 나타내는데, 구글의 뒤집힌 물방울 도형(5장에서 자세히 다룬다)은 정확한 위치를 표시하기 위해 도형 하단의 점을 사용한다. 도형표현도를 사용할 때에는 선택한 도형이 데이터 위치를 명확하게 나타내는지 확인해야 한다.

단계구분도와 색 적용

도형표현도에도 색을 사용할 수 있다. 다시 말해, 동일한 데이터에 색상과 크기, 두 가지 형태의 사전주의 속성을 사용할 수 있다. 이 기법을 이중 부호화Double encoding라고 한다. 하지만 전달하고사 하는 메시지를 지나치게 과강히어 표현할 수 있어 피하는 것이 좋다.

지도 차트는 지리적 요소와 데이터 값을 적절히 표현하기 위해 특정 도형의 크기가 아닌 순차적 색상표 또는 이분 색상표를 이용할 수 있는데, 이러한 기법이 사용된 차트를 단계구분도Choropleth map라 한다. [그림 4-23]은 [그림 4-22]와 유사한 데이터를 사용하였고, 이번에는 도시 수준이 아닌 주 차원에서 판매량을 표시했으며, 원과 그 크기가 아닌 각 주를 판매량 정도에 따라 색의 음영으로 채웠다. 그러나 도형표현도와 마찬가지로 미세한 값의 비교는 어렵다.

그림 4-23 단계구분도

4.2.2 지도 차트 최적화

지금까지 사용된 지도들은 모두 최소한의 배경만 표시해 불필요한 디테일을 최대한 없앴고, 데이터가 돋보이게 했다. 지도에 포함된 도로, 강, 지리적 경계 등 여러 요소를 표현하고자 하는 시각화 목적에 맞게 추가 또는 제거해야, 배경과 데이터 사이에 올바른 균형을 맞출 수 있다. 적절한 균형을 갖춘 지도 차트는 지리적 맥락뿐 아니라 데이터 포인트도 명확하게 보여준다.

차트에서 데이터 표기의 크기는 메시지가 인식되는 방식에 영향을 미친다. 예를 들어, [그림 4-23]에 작은 주의 위치와 판매량은 쉽게 식별이 되지 않는다. 하지만 크기가 큰 주는 의도하지 않아도 청중의 주의를 쉽게 끌 수 있다. 미 동부 주의 자전거 안장 판매량을 살펴보며 더 자세히 이야기해 보자(그림 4-24).

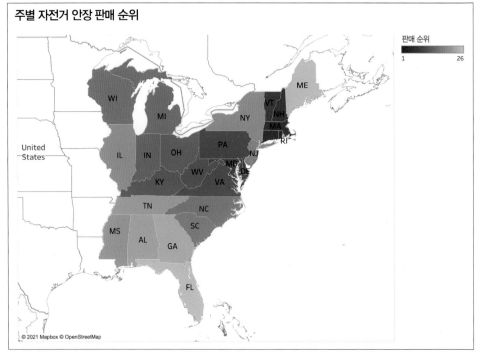

그림 4-24 단계구분도로 표현한 자전거 안장 판매

어느 주의 판매 순위가 가장 높은지 쉽게 파악할 수 있는가?

가장 높은 판매 순위를 기록한 주는 로드아일랜드(RI)이다. 하지만 대부분의 사람의 눈에 로드아일랜드주는 너무 작고, 주변에 비슷한 색의 큰 주들과 인접해 있어 같은 결론에 도달하는 것은 결코 쉽지 않다.

어떻게 이런 문제를 해결할 수 있을까? 도형표현도를 사용하여 도형의 크기로 데이터를 표현한다면 작은 로드아일랜드주의 데이터도 명확히 표기할 수 있다(그림 4-25). 하지만 각 주의 도형들이 서로 겹치지 않고, 작은 도형이 가리지 않도록 신경 쓰지 않는다면 데이터가 왜곡될 수 있으니 주의해야 한다. 다른 더 좋은 대안으로 격자 지도 차트^{Tile maps}가 이용할 수 있으며, 다음에서 자세히 알아본다.

그림 4-25 도형표현도로 표현한 자전거 안장 판매

격자 지도 차트

격자 지도 차트는 [그림 4-26]과 같이 각 주에 동일한 공간을 할당하지만 일반 지도와 유사한 배열과 형태로 구성되어 있다. [그림 4-26]은 각 주의 자전거 판매 이익을 보여준다.

그림 4-26 주별 일반도로용 자전거 판매 이익을 표시한 격자 지도 차트

임곗값을 갖는 데이터 표현

단계구분도는 특정 임계치를 기준으로 분포하는 데이터를 시각화할 때 도형표현도보다 더욱 유용하다. 보통 이러한 데이터 시각화에선 임계치보다 높고 낮음을 쉽게 구분하는 것이 가장 중요하기 때문이다. 앞서 살펴본 것처럼, 도형표현도는 도형의 크기를 통해 데이터의 정도를 파악하는데, 특정 임곗값과 정확히 비교하기란 거의 불가능하며, 효과적으로 기준 값보다 낮음을 표현하는 것도 매우 어렵다.

미 전역 올체인 자전거 매장의 손익을 표현한다고 생각해 보자. 다음과 같이 도형의 크기를 통해 손익을 시각화하는 세 가지 방법이 있다(그림 4-27).

- 작은 도형은 가장 큰 음수 값을, 큰 도형은 가장 큰 양수 값을 표현
- 큰 도형은 가장 큰 음수 값을, 작은 도형은 가장 큰 양수 값을 표현
- 큰 도형은 가장 큰 음수 값을 나타내며, 값이 0에 가까울수록 점점 작아진다. 0에서 가장 큰 양수 값으로 증가함에 따라 도형의 크기는 다시 커진다.

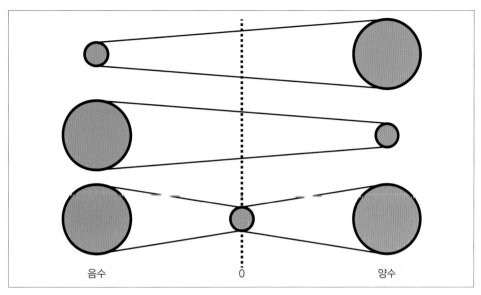

음수   0   양수

그림 4-27 도형의 크기를 이용한 데이터 값의 표현

앞의 세 가지 방법은 모두 그리 효과적이지 않다.

[그림 4-27]의 첫 번째 방법은 음수 값을 제대로 표시할 수 없다. 그에 반해 수익이 좋은, 양수 데이터들이 훨씬 더 명확히 나타난다. 청중에게 데이터를 긍정적으로 표현하고 싶다면, 이 방법을 선택하는 것이 좋겠지만 정확한 데이터의 표현에는 도움이 되지 못한다.

두 번째 방법과 같이 음에서 양으로 이동할수록 도형을 크기를 감소시키는 표기 방법은 데이터를 표현하고 이해하는 어떠한 방식에서도 도움이 되지 못한다.

세 번째 방법이 가장 효과적으로 보일 수 있으나 여전히 혼란스럽다. 도형의 크기만으로는 데이터 값이 양수인지 음수인지 판별하기 불가능하다. 이를 해결하기 위해 색상을 추가할 수 있지만, 이중 부호화되어 지나치게 과장될 수 있다.

단계구분도는 색상을 이용하기 때문에 양수, 음수 값을 강조하는 데 훨씬 더 효과적이다. [그림 4-28]은 이분 색상표를 사용하여 표현한 예이다.

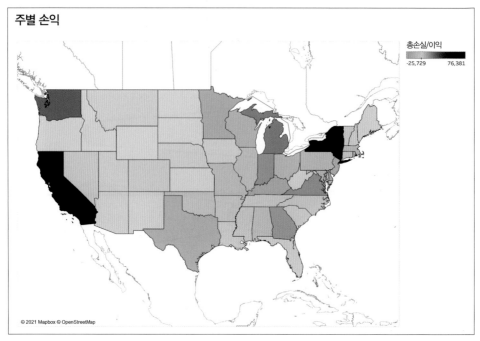

그림 4-28 주별 손익을 표현하기 위해 이분 색상표를 사용한 단계구분도

각 주를 채우고 있는 색이 진해질수록 손해 또는 이익이 커진다. [그림 4-28]은 가장 높은 이익은 검은색으로, 가장 큰 손실은 빨간색으로 표시하여 쉽게 구분할 수 있다.

데이터 밀도 표현

인터넷에 연결된 장치와 GPS 추적기의 발달과 상용화는 그 어느 때보다 다양하고 큰 지리적 데이터를 생성했다. 그리고 이 방대한 양의 데이터를 동일한 지도 차트에 표현하는 것은 데이터 시각화 전문가에게 큰 과제로 다가왔다. 이는 앞서 '산점도 해석'에서 다뤘던 과잉플롯 문제와 연결된다.

새로운 올체인 자전거 매장을 뉴욕시에 고려하고 있다고 가정하자. 뉴욕시 택시 여정을 시각화한 [그림 4-29]를 살펴보며 사람들이 택시를 이용하는 주된 장소를 고려해서, 자전거와 같은 대체 교통수단을 제공할 장소를 찾아야 한다. 그러나 맨해튼에는 택시가 너무 흔해서 거의 80만 개의 데이터가 표시되어 있고, 그 형체가 거의 맨해튼과 흡사하여 의미 있는 데이터 포인트를 찾는 것은 불가능하다.

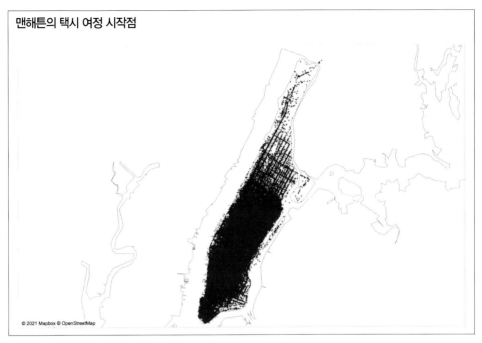

맨해튼의 택시 여정 시작점

© 2021 Mapbox © OpenStreetMap

그림 4-29 맨해튼의 약 80만 건의 택시 여정 시작을 표현한 지도 차트

[그림 4-29]의 과잉플롯을 해결할 두 가지 대안이 있다. 첫 번째는 서로 겹치거나 밀접한 데이터를 강조하여 표현하는 밀도도Density map이다. 밀도도는 순차적 색상표를 사용하며, 데이터 점의 밀도가 높을수록 색이 더 밝다.

[그림 4-30]의 밀도도는 맨해튼 중심가에서 더 높은 정도의 활동이 있다는 것을 보여준다. 그에 반해 맨해튼 섬의 북쪽 끝자락의 활동력은 매우 낮아, 전체적으로 흐릿한 양상이다. 이와 같이 사용하는 지도 차트 스타일에 따라 데이터를 효과적으로 표현할 수도 그렇지 못할 수도 있다.

두 번째 대안은 육각점 지도Hex bin map이다. 육각점 지도는 특정 영역에 분포하는 데이터 수를 더해 색과 육각형 점으로 표시한다. 이렇게 표현된 차트는 벌집처럼 보이기도 한다. 순차적 색상표를 사용하며, 어두울수록 큰 값을 나타낸다.

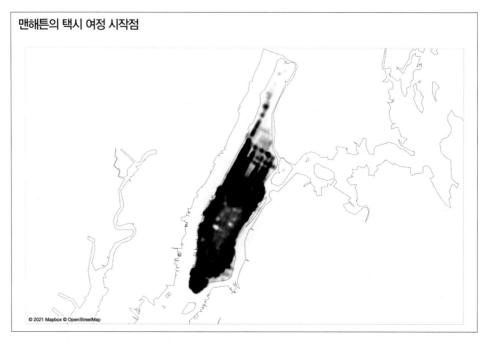

그림 4-30 밀도도로 표현한 [그림 4-29]

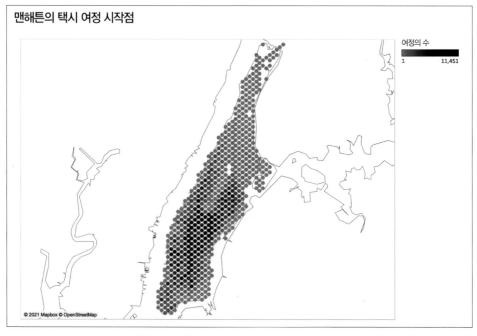

그림 4-31 육각점 지도로 표현한 [그림 4-29]

밀도도와 육각점 지도 모두 맨해튼 30번가와 54번가 사이, 미드타운에서 새로운 올체인 자전거 매장을 계획하는 것이 적절하다고 제안한다. 그러나 육각점 지도를 사용하면 좀 더 정확한 위치를 식별할 수 있다.

사실 우리가 살펴본 것보다 더 다양한 지도 차트 스타일이 존재한다. 전달할 메시지, 보유한 데이터 크기, 지리적 특징에 따라 적절히 선택하면 더 쉽고, 명확한 데이터 전달이 가능하다.

1.2.3 지도 차트가 사용되지 않는 경우

때때로 지도 차트 사용을 지양해야 할 경우가 있다. 다음에서 자세히 살펴보자.

데이터에서 지리적 요소가 포함되어 있다고, 지도가 꼭 필요하다고 가정하면 안 된다. [그림 4-25]의 올체인 자전거 안장 판매를 표현한 지도 차트를 보자. 만약 자전거 안장뿐만 아니라 다른 여러 자전거 액세서리를 판매량 순으로 표현해야 한다면 어떻게 해야 할까?

여러 지도를 이용하여 각각의 액세서리에 대한 데이터를 표현한다면 그만큼 많은 공간을 차지할 것이다. 또한 이러한 방식은 청중의 주의를 분산시켜 이해하기 어렵게 한다.

대신, 평행 좌표 차트Parallel coordinates plot를 사용하면 다양한 측정값 사이의 순위 변화를 쉽게 표시할 수 있다(그림 4-32).

평행 좌표 차트에서 범주형 변수 순위는 수직 축에서 위치를 결정한다. [그림 4-23] 차트의 왼쪽에서 오른쪽으로의 흐름은 다양한 자전거 액세서리 제품군의 순위 변화를 보여준다. 또한 로드아일랜드주의 여러 자전거 액세서리 판매 순위를 강조하게 위해 색을 적용한 것처럼, 색의 사용이 가능하다. 제품별 순위를 나타내는 원을 연결함으로써 범주 간의 변화 또한 보여줄 수 있다. 연결선의 가파른 상승 또는 하락은 순위 변화를 강하게 나타냄으로써, 지도상의 색 채도 변화보다 더 많은 관심을 끌 수 있다.

[그림 4-33]은 지도 차트에 여러 개의 지표나 범주를 표현했을 때 나타나는 문제점을 보여준다.

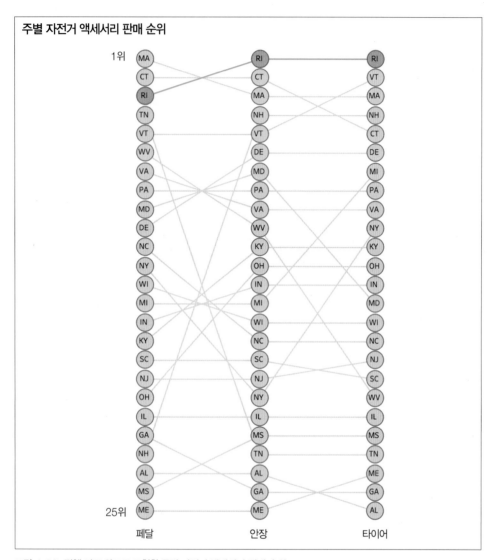

주별 자전거 액세서리 판매 순위

그림 4-32 평행 좌표 차트로 표현한 주별 자전거 액세서리 판매 순위

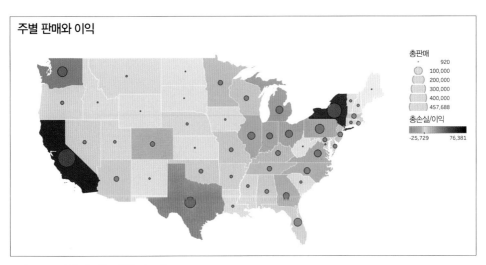

그림 4-33 여러 지표를 표현한 지도 차트

[그림 4-33]의 지도 차트를 읽은 것이 불가능하진 않지만 결코 쉽지 않다. 두 가지 지표를 지도에 표현하기 위해 두 가지 표기 유형(이익: 단계구분도, 판매: 도형표현도)을 사용했다. 주의를 분산시키고 혼잡한 [그림 4-33]의 지도 차트 대신, 각 범주로 분할된 산점도가 좋은 대안이 될 수 있다(그림 4-34).

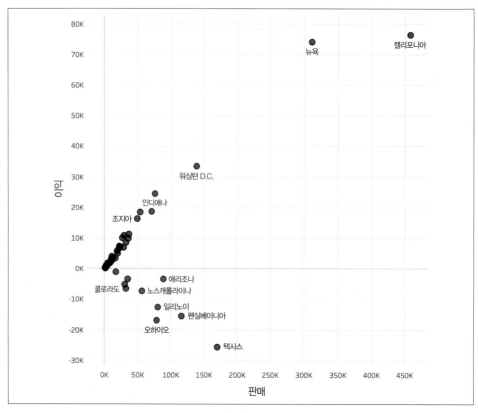

그림 4-34 주별 판매와 이익을 비교한 산점도

기본 지도 차트 위에 여러 개의 다른 차트 유형이 겹겹이 쌓여 있는 [그림 4-35]와 같은 경우가 흔하게 발생한다. 함께 사용된 차트 유형이 너무 달라 극단적으로 보일 수도 있는 이런 유형의 병렬 배치는 여러 범주와 측도를 동시에 다뤄야 하는 데이터 분야에서 자주 나타난다. 앞서 다룬 더 효과적인 대안으로 이러한 혼잡한 데이터 표현을 피할 수 있도록 하자.

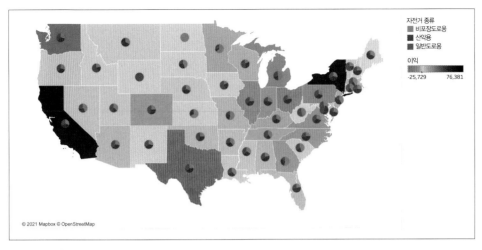

그림 4-35 원형 차트와 단계구분도

7장에서 하나의 차트에 너무 많은 정보를 담는 것보다, 여러 차트를 만들어 표현하는 것이 훨씬 쉬운 이유를 알아본다.

지도 차트 특징

✔ 지리적 위치에 대한 일반적인 지식을 이용

✔ 청중의 관심을 끌기 유리함

✘ 너무 많은 세부 사항으로 쉽게 과부하될 수 있음

✘ 지도 위 너무 다양한 지리적 요소들이 데이터 포인트를 가릴 수 있음

✘ 지표 간 비교를 위한 시각화 사용에는 지양해야 함

4.3 전체 분할 차트

어떤 전체 데이터를 시각화할 때, 자세한 이해를 돕기 위해 그 지표가 세부적으로 어떻게 분할되는지에 대한 내용도 표현해야 한다. 이 때 분류의 기준은 범주형 데이터 필드로 하며, 막대 차트를 포함하여 다양한 차트 유형으로 전체 분할 차트를 생성할 수 있다. 이번 절에서는 가장 일반적인 원형 차트와 트리맵을 살펴본다.

4.3.1 전체 분할 차트 해석

지도 차트와 마찬가지로 원형 차트는 대부분 학교 교육과정에서 일찍이 다루어지며, 뉴스 매체 등에서 흔히 볼 수 있기 때문에 친숙하고 쉽게 이해할 수 있다.

차트의 섹션

원형 차트에서 원은 분석 중인 측정값의 전체를 나타낸다. 전체에 대한 각 범주의 개별 기여도는 각기 다른 색으로 표시될 수 있는 세부 섹션으로 구분된다. [그림 4-36]의 원형 차트에서 약 25%를 차지하고, 보라색으로 채워진 세부 부분은 올체인의 자전거 휠 판매량을 의미한다. 다른 모든 부분의 판매량은 나머지 75%로 합쳐져, 흰색으로 표시되었다.

두 개 이상의 세부 섹션을 표시해야 하는 경우, 특정 섹션을 제외한 다른 모든 범주형 변수의 그룹화 표현을 하지 않는 이상, 가장 큰 섹션의 표기는 원의 맨 위에서 시작한다. 이때 데이터 사용자는 원형 차트를 시계 방향으로 해석한다고 가정한다.

그림 4-36 기본 원형 차트와 세부 섹션

추가 범주는 직전 섹션의 끝에서 시계 방향으로 이어 표시한다. [그림 4-37]에서 브레이크 판매량은 전체의 8분의 1을 차지하므로 직전 자전거 휠 섹션 끝에서 시작하여 원의 12.5%를 차지한다. 표시된 범주들은 쉬운 해석을 위해 그 비율이 가장 큰 것에서 가장 작은 순서로 표시한다.

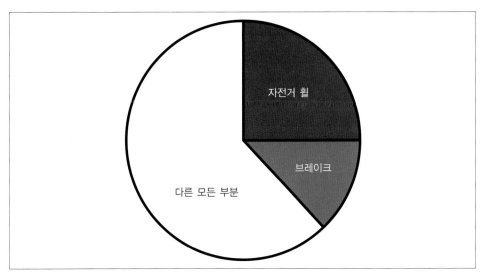

그림 4-37 기본 원형 차트에 추가된 범주 표현

차트의 각도

원형 차트를 해석하는데 각도에 대한 인지는 필수이다. 우리가 앞서 살펴본 사전주의 속성에 각도는 없지만, 이는 원형 차트에서 크기로 대변된다. 사람은 각도를 정확하게 평가하는 데 그리 능숙하지는 않지만, 아날로그 시계를 쉽게 읽는 것처럼 원형 차트 해석하는 데에 불편함은 없다. 게다가 [그림 4-38]과 같이 원형 차트의 시작이 원의 맨 위라는 점을 알고 있기에 때문에 더욱 쉽게 이해할 수 있다.

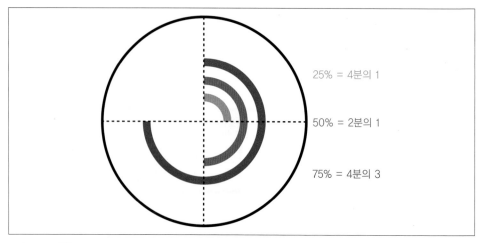

그림 4-38 원형 차트의 각도

같은 범주라 할지라도 그 시작이 원의 맨 위가 아니라, 다른 범주로 먼저 채워지면 해석하기가 훨씬 어려워진다. 예를 들어, [그림 4-39]에서 자전거 휠 판매량은 [그림 4-36]과 [그림 4-37]과 같은 크기이지만 위치가 다르다. 같은 크기라고 말하지 않았다면, 당신의 해석은 어땠을지 생각해 보자.

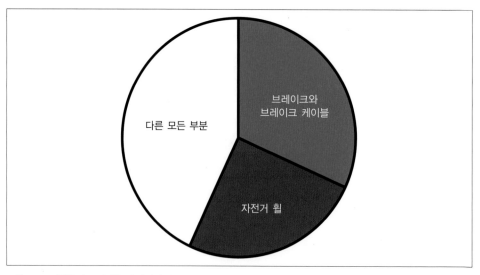

그림 4-39 원형 차트 해석을 더 어렵게 만드는 섹션 배치

차트의 라벨

지금까지 소개한 다른 차트의 구성 요소보다 원형 파트에 더 자주 표시되는 것은 라벨이다. 라벨을 사용하여 범주의 이름, 데이터 값 또는 해당 섹션의 백분율을 표시할 수 있다(그림 4-40).

라벨은 데이터 사용자가 차트를 더욱 정확히 해석하는 데 도움을 준다. 다만, 라벨이 차트보다 더 돋보이게 표현하는 것은 피한다.

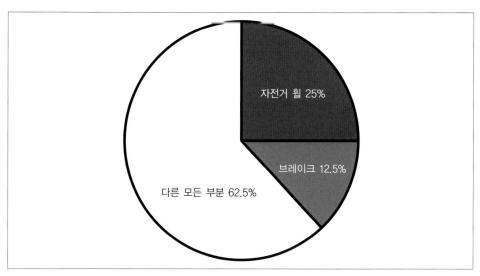

그림 4-40 라벨이 추가된 원형 차트

도넛 차트

도넛 차트는 원형 차트의 변형된 차트로 뉴스 매체에서 쉽게 볼 수 있다(그림 4-41).

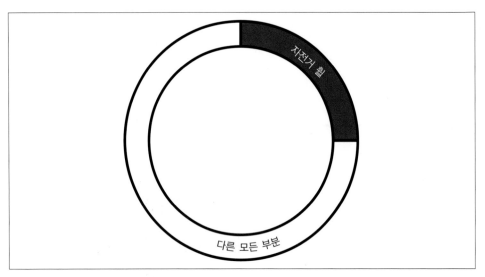

그림 4-41 도넛 차트

도넛 차트는 데이터 기반 커뮤니케이션에 중요한 요소인 공백을 더 많이 포함한다. 하지만 차트의 중간이 비어 있음에 따라, 각 섹션이 차지하는 비율 즉, 각도를 알아채기 더 어려워질 수 있다.

트리맵

트리맵은 각도를 사용하여 데이터 값을 표현하는 원형 차트와 달리, 직사각형을 사용한다. [그림 4-42]의 트리맵은 [그림 4-36]의 원형 차트 데이터를 표현한 결과이다.

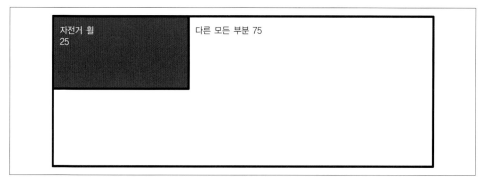

그림 4-42 기본 트리맵

많은 데이터 전문가들 사이에서 원형 차트와 트리맵 중 어느 것이 더 이해하기 쉬운지에 대한 의견이 분분하다.[3] 당신은 어느 쪽을 더 선호하는가?

라벨은 섹션이 강조 표시해야 할 경우 도넛 차트에 더 유용하게 쓰인다. 도넛 가운데 빈칸을 강조 표시된 섹션의 정보를 넣는 등 창의적으로 활용할 수 있기 때문이다(그림 4-43). 또한 백분율 변화에 대한 정보를 스파크라인 등을 통해 추가적인 맥락을 제공할 수 있다.

트리맵을 구성하는 범주들에 대한 정보를 라벨로 섹션 위에 배치할 수 있다(그림 4-44). 다만, 트리맵 섹션 면적에 비해 라벨이 너무 작으면 청중의 주의를 끌 수 없어 주의해야 한다.

그림 4-43 라벨이 붙여진 도넛 차트

---

3 *https://oreil.ly/zt2tm*

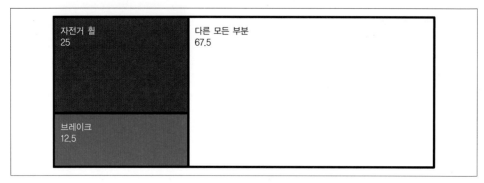

그림 4-44 라벨이 붙여진 여러 섹션으로 분할된 트리맵

4.3.2 전체 분할 차트가 사용되는 경우

원형 차트는 범주형 변수의 숫자가 작을 때 유용하다. 두 개의 범주가 가장 이상적이다. 예를 들어, 일반도로용 자전거 판매 비중을 시각화할 때, 그 외 자전거 종류 판매를 묶어 표시하면 청중은 데이터를 더 쉽게 이해할 수 있다(그림 4-45).

[그림 4-46]과 같이 모든 자전거 유형에 대한 판매 비중을 라벨과 함께 표시했을 때보다, [그림 4-45]의 메시지가 훨씬 더 명확하다. 이는 세세하게 표시된 여러 다른 배경이 전달하고자 하는 메시지로부터 초점을 분산시켰기 때문이다.

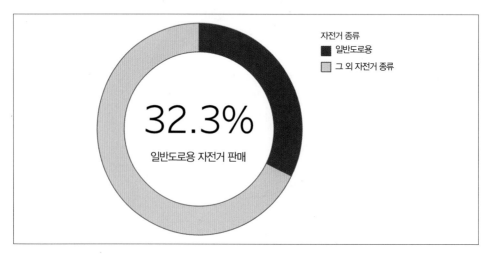

그림 4-45 기본 도넛 차트 예

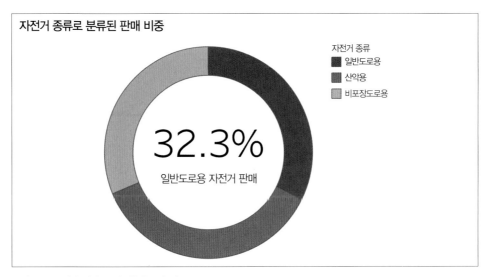

그림 4-46 여러 섹션으로 분할된 도넛 차트

여러 섹션을 표시해야 할 때 트리맵은 라벨을 적용할 더 많은 공간을 제공할 수 있어, 청중의 쉬운 이해를 도울 수 있다.

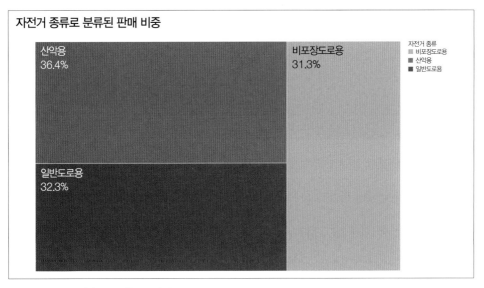

그림 4-47 여러 섹션으로 분할된 트리맵

트리맵은 각 범주 데이터 필드가 그 내부에 더 많은 세부 분류로 나눠질 때 특히 유용하다. 예를 들어, 다양한 제품을 판매하는 경우 각 제품의 판매 비중을 비교하는 데 유리하다. [그림 4-48]은 올체인 자전거 판매점을 통해 판매되는 모든 제조업체를 세분화하여 표시했다. 이는 굉장히 복잡해 보이지만, 많은 결론을 도출할 수 있는 의미 있는 차트이기도 하다. 예를 들어, 비포장도로용 자전거 상위 5개 제조사가 그 부분 판매량 약 절반을 차지한다는 것을 알 수 있다.

트리맵의 구축을 지원하는 대부분의 비즈니스 인텔리전스 도구는 자동으로 왼쪽 상단에 가장 큰 비중을 차지하는 세부 분류를 배치하여 보여준다. 그러므로 시각적으로 순위를 매기고, 전체 또는 특정 부분이 차지하는 비율을 쉽게 확인할 수 있다.

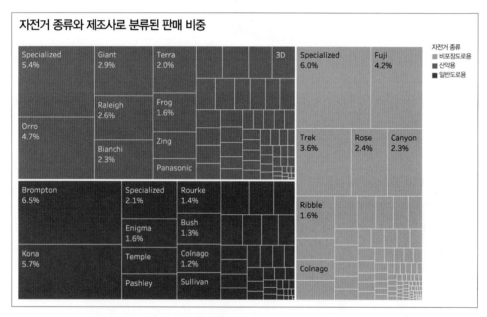

그림 4-48 여러 섹션과 각 내부 세부 분류로 분할된 트리맵

4.3.3 전체 분할 차트가 사용되지 않는 경우

전체 분할 차트는 이름에서 알 수 있듯이, 데이터 전체에 대한 시각화가 아니라면 이 차트 유형은 적절하지 않은 옵션이다. [그림 4-49]는 전체 데이터에서 비포장도로용 자전거 판매 비중을 제거 후 표시했다. 이러면 청중에게 자전거 판매점에서 단 두 종류의 자전거만 판매한다는 심각한 오류를 심어줄 수 있다.

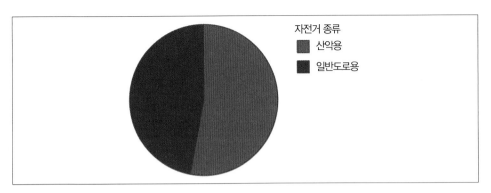

그림 4-49 전체 자전거 판매 비중을 보여주지 않는 원형 차트

설문 조사 결과를 원형 차트에 표시할 경우 복잡해지거나 오해의 소지를 야기할 수 있다. 설문 조사에서 응답자는 여러 가지 답변을 할 수 있어, 정확한 비율 측정에 오류를 불러일으킬 수 있다.

또한 범주 데이터 필드의 측정값이 음수 값을 갖는 경우, 원형 차트 또는 트리맵으로 시각화할 수 없다. 음의 기여도, 비중을 도형의 면적으로 시각화할 수 있는 명확한 방법은 없다.

마지막으로, 시간에 따른 데이터 변화를 표현해야 할 땐, 전체 분할 차트의 사용을 피해야 한다. 자전거 판매 비중이 시간이 지남에 따라 종류별로 어떻게 변하는지 보여주기 위해, 연도별 원형 차트를 나열하여 표현할 수도 있다. 하지만 [그림 4-50]에서 볼 수 있듯이 시간의 흐름에 따른 자전거 종류별 판매 비중 변화를 확인하기 어렵다.

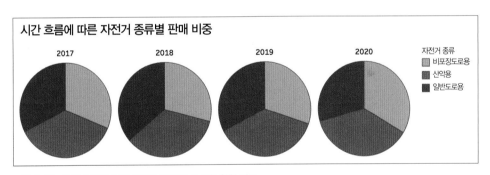

그림 4-50 시간 흐름에 따른 데이터 변화를 표시한 원형 차트

원형 차트로 시간에 따른 데이터 변화를 표시하면, 각 시점의 데이터 총량의 절대적인 변화를 효과적으로 표현할 수 없다. 원형 차트가 필요한 정보를 명확하게 전달하기 위해서는 많은 라벨이 필요하다.

이때 꺾은선 차트가 대안이 될 수 있다. 꺾은선 차트를 사용하면 각 자전거 종류가 매년 기록한 판매 비중을 훨씬 더 명확히 전달할 수 있다. [그림 4-51] 꺾은선 차트를 보면 각 자전거 종류별 데이터 사이 관계는 물론, 시간 흐름에 따른 추세 변화 또한 정확하게 보여준다. 반면에 [그림 4-50]의 원형 차트는 데이터가 시간에 따라 변화하여, 산악용 자전거 섹션의 시작점이 일정하지 않아, 정확한 데이터 비교가 어렵다.

원형 차트의 경우, 과도한 범주형 데이터 필드의 존재는 해석을 굉장히 어렵게 만든다. [그림 4-48]의 트리맵에서 쉽게 볼 수 있었던 동일한 데이터는, [그림 4-52] 원형 차트에서 판독이 거의 불가능하다.

마지막으로, 판매 목표와 같이 전체 측정값 총합이 100%를 넘어서는 데이터에 전체 분할 차트를 사용하면 안 된다.

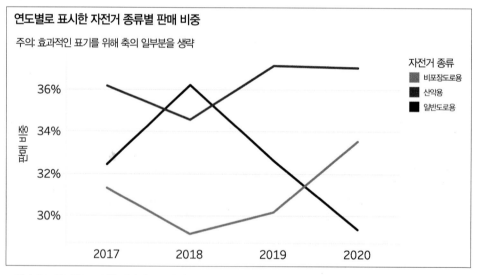

그림 4-51 연도별로 표시한 자전거 종류별 판매 비중 꺾은선 차트

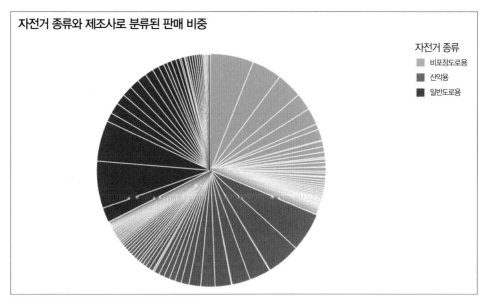

그림 4-52 너무 많은 섹션을 포함한 원형 차트

전체 분할 차트 특징

✔ 데이터 전체에서 특정 섹션(범주)을 강조

✔ 트리맵을 사용하여 많은 범주형 변수도 시각화 가능

✖ 원형 차트를 이용한 시간 흐름에 따른 데이터 변화 표현은 지양

✖ 전체 분할 차트를 이용한 음수 데이터 측정값의 표현은 불가

4.4 마무리

언어를 구사함에 있어, 더 많은 단어를 안다는 것은 당신의 주장을 더 다양한 방식으로 표현할 수 있다는 것을 의미한다. 데이터 시각화는 다양한 차트 유형의 습득은 당신의 어휘 능력 향상과도 같다.

일반적이지 않은 차트는 특유의 독특함으로 청중의 관심을 끌기 쉽지만, 덜 친숙하고 효과적인 사전주의 속성을 사용하지 못하는 경우가 대부분이어서 해석이 어렵다.

4장에서 실무에서 사용 가능하며, 청중의 이목을 쉽게 끌 수 있는 차트 유형의 극히 일부만 다뤘다. 기본을 제대로 파악하면 더 많은 것을 탐험할 수 있다. 전투와 같은 데이터 시각화 분야에서 이를 효율적으로 사용하여 청중의 눈과 그들의 기억에 당신의 데이터를 보다 더 효과적으로 각인시킬 수 있길 기원한다.

회사의 손익계산서를 효과적으로 표현할 수 있는 생키 차트Sankey chart라고 불리는 [그림 4-53]은 테슬라의 2020년 재무제표에 포함된 다양한 수익 유형을 보여준다.

생키 차트는 정확한 정보의 전달보다는 여러 재무 요소가 어떻게 구성되는지 효과적으로 표시한다. 또한 독특한 차트 형태는 주주들의 시선의 사로잡기 유리하며, 회사의 매출 총이익과 영업이익이 어떻게 형성되는지 쉽게 전달할 수 있다.

기본 막대 차트를 넘어 다양한 차트 유형을 탐색하면, 다양한 유형의 데이터 정보를 전달하는 방법을 터득할 수 있다. 이러한 경험이 많이 쌓일수록 데이터 시각화 결과는 점점 더 좋아진다.

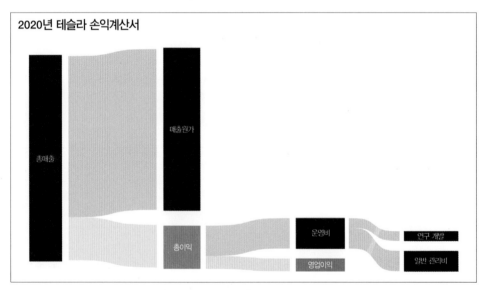

그림 4-53 2020년 테슬라 손익계산서를 표시한 생키 차트(데이터 시각화 템플릿 제공 플랫폼 Flerlage Twins의 템플릿 사용[4])

---

4 *https://oreil.ly/0VRll*

CHAPTER 5

시각적 요소

앞선 두 장에서는 데이터 기반 커뮤니케이션의 기본이라 할 수 있는 차트를 이해하는 데 중점을 두었다. 다만, 사용할 차트의 선택에 너무 집중하다 보면 청중에게 자신의 요점을 더욱 명확하게 전달할 수 있게 강력한 도움을 주는 데이터 시각화 요소Visual elements의 활용에 미흡해질 수 있다. 색상, 크기, 형태와 같은 시각적 요소는 청중이 차트를 해석하는 데 큰 영향을 미친다.

데이터 시각화에 색상, 크기, 형태와 같은 사전주의 속성을 효과적으로 사용하면, 메시지를 명확히 전달할 수 있을 뿐만 아니라, 전반적인 시각화 심미성을 크게 향상시킬 수 있다.

5장에서는 사전주의 속성 외 다른 시각적 요소와 그 사용법도 다룬다. 지금까지 우리가 살펴본 차트 유형 중 차트에 여러 지표를 동시에 효과적으로 시각화한 경우는 산점도뿐이었다. 이번 장에서는 또 다른 옵션인 이중 축 차트Dual-axis charts를 살펴본다.

주의를 집중시키거나 주요 데이터 포인트를 강조하는 데 도움이 되는 시각 요소는 메시지를 명확히 전달하는 데 크게 도움이 된다. 그중 참조선과 참조구획은 전달하고자 하는 메시지를 강조하는 핵심 요소이다. 또한 우리가 살펴볼 상자–수염 차트Box-and-whisker plots는 좀 더 발전된 참조선과 참조구획 개념을 도입한 유형으로 데이터 속 복잡한 추세를 빠르게 확인할 수 있다.

마지막으로 살펴볼 요소는 데이터 측정값의 총계이다. 데이터 도구를 사용하여 차트에 합계를 추가하는 것은 매우 쉬운 일이다. 하지만 색이나 길이가 데이터 측정값을 대신 표현하고 있을 때, 총계를 구하는 것은 그리 쉬운 일은 아니다. 이번 장에서는 이러한 어려움을 극복할 수 있는 방안들도 살펴본다.

이 장이 끝날 때쯤, 전달하고자 하는 메시지를 명확하게 전달하는 훌륭한 차트를 만들 수 있게 될 것이다.

5.1 색

색조와 채도, 모두 지금까지의 예에서 나타난 사전주의 속성이다. 색조는 색상의 종류를, 채도는 색의 선명도를 의미한다.

5.1.1 색상표의 종류

데이터 시각화를 직접 생성하거나 다른 사람의 결과물을 접할 때, 주로 세 가지 유형의 색상표 (색조, 순차적, 이분)가 사용되었음을 알 수 있다. 특히, 채도를 이용한 색상표가 순차적 그리고 이분 색상표이다.

이번에는 청중에게 명확한 데이터를 전달하는 데 도움이 되는 적합한 색을 선택하는 방법을 살펴본다. 다음과 같이 사용하려는 색의 수에 따라 사용 방법이 달라진다.

| 세 가지 혹은 그 이상의 색을 사용 |
다양한 색조를 포함한 색상표에서 선택

| 두 가지 색 사용 |
두 색조를 가진 색상표를 사용하거나 이분 색상표를 이용하여 한 색상에서 다른 색상으로 진행률을 표시할 수 있음

| 한 가지 색 사용 |
단일 색을 단독으로 사용할 수 있지만, 순차적 색상표를 활용하여 해당 색의 다양한 채도를 사용할 수 있음

이제 이러한 색 적용 옵션을 차례대로 살펴보면서, 데이터 기반 커뮤니케이션에 활용할 수 있는 가장 좋은 방법들을 알아 보자.

색조

색은 물체에 반사되면서 빛이 갖는 파장에 따라 결정되며, 우리가 눈으로 보는 각각의 색은 모두 다른 색조를 가진다. 색조의 가장 주된 사용 목적은 범주형 데이터 필드의 서로 다른 값을 표시하는 것이다. 차트 유형 그리고 차트가 사용되는 매체에 따라 색조는 필수적인 요소가 되기도 하지만 때론, 혼란을 가중시키기도 한다.

예를 들어, 여러 범주형 변수를 표시하기 위해 산점도를 사용할 때, 각 색의 역할은 어떤 점이 어느 변수를 대표하는지 보여주는 것이다. 비누 소매업체인 Chin & Beard Subs Co.를 예로 들면, 아래 차트는 영국 남부 지역 각 매장을 쉽게 식별할 수 있는 별도의 색을 사용했다.

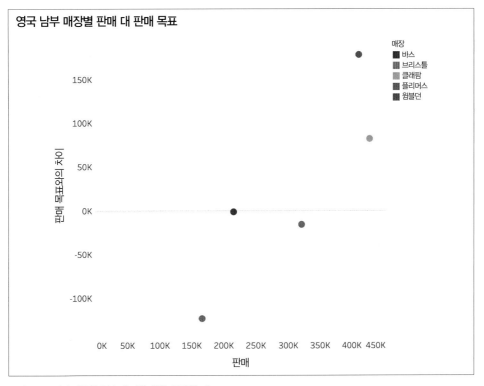

그림 5-1 개별 범주형 변수에 다른 색을 할당한 예

그러나 10가지 이상의 범주형 변수를 각기 다른 색으로 표현하는 것은, 차트 해석을 더 어렵게 만든다. [그림 5-2]의 산점도는 일부 영국과 프랑스 매장의 판매를 더 추가해 동시에 표시했는데, 역시나 데이터 평가가 훨씬 더 어려워졌다. 이렇게 많은 색조를 사용하면 어떤 매장이 목표 대비 실적이 가장 좋은지 알 수 있는 동시에, 다른 매장과의 비교도 용이하다. 그러나 데이터를 비교하고 차트를 해석하는 데 드는 인지 부하의 정도가 증가하며 이를 주의해야 한다.

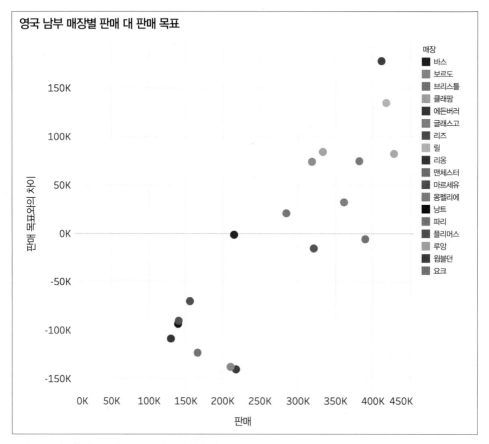

그림 5-2 과도한 색조 사용으로 분석이 어려워진 예

[그림 5-2]를 통해 영국과 프랑스 중 어느 국가가 판매 목표를 더 잘 달성했는지 파악하는 것은 쉽지 않다. 하지만 색조의 사용을 달리하면 질문의 답을 쉽게 찾을 수 있다. 국가별로 색조를 하나씩 사용하고 도시마다 다른 색의 명도를 부여하면, 국가별 판매 달성에 대한 데이터를 훨씬 쉽게 해석할 수 있다(그림 5-3).

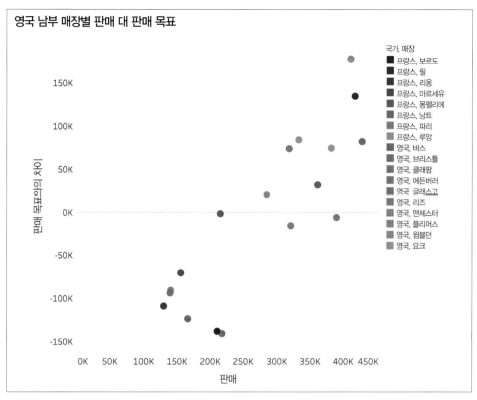

그림 5-3 국가별 다른 색, 도시별 다른 색의 명도를 적용한 예

[그림 5-3]의 차트를 보고 매장의 물리적 위치를 구분하는 것은 쉽지 않지만, 두 나라를 차트에서 간단히 나누기는 가능하다. 주황색인 영국 매장은 차트에서 확인할 수 있듯이 산점도의 오른쪽 상단에 더 많이 분포한다.

그러나 데이터 간 차이를 나타내기 위해 색조 사용이 항상 필요하진 않다. 차트를 통해 변수를 범주별로 분류하여 표시할 경우, 색조의 사용은 인지 부하를 증가시켜 청중의 이해를 어렵게 할 뿐이다. [그림 5-4]가 좋은 예로, 색조는 청중이 막대의 길이를 비교하는 데 방해만 될 뿐이다.

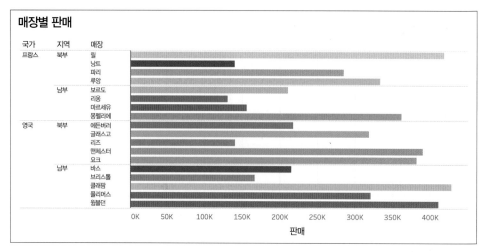

그림 5-4 과도한 색조가 사용된 막대 차트

청중의 주의를 분산시키는 색을 제거하면 차트의 이해가 훨씬 쉬워진다(그림 5-5).

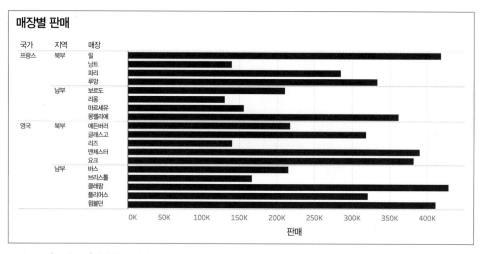

그림 5-5 [그림 5-4]에서 색이 제거된 막대 차트

만약 특정 매장을 강조 표시하고 싶다면, [그림 4-14]에서와 같이, 원하는 막대에만 색조를 적용하면 된다.

채도: 순차적 색상표

색을 이용하는 또 다른 사전주의 속성은 채도이다. 앞서 언급한 것처럼 채도를 이용하는 색상 표에는 순차적 그리고 이분 색상표가 있다. 이 두 가지 기법의 가장 큰 차이는 사용되는 색의 수이다.

순차적 색상표는 오직 한 가지 색을 사용하며, 데이터는 색의 밝기 수준으로 표시된다. 값이 낮을수록 색은 옅어지고, 값이 클수록 색은 진하게 표시된다(그림 5-6).

0   100

그림 5-6 순차적 색상표

청중은 순차적 색상표에 의해 표시된 데이터의 높고 낮음을 한눈에 파악할 수 있다. 또한 순차적 색상표를 사용하면 새로운 지표를 추가하여 차트에 표시할 수 있어 유용하다.

[그림 5-7]을 살펴보자. 매출은 x축에, 판매량은 순차적 색상표에 의해 표시되었다. 이를 통해 티켓 판매 수가 증가함에 따라 전체 매출도 증가한다는 것을 알 수 있다. 순차적 색상표를 사용하지 않는 경우, 두 지표를 표시하기 위해 추가 차트를 사용해야 한다.

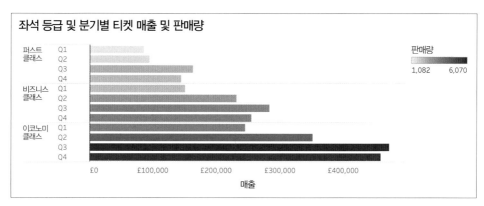

그림 5-7 순차적 색상표를 사용한 막대 차트

채도: 이분 색상표

이분 색상표는 두 가지 색을 사용한다. 데이터셋의 가장 작은 값을 대표하는 한 색은 맨 왼쪽에, 가장 큰 값을 대표하는 다른 색은 맨 오른쪽에 위치한다. 두 가지 색이 바뀌는 영역은 중간 값을 의미하며, 일반적으로 흰색 또는 밝은 회색으로 표현한다(그림 5-8).

그림 5-8 이분 색상표

[그림 5-8]에서 볼 수 있듯이, 두 가지 다른 색을 사용하기 때문에 순차적 색상표보다 더 눈에 잘 띈다. 그러나 색상표 유형의 선택은 돋보임보다는 시각화할 데이터를 기반으로 결정해야 한다.

예를 들어, 이분 색상표는 측정된 데이터의 범위가 0 또는 목푯값을 기준으로 분포할 때 사용하는 것이 가장 좋은데, 두 색이 기준값의 양쪽을 다르게 나타낼 수 있기 때문이다. 색상의 변화를 통해 청중은 데이터가 언제 기준값을 도달 또는 초과했는지 명확하게 볼 수 있다. 또한 각색의 밝기를 통해 데이터 값의 크기도 판별할 수 있다.

데이터 값이 기준보다 높고 낮음을 빠르게 판단할 수 있으면, 다음으로 수행해야 할 작업에 집중할 수 있다. 순차적 색상표에는 기준보다 높고 낮음을 명확히 나타내는 시각적 지표가 없기 때문에, 0 또는 목푯값을 교차하는 값의 범위를 보여주는 것이 효과적이지 않다(그림 5-9).

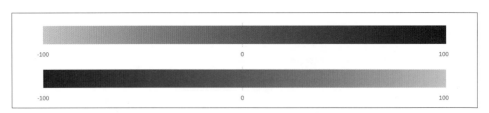

그림 5-9 순차적 색상표의 잘못된 사용

5.1.2 올바른 색의 선택

데이터 기반 커뮤니케이션을 위한 올바른 색상표의 선택은 청중의 이해도를 높인다. 청중의 빠르고 정확한 데이터 이해를 돕기 위해, 우리는 데이터 주제와 밀접한 관계가 있는 색의 선택을 이용할 수 있다.

주제

데이터 주제를 사용하여 주요 메시지를 강조 표시하고 청중의 주의를 집중시킬 수 있다. 주제에 따라 데이터를 강조 표시할 수 있는 색의 몇 가지 예를 살펴보자.

| 검정/빨강 |

금융권에서 검정은 수익(흑자)을, 빨강은 손실(적자)을 의미한다. 또한 두 색은 모두 죽음을 나타내는 데 사용될 수 있다. 데이터의 맥락을 통해 우리는 사용된 색의 의도가 회사의 수익인지 죽음에 관한 것인지 판단할 수 있다.

| 초록 |

초록은 생태학적 이점을 강조하거나, 특히 미국에서는 화폐의 색깔 때문에 돈을 의미한다.

| 빨강/파랑 |

빨강과 파랑은 각각 열과 추위를 나타낼 뿐만 아니라, 빨강은 성장과 강함, 파랑은 냉각과 하강을 의미한다.

| 노랑 |

노랑은 낮 시간을 나타낸다.

| 초록/노랑/빨강 |

각각 출발, 주의, 정지를 나타내 신호등을 표현할 수 있다. 많은 회사 조직에서 이 색을 사용하여 상품의 품질을 양호, 보통, 불량으로 표현하고 있다.

일반적으로 청중은 애초에 데이터를 접할 때, 주제별 색상표를 염두에 두고 주의를 기울인다. 그러므로 주제에 맞는 적절한 색의 사용은 청중의 기대를 만족시킬 뿐만 아니라, 신뢰도의 상승을 가져온다.

빨강을 문화적 맥락에서 생각해 보자. 일반적으로 동양 문화권에서 빨강은 행운, 행복, 기쁨을 나타내는 반면, 서양 문화권에서 빨강은 불운, 손실을 의미한다. 두 해석의 뚜렷한 차이는 색을 선택하기 전에 데이터를 보고, 사용할 청중의 배경을 고려할 필요가 있다는 것을 의미한다.

색 사용의 한계

비록 현대 사회가 특정한 색에 대한 공통적인 인식을 가지고 있긴 하지만 모든 구성원들에 의해 항상 같은 방식으로 색을 이해하는 것은 아니다. 예를 들어, 색맹이란 눈 뒤, 원뿔 형태의 신체기관이 특정 색에 반응하지 않는 상태를 가리키는 일반적인 용어이다. 색맹을 대개 유전적이며, 상당히 많은 숫자의 사람들이 증상을 가지고 있기 때문에, 색을 이용한 데이터 기반 커뮤니케이션에 꼭 고려해야 한다. 남성 12명 중 1명, 여성 200명 중 1명이 색맹[1]을 앓고 있다.

올바른 데이터 전달을 위해 다음과 같은 다양한 색맹의 유형 그리고 증상을 이해해야 한다.

| 녹색맹 |

녹색에 대한 시감도 이상(異常)

| 적색맹 |

적색에 대한 시감도 이상

| 청색맹 |

청색에 대한 시감도 이상

> NOTE_ 녹색맹이 색맹의 가장 일반적인 형태이며, 청색맹이 가장 드문 형태이다. 종종 적색맹과 녹색맹이 결합되어 적-녹색맹이 형성되는데, 이는 적색과 녹색뿐만 아니라 적색, 녹색의 음영을 가진 색 구별 능력의 부재를 수반한다.

많은 인터넷 사이트를 통해 보통의 이미지가 색맹인 사람에게 어떻게 보이는지 확인할 수 있다. 색맹인 데이터 사용자에게도 적합한 시각화를 만들어 내기 위해 대조적인 색상을 사용하는

----

1 *https://oreil.ly/SIZco*

경우도 많지만, 여전히 큰 차이를 발견할 수 있다(그림 5-10). 데이터 시각화를 많은 사람과 공유하기 앞서, 녹색맹과 같은 가장 흔한 형태의 색맹에 대한 테스트를 진행하는 것은 필수이다.

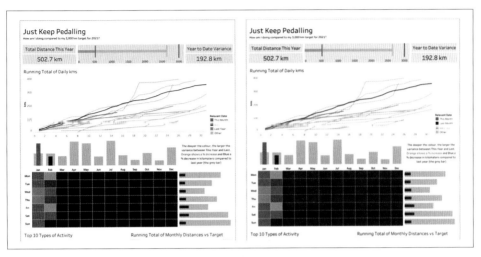

그림 5-10 데이터 시각화 자료(왼쪽)에 대한 적색맹 테스트[2]를 진행한 결과(오른쪽)

5.1.3 불필요한 색 사용 방지: 이중 부호화

색의 사용은 데이터 시각화에 큰 도움이 될 수 있지만, 앞서 확인한 것처럼 과도한 색의 사용은 전달하고자 하는 메시지를 불명확하게 만들고, 청중의 주의를 흐트러뜨릴 수 있다. [그림 5-2] 와 [그림 5-4]는 일반적으로 관찰되는 과도한 색이 적용된 예이다. 색의 과도한 사용 외에, 불 필요한 색의 사용에는 어떤 것이 있을까?

이중 부호화는 색상 및 크기 등 두 가지 속성을 이용하여, 차트에 동일한 지표 또는 범주를 나 타내는 것을 뜻한다. 이중 부호화를 사용하는 몇 가지 이유가 있긴 하지만 그 어느 것도 그리 효과적이지 않다.

---

2 https://orell.ly/xYLv2

이중 부호화가 사용되는 한 가지 이유는 다른 유형의 차트보다 더 흥미롭고, 돋보이게 하기 위함이다. [그림 5-11]의 Chin & Beard Subs Co. 판매 데이터와 같이, 차트에 색을 더하는 것으로 한층 더 세련된 표현이 가능하다.

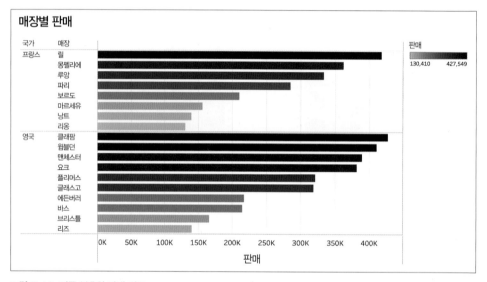

그림 5-11 이중 부호화 막대 차트

다만, 차트가 정렬되지 않는 경우, 데이터가 명확하게 다가오지 않을 수 있다. [그림 5-12]는 [그림 5-11]과 같은 데이터 그리고 색을 사용했지만, 차트 해석은 몇 배 더 어려워졌다. [그림 5-12]를 보면 마치 막대 차트에 적용된 색이 다른 지표를 의미하는 것과 같은 오해를 불러일으킨다.

차트에 색의 사용은 청중에게 추가적인 인지 부하를 요구하는 것과 같다. 그러므로 [그림 5-13]과 같은 색 제거만으로 차트 해석을 훨씬 쉽게 만들 수 있다.

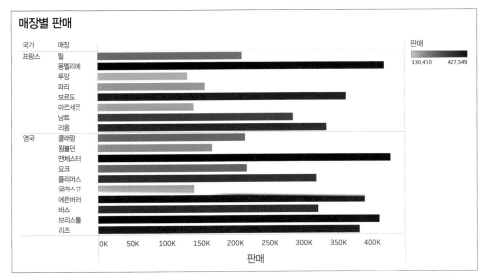

그림 5-12 정렬되지 않은 이중 부호화 막대 차트

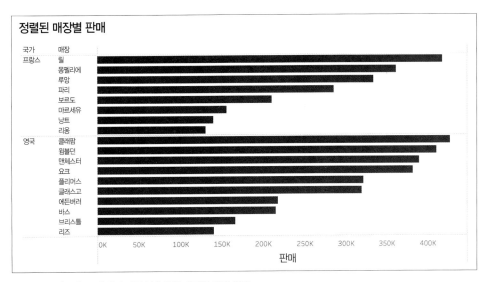

그림 5-13 [그림 5-11]에서 이중 부호화를 제거한 막대 차트

이중 부호화를 사용하지 않는 또 다른 이유는 차트 내 데이터의 과도한 표현 때문이다. [그림 5-14]는 [그림 5-11]의 동일한 데이터를 도형표현도에 표시한 것으로, 색뿐만 아니라 원의 크기도 판매를 나타낸다.

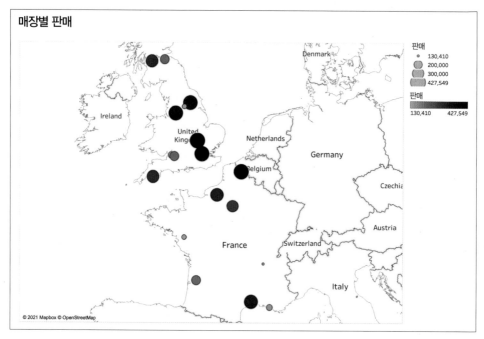

그림 5-14 메시지를 과장하는 이중 부호화의 예

어둡고 굵은 색과 큰 원의 조합은 데이터 내의 메시지를 과도하게 과장한다. 데이터 전달자로서 우리의 역할은 모든 구성 요소들이 균형을 이룬 데이터 시각화를 통해 메시지를 명확하게 표시하는 것이지, 시각화 기법을 뽐내는 것이 아니다.

데이터 작업에는 데이터 출처 파악부터 데이터 표현 방법 결정까지 너무나 많은 과정과 요소가 연관되기 때문에, 균형 잡힌 데이터 시각화를 만드는 것은 매우 어렵다. 하지만 이중 부호화와 같은 명확한 불필요 요소를 제거함으로써 청중에게 균형 잡힌 데이터를 전달할 수 있다.

데이터 시각화 요소로써 색의 특징

✔ 모든 사람들이 색을 똑같은 방식으로 인식하지 않으므로, 색맹 테스트 등을 진행해야 함

✖ 과도한 색의 사용은 사용하지 않으니만 못함

✖ 이중 부호화 지양

5.2 크기와 형태

크기와 형태는 모두 메시지 전달에 중요한 역할을 하는 사전주의 속성이며, 거의 모든 경우에 이 둘은 동시에 사용되기에 두 속성은 밀접하게 연결되어 있다.

두 속성의 잘못된 사용은 전달하고자 하는 중요 메시지를 흐리고, 청중의 이해를 어렵게 만들 수 있어, 세심한 사용을 필요로 한다. 4.2절 '지도 차트'에서 살펴본 것처럼, 도형의 크기 차이를 값으로 해독하는 것은 거의 불가능하다. [그림 5-15]는 매장별 판매를 원의 크기를 통해 표현하고 있다. 릴과 리즈, 그리고 플리머스와 파리의 판매 차이를 정확히 비교할 수 있는가?

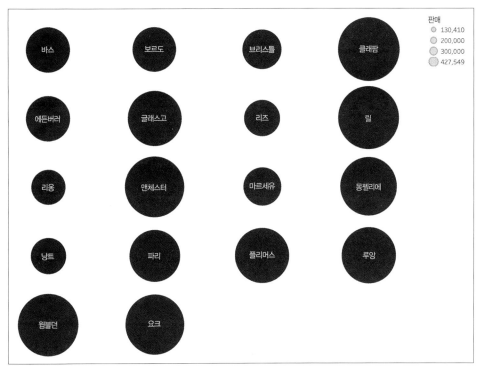

그림 5-15 도형의 크기로 값을 표현 – 도형의 크기 차이를 값으로 정확히 해독할 수 있는가?

정확한 답을 알 수 없는 것은 차트 선택을 잘못했기 때문이나. [그림 5-5]의 믹대 차드로 돌아가 다시 한번 같은 질문에 답해보자. 단번에 알 수 있다.

리즈의 판매는 140,157로 417,544를 기록한 릴의 판매와 277,387 차이(약 두 배)가 난다. 이는 원의 크기로 표시된 차트에서 확인하기 거의 불가능하다. 또한 플리머스와 파리의 판매 차이는 36,164로, 거의 비슷해 [그림 5-15]에서 판단하기 매우 어렵다.

그렇다고 해서 도형의 크기가 데이터에 담긴 이야기를 풀어 보여주는 데 적합하지 않은 차트 작성 기법이라는 뜻은 아니다. 이 기법은 차트의 가장 크거나, 가장 작은 데이터를 강조하는 데 매우 유용하다. 하지만 우리는 극단의 데이터보다는 청중이 알기 원하는 데이터를 효과적으로 전달해야 하기 때문에, 도형의 크기 자체로는 그 쓰임이 제한적인 것은 사실이다.

다른 다양한 질문에 답하기 위해 [그림 5-15]에 라벨을 이용하여 여러 값을 추가로 표시할 수 있다(그림 5-16). 그러나 여전히 강력한 사전주의 속성을 사용하지 않기 때문에 상당히 제한적이다.

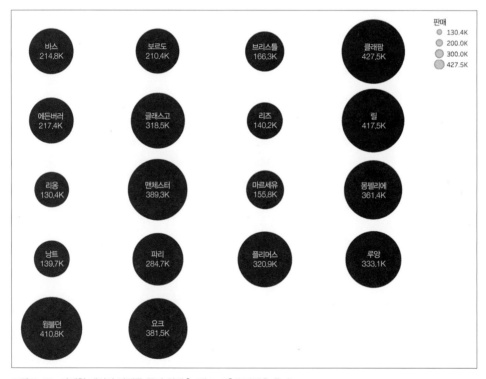

그림 5-16 자세한 데이터 이해를 돕기 위해 [그림 5-15]에 라벨을 추가

5.2.1 차트 주제와 도형의 사용

데이터 기반 커뮤니케이션에서 도형을 사용하는 것은 청중에게 주제를 설정하는 데 도움이 되는 방법이다. 예를 들어, 국가별 데이터를 공유하는 경우, 국기를 사용함으로써 청중에게 자연스럽게 데이터 주제까지 전달할 수 있다. 또한 스포츠의 경우, 팀 로고를 통해 시청자는 자신이 가장 좋아하는 팀과 경쟁 팀의 데이터를 확인, 비교할 수 있다. 데이터 시각화에 도형을 사용하면 데이터에 맞는 적합한 주제 설정과 차트 생성에 매우 도움이 된다.

도형의 사용과 산점도

4장에서 차트의 점과 실제 데이터 범주를 참조하여 해석하는 데 발생하는 어려움을 살펴보았다. 심지어 다른 색과 도형을 사용하는 경우에도 청중은 각각을 차례로 찾아보고 무엇을 나타내는지 이해해야 한다. 하지만 도형을 사용하면 각 변수를 나타내는 아이콘을 통해, 데이터 해석 과정을 단순화할 수 있다.

[그림 5-17]은 자전거 액세서리 목표와 판매를 보여준다. 알아보기 쉬운 아이콘과 간단한 범례가 포함되어 각 데이터를 쉽게 식별할 수 있다.

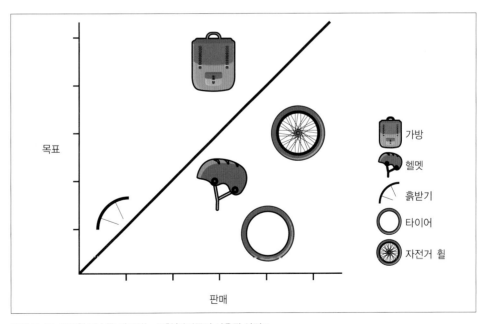

그림 5-17 범주형 변수를 대표하는 도형/아이콘이 사용된 산점도

다만, 너무 많은 도형이 사용되거나 데이터 점이 조밀하게 군집되어 있는 산점도의 경우, 각 도형이 나타내는 데이터 변수를 연결하여 이해하는 것이 어려울 수 있다. 도형을 사용하여 일반적인 산점도와 다른 형태와 느낌을 주는 차트를 형성하는 것도 중요하지만 청중의 이해를 돕기 위해 인지 부하를 줄이는 노력 또한 기울여야 한다. 이와 같이 산점도에 도형을 사용하는 것은 몇 가지 어려움이 뒤따른다. 잠시 후 살펴보자.

단위 차트

도형을 사용하여 측정값을 표시할 수 있는데, 이를 이용한 것이 단위 차트이다. [그림 5-18]의 자전거 도형은 개당 자전거 100대를 나타낸다. 단위 차트는 막대 차트와 유사한 방식으로 데이터를 표현하는데, 도형의 길이, 개수를 통해 범주형 변수 간의 쉬운 비교가 가능하다.

쉬운 표현과 정확한 데이터 전달을 위해, 측정값을 도형의 단위 크기로 반올림하거나 도형을 부분적으로 사용할 수 있다. 청중은 도형의 수를 세고, 부분 도형의 크기를 짐작하여 실제 값을 추론할 수 있다.

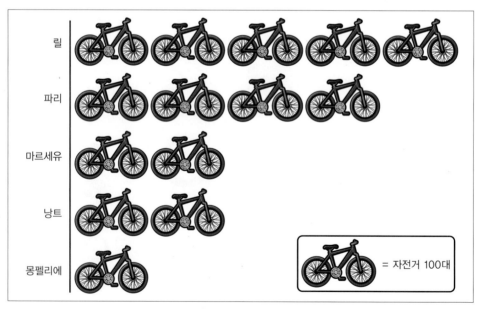

그림 5-18 자전거 판매량을 나타낸 단위 차트

완전한 시각적 표현을 통한 데이터 인지는 아닐지라도, 청중은 간단히 도형의 수를 셈으로써 원하는 답을 얻을 수 있다. 6장에서 자세히 알아볼 말풍선Tooltips은 대화 형태의 데이터 시각화에서 청중에게 정확한 답을 제공하는 데 도움이 된다.

5.2.2 크기와 형태 속성 적용의 어려움

데이터 시각화에서 도형의 크기와 형태를 사용하는 것이 항상 쉽지는 않다. 다음에서, 데이터 작업 중 자주 직면하게 될 몇 가지 공통적인 어려움을 살펴보자.

크기 조정

[그림 5-15]에서 알 수 있었듯이, 도형의 크기를 통해 표시된 측정치를 해석하는 것을 매우 어렵다. 또한 유사한 방식인 높이, 폭, 면적을 통해 메시지를 명확히 청중에게 전달하는 것도 쉽지 않다. [그림 5-19]는 값이 1에서 2로 증가함에 따라 발생하는 크기 조정 효과를 보여준다. 여기서 중요한 것은, 크기의 변화가 의미하는 것을 청중에게 정확히 알려주지 않으면, [그림 5-19]의 오른쪽에 있는 도형이 2를 나타내는지 4를 의미하는지 알 수 없다는 것이다.

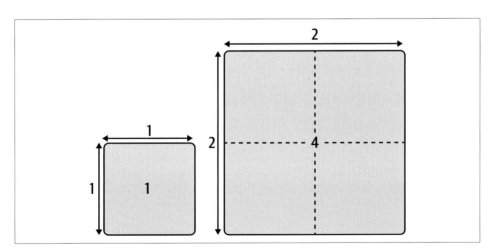

그림 5-19 데이터 변화에 따른 도형 크기 조정의 어려움

다시 한번 강조하지만 데이터 변화에 따른 크기 조정을 청중이 제대로 이해하는 것이 중요하다. 차트 범례는 청중의 올바른 이해를 위해 추가할 수 있는 일반적인 방법이다.

스마트폰, 노트북 등 다양한 종류의 디바이스

기술이 발전함에 따라, 많은 사람이 언제 어디서나 자유롭게 스마트폰이나 노트북을 통해 데이터를 탐색하고 둘러볼 수 있다. 이러한 다양한 종류의 디바이스는 각기 다른 방식으로 사용자와 상호 작용하고 각기 다른 화면 크기를 가지고 있어, 도형의 크기를 이용한 데이터 전달에 어려움이 있을 수 있다. 6장에서는 차트와 데이터 작업자 사이에 상호 작용 방법 및 디바이스 유형이 청중에게 제공하는 상호 작용 유형들을 알아본다.

디바이스의 화면 크기는 도형을 구별하는 데 가장 중요한 요소이다. 작은 화면에서 각 도형의 형태와 전체 이미지에서 차지하는 도형의 크기 범위를 식별하는 것이 훨씬 더 어렵다.

불규칙한 형태

도형의 크기는 x, y축에 표시되지 않는 세 번째 지표를 나타낼 수 있지만, 데이터 해석을 더욱 복잡하게 만들 수 있어 주의해야 한다. 더군다나 도형의 형태가 원 또는 정사각형이 아닌 사용자가 지정한 임의의 아이콘일 경우, 그 크기를 값으로 해석하는 것은 훨씬 어렵다. 그러므로 데이터 시각화 도구가 값에 따라 지정하는 도형의 크기와 청중이 크기를 값으로 해석하는 방식 사이에 적절한 조율이 반드시 필요하다.

[그림 5-20]을 통해 사용자 지정 아이콘 크기 조정을 더 알아보자. 그림의 가방 아이콘 크기는 가로 30px, 세로 30px이지만 옆면의 공백은 사용자가 보는 크기에 반영되지 않는다(그림에는 사각형 테두리가 없다고 가정한다). 여기서 도형의 크기에 대한 범례의 중요성이 대두된다. 6장에서 자세히 알아보자.

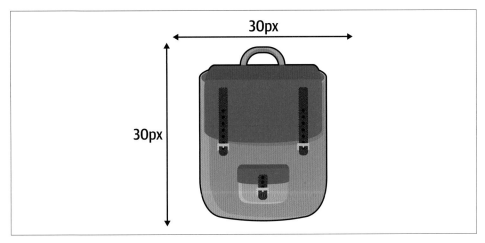

그림 5-20 크기를 이용한 값 해석이 어려운 사용자 지정 아이콘

위치를 표시하는 데 사용되는 일반적인 도형의 형태에서도 동일한 문제가 발생한다. [그림 5-21]의 뒤집힌 물방울 도형의 경우 사용되는 시각화 도구나 데이터 사용자에 따라, 도형의 중심 또는 도형의 하단 끝으로, 위치 표시 기준이 달리 적용될 수 있다.

일반적으로 뒤집힌 물방울 도형의 하단 끝을 기준으로 위치를 표시하므로, 필요한 경우 데이터 시각화 도구를 사용하여 [그림 5-22]와 같이 도형을 수정, 배치할 수 있다.

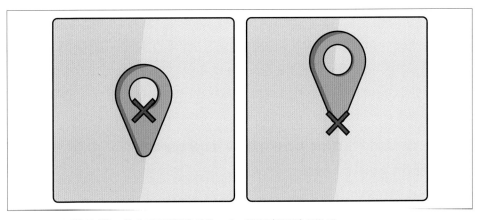

그림 5-21 뒤집힌 물방울 도형의 잘못된(왼쪽) 사용 그리고 올바른(오른쪽) 사용 예

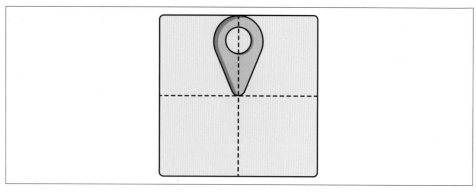

그림 5-22 올바른 사용을 위한 도형 재배치

도형의 형태와 크기 사용의 한계

도형의 형태와 크기를 통한 표현은 데이터 유형에 따라 그 사용이 제한되어야 한다. 예를 들어, 각각의 범주형 변수는 도형의 크기가 아닌 형태로 구분되어야 한다. 형태로 값의 높고 낮음을 표현할 수 있는 도형은 없다. 지금까지 살펴본 모든 차트가 그렇듯이, 크기는 측정값의 서로 다름을 나타낼 수 있지만, 형태는 전체적으로 일관성을 유지해야 한다.

다시 말해, 크기로 다양한 범주형 변수를 표현할 수 없고, 데이터 값이나 순서 데이터셋에 적용은 가능하다.

도형으로 변수 자체를 직관적으로 표현하여, 청중이 도형과 변수를 빠르게 연결해 차트를 해석할 수 있게 만들 수 있다. 그러나 각기 다른 형태를 가진 변수의 측정값을 비교하는 데 한계가 있다. 도형의 크기는 특정한 데이터 지점을 강조하는 데 유용하지만 정확한 데이터 비교가 어렵다는 약점이 있다. 그러므로 앞서 알아본 도형의 형태와 크기 사용의 주의점을 잘 숙지해야 한다.

데이터 시각화 요소로써 크기와 형태 특징

✔ 데이터 주제 설정에 매우 유용함

✔ 단위 차트는 막대 차트에 도형을 도입해 그 쓰임이 유용한 차트이나 사용이 제한적인 경우가 많음

✘ 도형의 형태를 사용하여 측정값을 정밀하게 비교하는 것이 매우 어려움

5.3 다중 축

다중 축 차트라고 하면, 우리가 앞서 배운 산점도와 지도 차트가 있다. 또 다른 다중 축 차트의 유형에는 동일한 방향에 여러 축을 사용한(예를 들어, 두 개의 y축) 이중 축 차트가 있다.

가능한 간단명료한 차트 구성을 권장하고 있는 상황에서 왜 같은 차트에 여러 축을 사용하는 것이 좋은지 의문이 들 수 있다. 이중 축 차트가 유용한 이유는 두 데이터 지표를 겹쳐볼 수 있어, 직접 비교가 가능하기 때문이다.

차트에 다른 두 축을 사용하여 두 지표를 비교하는 이중 축 차트의 일반적이 예를 살펴보자. [그림 5-23]은 매월 발생한 판매와 이익을 직접 비교한 이중 축 차트이다. 그림에서 차트의 초점은 이익이기 때문에 판매는 비교적 흐리고 배경 정보 역할을 하는 영역 차트로, 이익은 선명한 검은색 꺾은선 차트로 표시하였다.

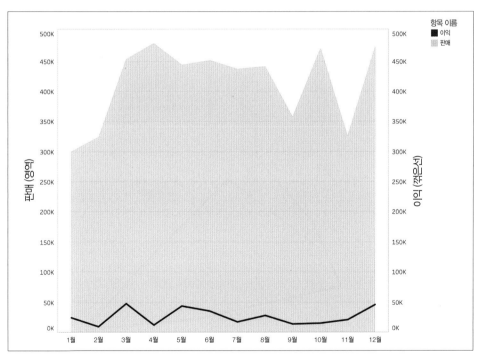

그림 5-23 동기화 된 두 축으로 데이터를 표시한 이중 축 차트

지금까지 다양한 데이터 시각화 방법을 확인했다. 지금부터 다중 축을 이용한 기법이 데이터 전달에 유용한 이유들을 알아보자. 첫 번째 이유는 차트에 두 지표를 동시에 표시할 수 있다는 것이다. 판매와 이익이라는 다른 두 지표를 한눈에 볼 수 있다. 물론 다른 두 차트를 관찰하고 그 사이에 전체적인 추세를 파악하는 것도 가능하지만 일반적으로 청중이 들여야 할 인지 부하의 차이는 상당히 크다. 또한 청중에게 두 차트를 따로 제시하고 전체적인 추세 파악 관찰을 전적으로 맡긴다면 청중은 이를 놓치고 지나갈 확률이 높다.

두 번째 이유는 두 지표를 산점도로 표현할 수 있다는 점이다. [그림 5-24]는 전체적인 추세뿐만 아니라 월간 변화를 보여주기 위해 시간 흐름에 따라 데이터 점이 순차적으로 연결된 산점도를 사용했다. 각 데이터 점을 연결하는 선이 뒤엉켜 이해할 수 없는 차트를 제시할 수 있기 때문에 모든 데이터셋에 이 기법이 적용되는 것은 아니다. 이 기법을 사용할 때에는 차트를 완성한 후, 연결된 선을 따라가며 청중이 산점도를 이해할 수 있는지 꼭 사전에 예상해 보는 것을 추천한다.

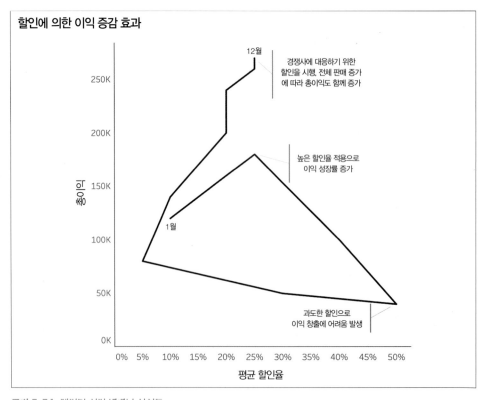

그림 5-24 데이터 섬이 연결된 산섬도

이중 축 차트를 사용할 때 선택해야 하는 한 가지는 축의 눈금과 그 범위를 함께 동기화할지 아니면 서로 독립적으로 운용할지 여부이다. 축을 동기화한다는 것은 두 축의 눈금 단위가 서로 동일하게 설정한다는 것을 의미한다. 다음과 같이 전달하고자 하는 메시지를 기반으로 어떤 접근 방식이 더 유리한지 판단해야 한다.

| 축을 동기화해야 하는 경우 |

[그림 5-23]과 같이 지표가 다른 지표의 결과에 영향을 끼치는 경우 축을 동기화해야 명확한 메시지 전달이 가능하다. 예를 들어, 학생의 강의 참석률은 그 강의를 수강하는 사람의 수에 비례하기 때문에, 동일한 척도에서 비교해야 한다.

| 축을 독립적으로 운용해야 할 경우 |

지표 간의 공통 추세 변화를 파악하길 원한다면, 축을 독립적으로 운용해야 한다. 다만, 두 지표의 데이터 구성 비율과 같은 측정값에서 나타나는 데이터 포인트는 알 수 없다(그림 5-25).

이중 축 차트를 사용하는 가장 실용적인 접근 방식은 축을 동기화하여 판매의 어느 부분이 이익을 극대화하는 데 도움이 되는지 명확히 파악하는 것이다. 다만, 데이터를 읽고 쓰는 데 익숙한 사용자는 축을 독립적으로 풀어 필요한 데이터의 다른 부분을 찾아볼 수 있다.

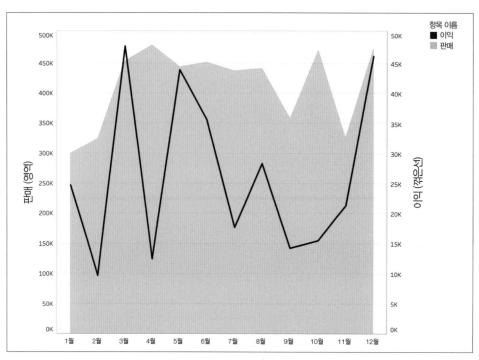

그림 5-25 축을 독립적으로 운용하는 이중 축 차트

이중 축 차트를 사용하는 가장 일반적인 방법은 기간의 성과를 작년과 같은 기간에 비교할 때이다. [그림 5-26]의 이중 막대 차트^{Bar-in-bar chart}는 다른 크기와 색의 막대를 이용하여 데이터의 변화를 명확히 보여준다.

[그림 5-26]의 주요 지표는 2021년 발생한 이익으로, 얇은 막대로 표시되었다. 그리고 2020년 대비 월간 이익이 작으면 짙은 회색, 크면 주황색으로 채웠다.

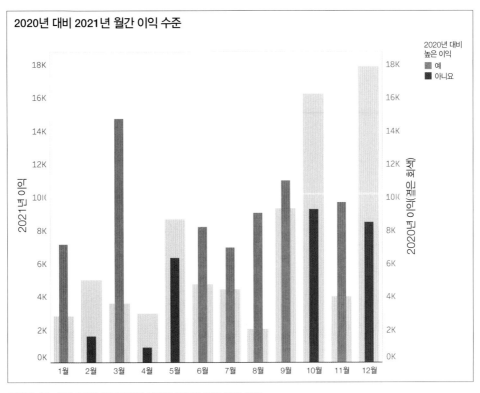

그림 5-26 2021년과 2020년의 이익을 비교한 이중 막대 차트

이중 막대 차트는 막대의 길이를 통해 데이터를 표시한다는 점에서 일반적인 막대 차트와 동일하지만 훨씬 더 상세한 데이터 전달이 가능하기 때문에 데이터 기반 커뮤니케이션 도구로 매우 효과적이다. [그림 5-26]에서 살펴본 것처럼 다른 시기의 같은 기간의 추세를 비교하는 데에도 유용하다.

데이터 시각화 요소로써 다중 축 특징

✔ 차트의 여러 지표 간 추세와 상관관계를 파악하는 데 매우 유용함

✔ 다중 축 산점도를 이용한 복잡한 지표 비교 단순화 가능

✘ 차트에 너무 많은 세부 정보를 추가하지 않도록 주의해야 함

5.4 참조선과 참조구획

지금까지 5장에서 여러 데이터 시각화 요소를 사용하여, 차트의 주요 데이터 포인트를 나타내는 다양한 방법을 살펴보았다. 다음에서는 참조선과 참조구획을 시작으로 추가적인 차트 기능들을 자세히 설명한다.

5.4.1 참조선

이미 5.3절 '다중 축'에서 이중 막대 차트 등을 통해 두 데이터 포인트 중 하나를 강조 표시하는 방법을 살펴보았다. 하지만 참조선Reference line은 여러 상황에서 훨씬 더 많은 유연성을 제공한다. 참조선은 상숫값을 표시하거나, 특정 데이터 포인트를 기준으로 계산된 값을 나타내는 등여러 상황에서 유용하게 쓰일 수 있다. 각 상황을 차례대로 살펴보자.

[그림 5-27]은 2021년 월별 자전거 판매 이익을 나타낸 막대 차트에 매월 $20,000 목표치를 참조선으로 표시하여 보여준다. 목표 달성 여부 또한 색을 다르게 표시할 수 있다.

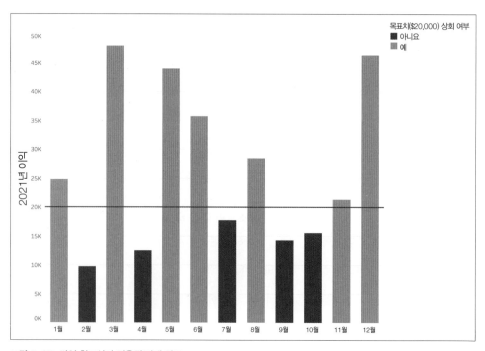

그림 5-27 단일 참조선이 적용된 막대 차트

참조선은 목표치를 표시할 수 있을 뿐만 아니라, 직접적으로 청중의 데이터 이해를 돕기도 한다. 2년간의 자전거 매장 데이터를 취합하여 기준 없이 표시하면, 데이터가 내포한 의미 있는 분석 결과를 정리하기 어려울 수 있다. 하지만 24개월을 8분기로 나눠 차트에 표시하면 더 쉬운 해석과 이해가 가능하다(그림 5-28).

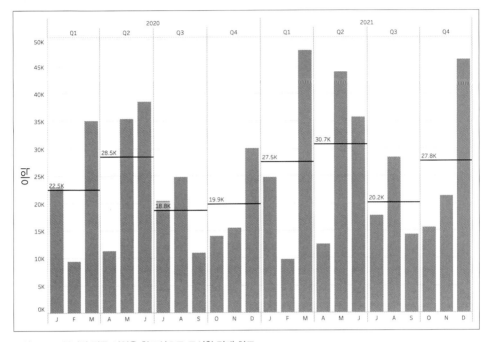

그림 5-28 분기별 평균 이익을 참조선으로 표시한 막대 차트

차트의 중요 메시지를 더 쉽게 전달하기 위해, 데이터 측정치를 표시한 기호의 투명도를 높여 참조선이 차트에서 두드러지게 했다(그림 5-29). 데이터가 업데이트되면 그 변화가 참조선에 반영되어 최신 메시지가 계속 표시될 수 있다.

[그림 5-29]와 같이 데이터 값을 보여주는 기호를 막대에서 점으로 바꿔, 참조선을 차트의 주요 특징으로 사용할 수도 있다.

참조선은 기존 데이터를 기반으로 생성된 값일 수도, 나른 별도의 데이터 필드에서 인용된 값의 표현일 수도 있다. [그림 5-30]에 표시된 참조선은 표시된 데이터에 의해 구해진 결괏값이 아닌, 별도의 데이터 필드에 의해 설정된 목푯값을 나타낸다. 실무에선 별도의 데이터 소스에서 구한 값을 참조선으로 표시해 필요한 데이터를 전달하는 경우가 많다. 다만, 다른 데이터 소스에서 참조된 목푯값이 주요 데이터셋보다 정밀하지 않은 경우가 많아 주의해서 사용해야 한다.

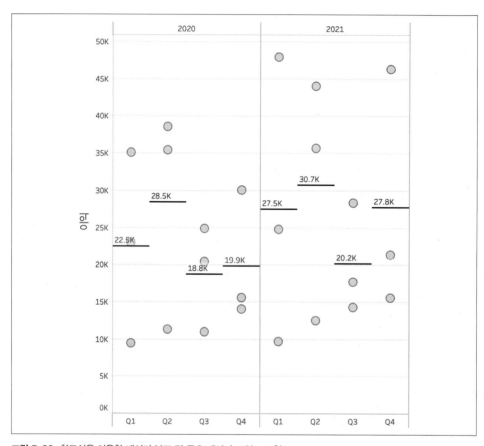

그림 5-29 참조선을 이용한 데이터 분포 및 주요 데이터 포인트 표현

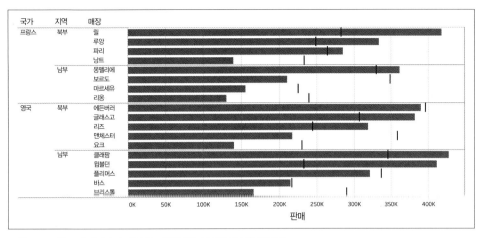

그림 5-30 별도 데이터 소스에서 참조하여 참조선으로 표시한 목푯값

5.4.2 참조구획

보다 쉬운 차트 해석을 위해 청중에게 제공할 수 있는 시각적 요소는 참조선뿐만이 아니다. 데이터 특정 범위를 강조 표시할 수 있는 참조구획Reference bands도 이용 가능한 좋은 옵션이다. 참조구획을 사용함으로써 차트 내 광범위한 데이터 분포를 단순화할 수 있다. 참조구획의 사용은 더 명확한 데이터 분석에 유용하게 사용될 수 있다. 다만, 적절한 참조구획의 이용을 위해 데이터가 분포되는 방식에 대한 이해가 필요하다.

참조구획을 사용하여 다음의 범위를 강조 표시할 수 있다.

- 최솟값/최댓값
- 사분위수(예를 들어, 상위 25%에서 75%의 데이터)
- 평균과 표준편차

참조구획을 가장 일반적으로 사용하는 경우는 [그림 5-31]과 같은 관리도Control chart이다. 관리도는 콜센터부터 상품을 양산하는 공장 등의 운용 시스템 수요 수준을 전체적으로 파악하는 데 주로 사용되는 차드 형태이다. 예를 들이, 콜센디에서 진체 상담원이 매일 받는 콜의 수를 긴찰하여 일반적인 요구 수준을 이해함으로써, 적절한 상담사와 회선을 배치하고 발신자의 요구에 대응할 수 있다. 과도한 상담사의 배치는 잉여인력 발생과 고용비용 증가를 야기한다. [그림

5-31]의 관리도는 두 부분으로 분할되어, 추가된 공정 변화로 시스템에 유효한 이득이 생겼는 지 쉽게 비교할 수 있다.

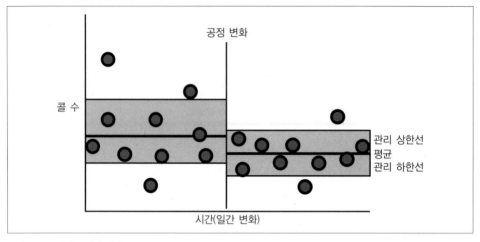

그림 5-31 관리도 해석 방법

관리도는 언뜻 보기에 복합해 보인다. 그러나 관리도는 매우 유용한 데이터 시각화 기법이며, 청중이 가장 최적의 의사결정을 내릴 수 있도록 방향을 제시하고, 잘못된 데이터 포인트에 오도되지 않도록 할 수 있다. 정규분포에서 평균을 기준으로 양쪽에 위치하는 표준편차 점은 총 데이터 집합의 약 3분의 2를 의미한다. 그리고 두 배 표준편차는 총데이터의 95%를, 세 배 표준편차는 99%를 나타낸다. 그러므로 그 외 1%의 값들은 매우 극단적인 값으로, 실제 운용 시스템에서 일반적으로 요구되지 않는 수준의 데이터들이다. 다양한 시스템을 구축하여 운용할 때에는 가장 일반적인 수요를 충족할 수 있는 방안을 선택하여 설계해야 한다.

관리도는 데이터의 몇 가지 주요 지표를 차트에 표시한다. 먼저, 평균Mean이란 측정된 데이터 값을 모두 더한 후, 그 개수로 나눠 도출된 값을 뜻한다. 관리 상한선Upper control limit (UCL)은 식스시그마Six sigma 관점에서, 평균에 세 배 표준편차를 더한 값으로 결정되지만, 일각선 다른 수준의 표준편차가 사용되기도 한다. 표준편차Standard deviation는 분산(각 데이터 값이 평균으로부터 떨어진 정도)의 제곱근을 취하여 계산된다. 관리 하한선Lower control limit (LCL)은 관리 상한선의 반대 개념으로 평균에서 특정 수준의 표준편차를 뺀 값으로 결정된다. 일반적으로 관리 상한과 관리 하한선 사이의 구획을 관리 범위라고 칭하며, 운영 시스템을 설계할 때 고려되는 데이터 그룹이다. 관리 범위 밖의 데이터는 무시해야 한다. 이러한 극단적인 데이터 포인트까지 포괄하게 운영 공정을 설계하면, 시스템이 제대로 최적화되지 않을 수 있기 때문이다. 최적화되지 않은 시스템을 운용하고, 이에 대한 요금을 고객에서 부과하는 것은 비용 부담을 증가시킬 뿐 아니라 적절치 않은 처사이다. 앞서 언급한 것처럼, 관리 범위 외부의 데이터 포인트는 매우 드문 경우이므로 시스템 설계에 포함하면 안 된다. 제대로 설계된 운용 시스템에서 수집한 데이터 관리도는 수요 변화에 따른 참조구획의 변경을 명확히 보여줄 수 있다.

이상적으로는, 참조구획은 가능한 얇은 것이 좋다. 이는 데이터 측정치에 변동이 거의 없어, 항시 고객의 요구를 충족시킬 수 있는 운용 시스템 개발이 용이함을 의미한다. 반대로, 참조구획이 넓으면 고객 수요 수준이 다양하기 때문에 이러한 수요를 충족시킬 수 있는 시스템 설계가 더 어렵다.

[그림 5-32]는 자전거 매장에 걸려오는 문의 전화 수를 보여준다. 한 사람당 하루에 처리할 수 있는 양을 이미 파악하고 있더라도, 전화를 모두 처리하는 데 몇 명이 필요한지 결정하는 것은 쉽지 않다. 하지만 관리도에 데이터를 표시함으로써 분기별 전체적인 문의 전화 수와 변화를 알 수 있어, 고객의 문의와 요구를 처리할 수 있는 알맞은 시스템 구축이 가능하다.

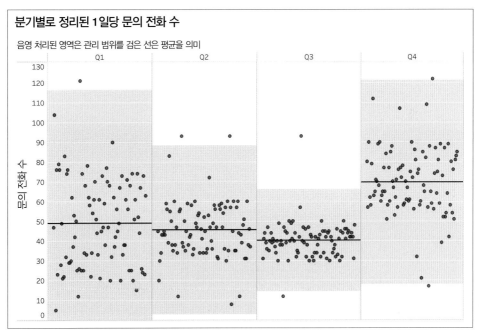

그림 5-32 자전거 매장에 걸려오는 문의 전화 수를 표시한 관리도

참조구획을 사용하는 또 다른 차트 유형은 상자–수염 차트이다. 이는 관리도와 마찬가지로 참조구획을 사용하여 데이터 분포를 보여주지만, 그 방식이 조금 다르다(그림 5–33). 상자–수염 차트는 제1사분위수와 제3사분위수의 사이 데이터를 상자 형태로, 다음에서 설명할 사분범위Interquartile range를 상자에서 뻗어 나온 수염처럼 표현해 지금과 같은 이름을 얻었다. 사분위수는 모든 데이터를 가장 작은 것부터 가장 큰 것까지 정렬한 다음 4등분한 데이터 분포이다.

사분범위란 제1사분위수와 제3사분위수 사이 데이터 범위를 의미하며, 수염을 사용하면 사분범위의 1.5배를 차트에 표시할 수 있다. 전체 데이터를 가장 작은 것부터 큰 것까지 정렬했을 때, 중앙에 위치한 데이터를 중앙값이라 부르며, 상자의 중앙선은 중앙값을 표시한다.

시간의 흐름에 따른 데이터 변화를 표현하기 위해, 동일한 차트에 여러 상자–수염 차트를 표시할 수 있다. 상자–수염 차트를 생성할 때, 청중의 쉬운 차트 이해를 위해 데이터 점보다는 상자 그림이 더 두드러지도록 표현할 수 있다.

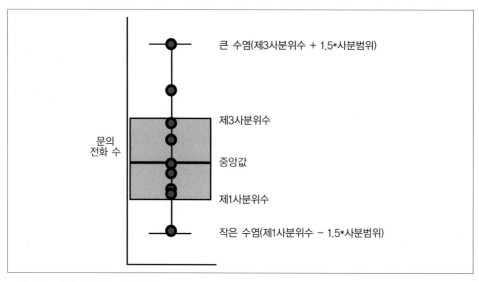

그림 5-33 상자–수염 차트 해석 방법

상자의 길이와 수염의 변화를 측정하면 시간이 지남에 따라 데이터 분포가 어떻게 변하는지 쉽게 파악할 수 있다. 관리도에서 설명한 바와 같이, 데이터 범위가 작을수록 측정값의 일관성이 높다는 것을 의미한다. 대부분의 경우, 데이터 일관성이 뛰어나면 공정 개선 계획과 시스템 최적화가 쉬워지기 때문에, 개선된 결과를 시각적으로 보여주기 매우 유리하다.

5.5 합계/요약

차트에 추가되어 주요 데이터 포인트를 전달하는 또 다른 요소는 합계[Total]이다. 합계는 보통 표 또는 차트에 표시된 모든 데이터 값의 합을 나타내지만, 필요한 경우 다른 데이터 통합 결과를 표시할 수도 있다. 대부분의 일반적인 데이터 분석 도구를 사용하여 쉽게 표에 합계를 추가할 수 있다. 하지만 데이터 시각화 관점에선 조금 다르다. 다음에서 더 자세히 알아보자.

5.5.1 표에서 합계 표현

표에서 합계를 사용할 때 선택할 수 있는 여러 옵션을 살펴보자.

열 합계

열 합계는 측정값들을 동일 열에 합산하여 나타내는 방식이다. 표에서 행은 각 범주형 데이터 필드가 세분화되어 입력되어 있고, 각 행은 측정되는 지표와 그 측정값에 대한 내역이다. 보통 열 합계는 표의 맨 아래 표시되는 경우가 일반적이지만(그림 5-34), 필요에 따라 표의 맨 위로 이동할 수 있다.

범주	측정지표	
A	1	
B	2	
C	3	
D	4	
합계	10	

그림 5-34 열 합계

행 합계

행 합계는 단일 행에 있는 각 값을 합산한다. 행 합계는 측정값이 한 열이 아닌 여러 열에 걸쳐 입력되어 있어, 피벗 테이블에서 더 자주 사용된다. 열에는 일반적으로 동일한 범주의 다양한 기준으로 측정된 변수가 입력된다(그림 5-35). 행 합계는 보통 표의 오른쪽에 표시되지만, 필요에 따라 왼쪽에 위치할 수도 있다.

범주	2019	2020	2021	합계
A	1	2	3	6
B	4	5	6	15

그림 5-35 행 합계

부분합

표가 여러 범주형 데이터 필드에 의해 분할되었을 때 중간 합계를 표시하기 위해 부분합이 추가될 수 있다. 부분합 구성은 표가 궁극적으로 표현하고자 하는 주요 데이터 포인트에 의해 결정된다. [그림 5-36]은 세부적으로 분류된 하위 범주의 합계를 부분합으로 표시했다.

범주	하위 범주	측정지표	
A	AA	1	
A	AB	2	
부분합		3	
B	BA	3	
B	BB	4	
부분합		7	
합계	합계	10	

그림 5-36 부분합

표의 합계는 앞서 알아본 것처럼 일반적으로 각 열의 합이지만, 요약은 다른 데이터 통합 방법을 설명한다. 표시되는 내용을 데이터 사용자가 명확하게 알고 있는 한, 어떠한 통합 방법도 사용 가능하다. 평균, 최솟값, 최댓값은 일반적으로 많이 사용되는 통합 방법이다. 보통 이러한 통합 결과는 표 강조 기법(3장 '표 강조' 절에서 설명함)으로 나타낸다.

[그림 5-37]에서는 표의 값을 순차적 색상표로 표현했다. 그림의 표와 같이 합계가 포함된 경우, 순차적 색상표가 표현하는 범위가 상대적으로 너무 넓어, 데이터 간 색상 차이가 줄어든다.

	프랑스	영국	총계	판매
북부	1,175,011	1,446,833	**2,621,844**	858,030 ~ 5,020,063
남부	858,030	1,540,189	**2,398,219**	
총계	**2,033,041**	2,987,022	5,020,063	

그림 5-37 표 강조 기법이 사용된 합계를 포함한 표

순차적 색상표를 표 강조에 유용하게 사용하려면, 합계보다는 평균을 나타내는 편이 낫다(그림 5-38). 하지만 합계를 꼭 포함해야 하는 경우라면 다른 대체 표 강조 기법이 더 효과적일 수 있다.

국가 그리고 지역별 판매 요약

지역	국가			판매
	프랑스	영국	평균	858,030 ~ 2M
북부	1,175,011	1,446,833	1,310,922	
남부	858,030	1,540,189	1,199,110	
평균	1,016,521	1,493,511	1,255,016	

그림 5-38 표 강조 기법이 사용된 평균을 포함한 표

5.5.2 차트에서 합계 표현

차트에서 합계를 추가하여 표시할 수 있다. 차트에 합계는 표 강조 기법과 유사하게 색을 이용할 수도 있지만, 막대의 길이로 표현하는 것이 더 효과적이다.

[그림 5-39]는 대표적인 잘못된 차트 합계 표시 예를 보여준다. 합계 막대가 너무 길어, 전체적으로 막대의 길이를 비교하는 것이 훨씬 더 불편해지기 때문에, 분석을 어렵게 만든다. 아래 그림은 [그림 5-13]과 동일한 데이터를 사용하지만 합계를 더했다.

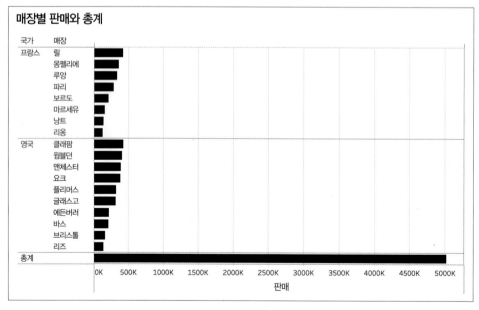

그림 5-39 합계를 포함한 막대 차트

차트에선 합계를 시각화하는 것보다, 다른 형태로 공유하는 것이 더 쉽다. 6장에서 몇 가지 옵션들을 설명한다.

차트에 합계 데이터를 제공하기 위한 대안은, 막대 또는 면적을 누적하여 표시하는 것이다(그림 5-40).

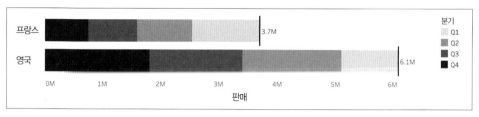

그림 5-40 합계 데이터를 제공하기 위해 막대를 누적하여 표시한 차트

합계는 청중이 데이터를 분석할 때 참조하는 주요 지표 중 하나이다. 그러나 실제로 청중의 분석을 방해하지 않도록 신중히 사용해야 한다.

데이터 시각화 요소로써 합계/요약 특징

✔ 표 주요 데이터 포인트를 명확하게 요약할 수 있음

✔ 꼭 합계일 필요는 없음, 다른 유용한 통합 결과 공유 가능

✘ 다른 사전주의 속성 효과를 방해할 수 있으므로, 표 강조 기법 또는 주의가 필요한 막대 차트 이용 권장

5.6 마무리

다양한 시각화 요소는 데이터 시각화 효과를 극대화하는 데 중요한 역할을 한다. 차트에 색, 크기, 형태 등의 시전주의 속성을 사용하면, 데이터 해석이 훨씬 쉬워져 청중이 들여야 할 인지 부하를 크게 줄일 수 있다.

이중 축 차트는 추가적인 데이터 맥락을 제공하는 데 유용하다. 세부 데이터의 유형에 따라 두 축을 동기화할 수 있고, 추가적인 세부 사항을 차트에 표시해 청중에게 더 정확하고 자세한 정보를 제공할 수 있다. 또한 합계 정보를 표 또는 차트에 더해 추가 데이터 포인트를 사용자에게 전달할 수 있지만, 차트의 경우 기존 시각화 정보를 손상시키지 않도록 주의하여 사용해야 한다.

차트를 작성할 때, 우리는 많은 시각적 선택을 해야 한다. 다음 장에서는 명확한 데이터 기반 커뮤니케이션을 위해 차트를 둘러싸고 있는 여러 요소를 알아보자.

CHAPTER 6

시각화를 완성하는 맥락

데이터 사용자가 차트와 같이 시각화 자료를 이해하려고 할 때, 가장 핵심은 데이터를 둘러싼 맥락이다. 잘 구성된 차트는 많은 정보를 전달한다. 하지만 사용하는 모든 요소는 청중이 정보를 해석하는 방법을 완전히 바꿀 수 있다는 사실을 명심해야 한다. 이번 장에서는 제목에서 배경색까지 데이터 시각화 맥락을 구성하는 페이지/화면 요소를 중점적으로 다룬다. 데이터 기반 커뮤니케이션에서 맥락이란 분석이 수행되는 상황, 분석이 기반으로 하는 기준 및 둘러싼 모든 요인을 말한다. 청중은 이 맥락을 통해 전달받는 정보를 머릿속에 정리, 배치 그리고 이해한다.

청중은 시각화 누적 효과와 맥락에 따라 데이터를 이해하고 기억한다. 주요 데이터 포인트가 시각적으로 그리고 맥락적으로 적절히 강조되어야 한다.

청중의 기억에 명확히 새겨지고, 정확히 이해되는 데이터 자료를 만드는 것은 데이터 초점과 이를 둘러싼 맥락 간의 균형을 이루는 일이다. 이번 장에서는 다음과 같은 맥락적 요소들을 설명한다.

- 제목
- 텍스트와 주석
- 맥락 관련 숫자
- 범례
- 도해와 시각적 단서
- 배경과 배치

끝으로, 데이터 사용자가 분석 내용을 자세히 살펴볼 수 있도록 돕는 상호 작용 요소(예: 말풍선)를 살펴보고 이 장을 마무리하고자 한다.

6.1 제목

제목은 데이터 사용자가 제공받게 될 정보를 규정하는 역할을 한다. 명료한 제목은 청중이 올바른 데이터를 참조하도록 이끄는 반면, 잘못된 제목은 청중을 혼란스럽게 만들 수 있다.

6.1.1 주제목

제목은 데이터 분석 주제, 데이터 분석이 답변할 수 있는 질문, 데이터에서 추출 가능한 주요 발견 등 데이터에 대한 많은 것을 설명할 수 있다. 당신이 선택하고 결정한 제목은 데이터 사용자의 기대치에도 많은 영향을 끼친다. 다음에서 제목을 정할 때 고려해야 할 선택사항과 각각이 미치는 영향을 자세히 알아보자. 따라오는 예의 초점은 Prep Air의 올해 1분기 수익이다.

| 데이터 분석 주제 |

제목에는 데이터 분석의 주된 주제가 간단명료하게 담겨있어야 한다. 그렇기 때문에, 데이터 사용자는 이를 구체적으로 찾기보다는 이메일을 훑어보거나, 웹 페이지를 스크롤 할 때에도 쉽게 인지할 수 있다. [그림 6-1]의 예를 살펴보자.

그림 6-1 주제에 초점을 맞춘 제목 선택의 예

데이터 분석을 통해 파악할 수 있는 질문을 제목에 포함시키면 청중의 주의를 집중시키는 데 도움이 된다(그림 6-2). 예를 들어, 나는 농구 경기를 보는 것을 좋아하지만, 경기에 의해 생성된 수많은 데이터 분석을 깊이 있게 살펴보는 것에는 별 관심이 없다. 하지만, 만약 제목이 내가 가장 좋아하는 팀과 경쟁팀 사이에 승률을 묻는 질문이라면, 난 평소보다 훨씬 많은 관심을 데이터 자료에 두고 살펴볼 것이다. 흥미로운 질문을 담은 제목은 청중의 관심을 끄는 데 효과적이다.

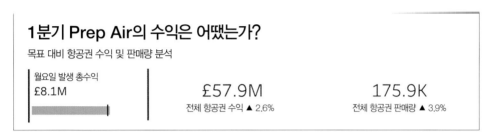

그림 6-2 질문에 초점을 맞춘 제목 선택의 예

| 데이터에서 추출 가능한 주요 발견 |

제목을 사용하여 데이터에서 찾은 중요한 분석 결과를 공유할 수도 있다(그림 6-3). 이를 제목에 직접 언급하는 것이 일종의 스포일러처럼 보일 수도 있지만, 청중은 왜 그리고 어떻게 이러한 결론에 도달했는지 알기 위해 더 흥미를 갖고 데이터를 주의 깊게 살펴볼 것이다. 만약 데이터 속에서 찾은 결론이 청중을 충분히 설득할 수 없다면, 청중들은 외면할 것이다.

그림 6-3 데이터 분석 결과, 데이터 속 발견점에 초점을 맞춘 제목 선택의 예

몇 개의 단어로 이뤄진 주제목을 통해 많은 정보를 전달하는 것은 상당히 어려운 일이다. 그렇다고 더 많은 단어를 사용하면, 데이터 시각화에 사용할 공간이 줄어든다.

주제목이 청중들이 가장 먼저 확인하고, 읽게 될 요소일 것이다. 하지만, 주제목을 정하는 것이 항상 데이터 분석의 첫 번째 작업이 되지는 않는다. 주제목 외에 데이터 분석 결과를 구성하는 여러 색과 구성 요소 배치도 청중의 주의를 집중시키는 역할을 한다.

보통 제목은 왼쪽 상단 모서리 부분에 위치한다(그림 6-4).

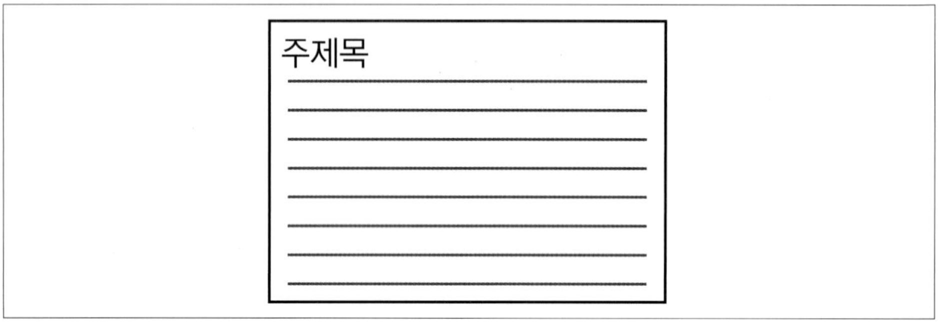

그림 6-4 일반적인 주제목의 위치

하지만 일반적인 데이터 사용자의 기대를 벗어난 독특한 시도는 흥미를 유발하는 요소가 될 수 있다. 예를 들어, 왼쪽 상단을 제외한 곳에 제목을 배치하는 것만으로도 데이터 사용자의 관심을 끌 수 있다(그림 6-5). 그러나 제목이 없거나 발견하기 어려우면, 데이터 분석이 해당 사용자를 위한 것임을 알지 못하고 아예 무시할 수 있으니 주의해야 한다. 대상 사용자가 이미 데이터 분석에 주의를 기울일 가능성이 높은 경우에만 제목 위치 변경을 사용하는 것이 좋다.

앞서 언급한 것처럼 일반적인 곳에 제목이 위치하지 않으면, 데이터 사용자는 데이터 분석에 많은 관심을 두지 않을 위험이 있다. 특히, 사용자가 특정 항목을 찾지 않고 분석 결과를 훑어보는 중이라면, 일반적이지 않은 제목 위치는 전혀 도움이 되지 못한다.

데이터 사용자가 주제에 대한 전문 지식이 부족하다고 판단되면, 질문에 초점을 맞춘 제목을 사용하길 권장한다. 질문을 사용함으로써, 데이터 분석이 이뤄진 상황을 더 명확하게 전달할 수 있다. 이를 통해, 데이터 사용자는 데이터 속 중요 발견을 쉽게 이끌어낼 수도 있다.

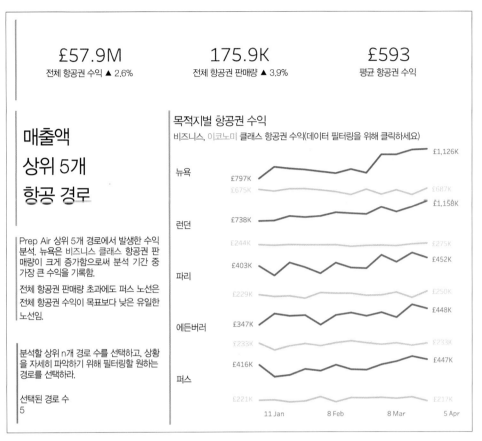

그림 6-5 제목의 위치 변경

6.1.2 부제목, 스탠드퍼스트, 차트 제목

데이터 분석 결과 내의 각 섹션 그리고 차트에도 고유한 제목이 있을 수 있으며, 이것들 또한 데이터 주제, 질문 그리고 주요 발견 사항을 소개하는 주제목과 같은 형태를 취할 수 있다.

부제목은 청중이 각 섹션의 내용을 이해하는 데 도움을 준다. 하위 섹션은 주제에 대한 다양한 측면을 자세히 설명하기 위해 이해하기 쉬운 작은 덩어리로 나눈 것이다.

부제목에도 질문을 담을 수 있는데, 이는 청중이 주제목의 질문을 더 깊이 탐색하게 이끌 수 있다. 이 기법은 청중이 우리가 데이터를 분석한 것과 같은 방향으로 진행하도록 도와주며, 어떻게 결론에 도달했는지 보여주는 데 유용하게 쓰인다. 또는 부제목의 질문을 통해 청중이 여러 관점에서 주제목의 질문을 탐색하도록 유도할 수도 있다.

제목 내 질문은 청중이 데이터 시각화 주제를 얼마나 알고 있는지에 따라 다르게 설정한다. 만약 청중의 이해가 뛰어나다면, 대조적인 부제목의 질문은 더 다양한 관점에서 데이터를 탐구하도록 돕는 역할을 한다. 또한 전문 지식을 갖춘 청중은 자신의 의견이나 이해를 검증하기 위해 더 관심 있는 데이터 부분을 살펴볼 수도 있다. 반대로, 주제에 익숙하지 않은 경우, 주제의 질문은 청중에게 올바른 데이터 분석 방향을 설정해 주는 좋은 방법이다.

마지막으로 부제목을 통해 각 하위 섹션에서 발견한 주요 데이터 포인트를 전달할 수 있다. 이 기법은 청중에게 전체적인 데이터 분석 결과에 기여하는 각각의 요소들을 자세히 보여줄 수 있기 때문에 가장 선호하는 방법이다. 이 경우 부제목이 길어질 수 있지만, 스탠드퍼스트Standfirsts 사용이 이를 보완할 수 있다.

스탠드퍼스트[1]는 영국 저널리즘에서 처음 사용되었다. 제목 바로 뒤에 따라오는 짧은 단락으로 청중에게 작업물에 대한 전체적인 소개를 제공하기 위해 사용된다(미국 저널리즘에선 리드Lede 라고 명명한다). 작업 결과가 상당히 길고 복잡한 상황에서, 스탠드퍼스트는 청중에게 간단명료한 작업 내용을 먼저 보여줌으로써, 계속해서 데이터 분석 결과를 자세히 살펴보게 하는 이유를 제공한다. [그림 6-6]은 스탠드퍼스트 사용 예로, 청중의 관심을 사로잡는 역할을 할 뿐만 아니라, 정확한 메시지를 전달하는 데 유용하게 사용된다.

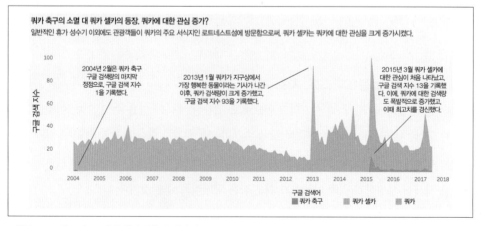

그림 6-6 스탠드퍼스트와 주석이 사용된 영역 차트

----

1 기사에 관한 추가적인 내용을 서술한 문장, 보통 기사 제목 바로 아래 위치

주제목은 청중의 관심을 끌고, 부제목은 관심이 유지되도록 도와준다. 부제목은 차트 내 또는 별도로 명기될 수 있다. 다만, 부제목이 차트 제목으로 사용될 때, 부제목이 대표하는 하위 섹션뿐만 아니라, 차트가 표현하는 내용도 자세히 설명해야 한다.

시각적 맥락에서 제목 특징

✔ 제목은 데이터 주제, 데이터에 내재된 질문 또는 데이터가 내포한 주요 포인트가 될 수 있음

✔ 부제목은 전체적인 데이터 시각화 정보를 이해하기 쉬운 작은 덩어리로 분리해 청중에게 제공하는 데 유용하게 사용됨

✔ 차트 제목은 차트 내 메시지를 명확하게 전달하는 데 도움이 됨

6.2 텍스트와 주석

데이터 기반 커뮤니케이션에서 텍스트가 중요한 요소로써 사용되는 곳은 제목뿐만이 아니다. 때로는 짧은 텍스트가 청중에게 전달하고자 하는 메시지의 요점을 더 명확히 하거나 강조하는 데 큰 도움이 된다. 하지만, 텍스트에 너무 많이 의존하는 것도 삼가야 한다. 다시 말해, 청중이 분석 결과 내의 텍스트보다 데이터를 먼저 볼 수 있는, 꼭 필요한 텍스트가 적재적소에 투입된 데이터 분석 시각 자료여야 한다는 뜻이다.

차트는 데이터 내, 메시지를 분명하게 전달하는 역할을 한다. 이때, 적절한 텍스트 설명 추가는, 데이터 해석 능력이 낮은 청중에게 많은 도움을 준다. 텍스트가 데이터 작업에서 사용되는 대표적인 두 가지 형태, 주석과 텍스트 상자를 살펴보자.

6.2.1 주석

차트 속 주석은 매우 강력한 도구로써, 차트이 주요 데이터 포인트 또는 영역을 강조하는 짧은 텍스트이다. 호주에 주로 서식하는 유대목 동물인 쿼카에 대한 [그림 6-6]의 영역 차트는 주석을 이용하여 세 데이터 포인트를 강조했다. 대중 매체에서 쿼카는 종종 쿼카 축구와 쿼카 셀카라는 두 가지 주제로 등장한다. 비록 위 영역 차트는 쿼카 축구에 대한 관심이 없어지기 직전외

짧고 작은 데이터 부분을 표시했지만, 쿼카에 관련된 이러한 키워드가 있었다는 것을 강조하기 위해 주석을 달아 표기했다. 쿼카 축구는 재미로 쿼카를 축구공처럼 차는 잔인한 행위였다. 다행히 현재는 거의 행해지지 않고, 대신 세상에서 가장 행복한 동물이라고 알려진 쿼카와 같이 사진을 찍는 훨씬 좋은 유행이 요즘 더 유명하다.

주석은 간결하고 명확한 것이 좋다. 주석이 길어지면 차트에 많은 공간을 차지할 뿐만 아니라 데이터 포인트를 가릴 수도 있다.

주석은 청중이 차트의 정보를 이해하는 데 걸리는 시간을 최소화할 수 있다는 점에서, 차트 위에 주요 데이터 포인트만큼 중요한 역할을 한다. [그림 6-6]의 영역 차트처럼 굵은 글씨체로 주석의 요점을 강조할 수도 있다. 위 영역 차트에선 주석을 통해 쿼카 축구의 마지막 관심과 쿼카 그리고 쿼카 셀카에 대한 관심이 상승한 주요 시기를 강조했다. 이러한 세부 기법을 통해, 청중은 전체 주석을 읽지 않더라도, 여전히 전달하고자 하는 요점을 쉽게 볼 수 있다.

주석은 데이터가 업데이트 또는 필터링 되어 변화하더라도 비어 있을 공간에 배치해야 한다. 이를 정확히 예측하는 것은 어렵다. 하지만, 지도 차트와 같이 주요 데이터 포인트 변화가 거의 매번 유사한 위치에서 발생할 가능성이 높은 경우는 비교적 쉽게 주석을 배치할 수 있다. 차트 주요 데이터 포인트 주변의 공백이 부족해 주석을 배치하기 어려운 경우, 차트 위 공백을 활용할 수 있다. 이 장 후반부에서 자세히 다룬다.

주석은 데이터가 업데이트되는 방식을 고려해 배치해야 한다. [그림 6-7]에서 표시된 측정값은 누적 합계이다. 즉, 시간이 지남에 따라 값이 항상 증가하기 때문에, 차트 선 왼쪽 윗부분에 배치하는 것이 가장 안전하고 좋은 방법이다.

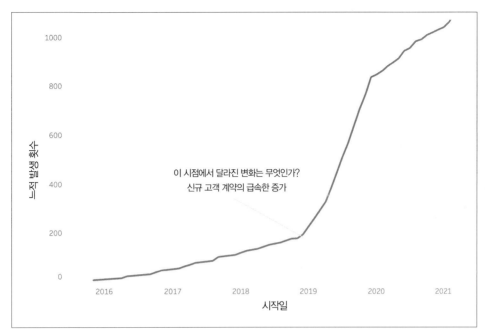

그림 6-7 예측 가능한 차트 위 공백을 활용한 주석 배치

6.2.2 텍스트 상자

텍스트 상자는 데이터 포인트 간 맥락을 연결하여 데이터 분석 내용을 명확히 제공하거나, 차트를 설명하는 데 사용된다. 텍스트의 사용은 청중이 우리가 의도한 대로 데이터 분석 결과를 해석하도록 돕는 중요한 역할을 한다. 데이터셋에 다양한 이야기와 포인트가 포함되어 있는 경우, 3장과 4장에서 배운 시각화 기법만으로 모든 것을 강조하기 어려운데, 텍스트는 이를 보완할 수 있다.

주제목 바로 아래, 데이터에 대한 설명과 분석이 필요한 상황 그리고 맥락을 텍스트로 제공하는 것은 매우 일반적인 구성이다(그림 6-8). 그렇기 때문에, 차트가 정말 눈길을 끌지 않는 한, 청중은 차트보다 이 텍스트를 먼저 읽게 된다.

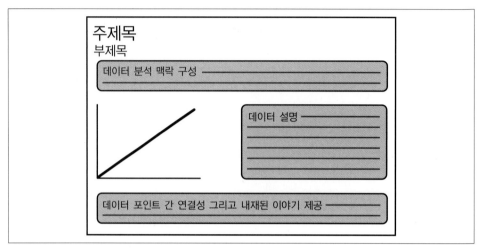

그림 6-8 텍스트 상자의 위치

텍스트 상자를 사용하여 데이터에서 발견한 주요 포인트를 설명할 수도 있다. 또한 차트를 해석하는 방법을 더 자세히 청중에게 설명함으로써 의도치 않게 발생할 수 있는 오해를 피하고, 다양한 수준의 데이터 사용 능력을 가진 이들에게 명확한 정보를 제공할 수 있다.

마지막으로 언급할 텍스트 상자의 주요 용도는 여러 데이터 분석 결과를 한데 묶어 일관성 있게 연결하는 것이다. 이 작업은 차트로도 가능하지만, 텍스트를 추가함으로써 청중은 전체적인 분석 결과를 더 쉽게 이해할 수 있다.

기본적으로 차트는 주요 메시지가 효과적으로 전달되도록 설계되어야 한다. 텍스트 의존도가 올라가면 좋은 데이터 시각화 결과물이 나올 수 없고, 그 이점을 잃게 된다. 텍스트를 최소한으로 유지하는 것이 데이터 기반 커뮤니케이션의 기본이다. 청중이 텍스트 중심의 커뮤니케이션을 선호하지 않는 한, 청중의 빠른 이해를 돕기 위해 효과적인 데이터 시각화를 구성하고 텍스트는 최소한으로 유지해야 한다.

6.2.3 텍스트 서식

텍스트 서식에 대한 주요 고려사항은 텍스트 서체 선택이다. 다른 시각적 요소와 마찬가지로 무분별한 서식은 필요한 정보를 찾기 더 어렵게 만든다.

텍스트 서체

대부분의 회사 또는 조직은 텍스트 서체^{Text font}, 색상 그리고 이미지 등의 특정 서식 가이드를 제공한다. 이러한 경우라면, 명시된 내용을 준수해야 한다.

만약 스스로 서체에 대한 선택권을 가진 경우라면, 데이터 주제에 적절한 서체를 적용함으로써 전반적인 데이터 분석에 긍정적인 영향을 더할 수 있다. 하지만, 텍스트 가독성을 낮추지 않도록 주의해야 한다. [그림 6-9]에서 지금까지 선택한 것과 다른 서체를 적용함으로써 데이터 분석 결과가 조금 가볍게 느껴지도록 만들어보았다.

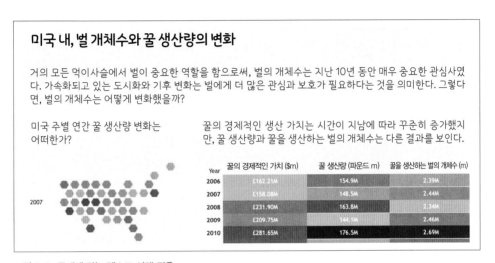

그림 6-9 주제에 맞는 텍스트 서체 적용

주제와 서체를 적절하게 일치시킴으로써 더 맥락적으로 명확한 시각화를 청중에게 제공할 수 있다. 그러나 선택한 서체가 적용된 텍스트를 대부분의 청중이 잘 읽을 수 있는지, 그리고 화면 낭독 프로그램이 필요한 사용자들에게 불편함을 주진 않는지 꼭 확인해야 한다.

텍스트 크기

너무 다양한 텍스트 크기를 사용하지 않도록 주의해야 한다. 이미 주제목과 부제목이 다른 두 가지 텍스트 크기를 사용할 수 있으므로, 더 추가하지 않는 것을 추천한다. 텍스트 크기에 일관된 패턴을 사용하면 청중은 제목과 설명 텍스트를 쉽게 구분할 수 있다. 또한 설명 텍스트에 특정 부분을 볼드체 또는 이탤릭체 처리함으로써 강조할 수 있다. 이런 기법의 남발은 기능의 약화를 유발하니, 적절하게 이용해야 한다(볼드체는 높은 어조로 표현하고 싶을 때, 이탤릭체는 주요 용어를 강조할 때 사용).

텍스트 색상은 데이터 가독성에 관련된 또 다른 주요 요소이다. 적절한 색상 선택으로 색맹, 난독증과 같은 시각 및 인지 장애를 사진 사람들도 읽기 쉬운 텍스트를 제공하는 것을 목표로 삼아야 한다.

시각적 맥락에서 텍스트와 주석 특징

✔ 주석은 복잡한 데이터 포인트에 명확성을 제공함

✔ 데이터 시각화는 정보 전달에 매우 강력한 역할을 하지만, 텍스트의 중요성을 무시하면 안 됨

✘ 텍스트 서체와 크기를 최소한으로 사용해야 함

6.3 맥락 관련 숫자

데이터 분석 결과는 여러 가지 주요 측정치들로 구성되어 있다. 그중 제품의 판매량이 100개라는 것을 알아냈고, 명기했다고 가정하자. 그래서 그 수치는 긍정적인 결과인가? 예상보다 낮은 것인가? 청중들이 이러한 주요 데이터 포인트를 올바르게 해석할 수 있는 맥락 제공이 꼭 필요하다.

맥락 관련 숫자는 청중이 올바른 방향으로 데이터를 해석을 할 수 있도록 주변 맥락을 제공하는 역할을 한다. 이는 시각적으로 눈에 잘 띄게 배치, 설계되어 청중이 인지하기 매우 쉽다.

[그림 6-10]은 매주 데이터 분석을 진행하고 결과를 공유하는, Preppin' Data라는 프로젝트 참가자 수를 맥락 관련 숫자 형태로 표현한 것이다. 이 숫자는 얼마나 많은 사람이 프로그램에 참여하여 데이터 분석 결과를 공유했는지 보여준다. 아래 그림처럼 맥락 관련 숫자 형태로 표현하여, 참여의 인기를 보여줌으로써 더 많은 사람이 참여하도록 홍보할 수 있다.

380

총 참여자 수

그림 6-10 Proppin' Data 참여자 수를 맥락 관련 숫자 형태로 표현

여러 맥락 관련 숫자를 동시에 사용하는 것은 청중의 관심도를 더욱 높일 수 있다. [그림 6-11]과 같이 Preppin' Data 프로젝트는 참여자 수와 이들이 데이터 분석 결과를 제출, 공유한 횟수 또한 제공한다. 이를 통해, 청중은 참가자들이 여러 가지 데이터 분석 과제에 동시에 참여할 수 있음을 알 수 있다.

Preppin' Data 프로젝트 참여

380	2,897
총 참여자 수	데이터 분석 결과 제출 수

그림 6-11 여러 맥락 관련 숫자가 사용된 예

[그림 6-11]에서 제공된 맥락 관련 숫자를 통해 청중은 더 자세한 세부 사항을 파악하기 전에 몇 가지 주요 질문에 답할 수 있다.

- 얼마나 많은 사람이 본 데이터 분석 프로젝트에 참여했는가?
- 얼마나 많은 데이터 분석 결과가 제출되었는가?
- 참가자는 평균적으로 몇 번의 제출을 완료했는가?

질문들에 대한 답변을 담은 차트는 [그림 6-12]와 같이 일반적으로 맥락 관련 숫자 밑에 배치된다.

청중의 데이터 주제에 대한 인식 수준을 이해하는 것은 매우 어려우며, 특히 청중과 직접적인 접촉이 없는 경우 더욱 그렇다. 그렇기 때문에, 보통의 경우 우리는 청중의 주제 인식 수준을 적절히 추측한다. 데이터의 확실한 맥락을 제공할 수 있다면, 더 많은 청중에게 적합한 데이터 분석 결과를 보여줄 수 있다.

맥락 관련 숫자에 세부 정보를 추가하면 청중에게 더욱 자세한 그리고 깊이 있는 데이터 맥락을 알려줄 수 있다. 데이터 변경 표식, 색 그리고 간단한 차트를 추가하면 깊이 있는 데이터 맥락을 제공하는 데 도움이 된다. 이러한 추가 요소는 8장 '다양한 시각화 요소 결합'에서 더 자세히 다룬다.

시각적 맥락에서 맥락 관련 숫자 특징

✔ 간단명료한 맥락 관련 숫자는 명확한 분석을 위한 좋은 기준선을 제공

✔ 시각적인 요소가 아닌, 효과적인 데이터 전달을 위해 사용되는 강력한 요소

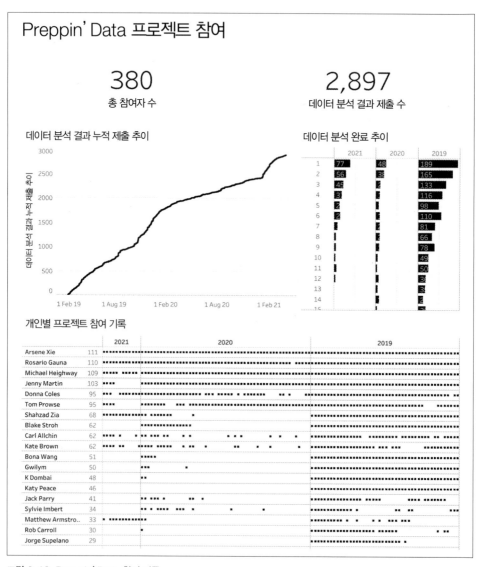

그림 6-12 Preppin' Data 참여 기록

6.4 범례

범례는 청중이 데이터 분석 결과에 사용된 모양, 색상, 크기 등의 요소를 이해하는 데 도움이 되는, 안내서와 같은 역할을 한다. 그만큼 데이터 기반 커뮤니케이션에서 중요한 부분이다.

범례는 일반직으로 원활한 해석을 위해 차트 옆에 위치하며, 청중이 쉽게 보고 참조할 수 있어야 한다. 범례에 사용되는 모든 모양, 색상, 크기는 분명한 의미를 가져야 한다. 예를 들어, [그림 6-13]의 범례는 모든 색에 적절한 의미를 부여했다. 또한 앞서 이야기했듯이, 모든 색과 모양은 단순하게 사용되어야 한다.

그림 6-13 일반적인 범례

차트의 각 요소는 범례에 나열되며, 알파벳순 또는 차트의 측정값(색상표 또는 크기 순서)에 따라 정렬 배치된다.

범례가 없다면, 차트에 사용된 모양, 색상 크기가 나타내는 속성이 논리적으로 표현되지 않는 한, 청중은 차트를 해석하는 데 많은 어려움을 겪을 수 있다. 논리적으로 잘 표현된다 하더라도, 청중이 이를 자세히 파악하기란 여전히 어렵다.

과일 판매에 대한 데이터가 있다고 가정해 보자. [그림 6-13]과 같이 각 과일에 맞는 논리적인 색이 적용되더라도, 범례를 통해 모든 품목들을 알려주지 않는 한, 어떤 색이 어떤 과일을 가리키는지는 여전히 분명하지 않을 수 있다. 빨간색은 토마토가, 노란색은 바나나나 파인애플이 될 수 있는 것처럼 말이다.

그렇기 때문에, 범례가 필요하다. 시각적 기법과 데이터 포인트 사이의 연결성을 명확히 하고 의미를 명시한다. 따라오는 절에서 범례에 사용되는 시각적 기법과 범례 형태를 알아보자.

6.4.1 도형 범례

4장에서 도형이 사용된 산점도와 지도 차트를 배웠다. 다른 모양의 도형을 이용하면 여러 범주형 데이터 필드 변수를 명확히 나타낼 수 있다. 모든 데이터 표현에 단 하나의 도형만 사용하는 경우엔 범례가 필요 없지만, 여러 도형이 사용된 경우는 각 도형이 표현하는 것을 구분할 수 있는 범례와 같은 방법이 필요하다.

우리는 산점도에서 사용하는 도형이 특정 변수를 나타내는지 선택할 수 있다. 하지만, 때론 누구나 알아볼 수 있는 분명한 형태의 도형 또는 그림 사용으로 그럴 필요를 없앨 수 있다(그림 6-14). 이때, 범례도 생략할 수 있다(사용하는 도형 또는 그림의 형태가 모든 사람에게 잘 알려져 있지 않은 경우, 범례 추가를 권장한다).

차트에 사용된 도형 또는 그림이 유명 제품 또는 회사의 로고와 같이 청중에게 매우 친숙한 경우 그 해석이 더욱 쉽다.

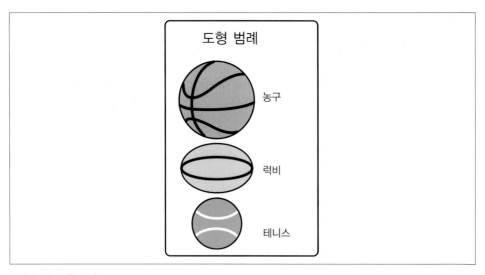

그림 6-14 도형 범례

그러나 모든 데이터를 야구공이나 회사 로고와 같이 단번에 알아볼 수 있게 표시할 수는 없다. 이러한 경우, 정사각형이나 삼각형 등 추상적인 형태의 도형을 각 변수에 할당하여 표현하는 것이 좋다. 다만, 각 도형들이 청중에 의해 쉽게 구별되는지 꼭 확인해야 한다.

도형을 통해 측정값에 대한 정보도 나타낼 수 있다. 일반적인 예는 위아래를 가리키는 화살표를 사용하여 상대적인 기록, 성과, 실적 등을 표시하는 것이다. [그림 6-15]에서 화살표는 각 매장의 이번 분기 판매가 이전 분기보다 좋았는지 혹은 나빴는지를 고객 불만사항 접수 건수를 통해 나타낸다. 이 경우, 위를 가리키는 화살표가 실제로는 지난 분기보다 악화된 실적을 나타내기 때문에, 이러한 맥락에서 도형을 사용하는 것은 매우 어렵다. 이때, 적절한 색상을 적용하면 어려움을 극복할 수 있다. 화살표가 위를 향하는 것은 실제로 부정적인 성과를 의미하므로 빨간색을, 아래로 향하는 화살표는 긍정적인 성과를 뜻하므로 검은색으로 표시하는 것이 좋은 대안이 될 수 있다.

매장	이번 분기 고객 불만사항 접수 건수		지난 분기 고객 불만사항 접수 건수
런던	358	▲	2,700
맨체스터	557	▼	5,700
요크	564	▲	2,100

범례
▼ 실적 상승
▲ 실적 하락

그림 6-15 추상적인 도형의 사용: 상대적인 실적 변화를 나타내는 화살표

도형의 형태 그리고 색상은 감정적인 메시지를 전달하기도 한다. 제공하는 정보를 청중들이 어떻게 느낄지 생각해보자. 긍정적이거나 부정적인 연관성을 가진 색(일반적으로 이익은 검은색으로 손실은 빨간색으로 표시)을 통해 데이터를 나타내는 것은 청중이 이러한 측정값 혹은 변화를 어떻게 느끼고 해석해야 하는지 안내하는 역할을 한다. 다음에서 색에 대해 좀 더 자세히 살펴보자.

6.4.2 색 범례

도형과 마찬가지로 청중의 차트 해석을 돕기 위해, 분석 중인 변수를 나타내는 데 색을 사용할 수 있다. 다만, 색이 차트의 여러 요소에 여러 방법으로 사용되면, 각각의 범례가 모두 표시되어야 한다는 단점이 있다.

5장에서 배웠듯이 색상표에는 세 가지 유형(색조, 순차적, 이분)이 있다. 하나씩 차례로 살펴보자.

색조

색조Hue 색상표는 각 변수에 대해 다른 색을 사용한다. 이때, 서로 다른 범주형 변수를 대표하는 색은 각각 구별하기 쉬워야 한다. 또한 청중의 이해를 돕기 위해 때에 따라 브랜드 색상 또는 제품을 나타내는 색상을 선택하여 나타낼 수 있다(그림 6-16).

그림 6-16 색조 색상표를 사용한 범례

순차적 색상표

순차적Sequential 색상표는 단일 색의 밝기 수준을 사용하여 측정값을 나타낸다. 범례에는 사용 가능한 색상 값의 범위와 최소, 최댓값이 표시되어야 한다(그림 6-17).

청중과의 감정적 연관성을 염두에 두고 기본 색을 신중하게 선택해야 한다. 마찬가지로, 관련된 브랜드 색 또는 회사 로고를 대표하는 색을 사용하는 것도 좋은 방법이다. 빨간색과 주황색은 부정적인 결과를 의미하기도 하기 때문에, 회색(음수 표현을 위해)과 같이 사용하는 등 주의를 요한다.

그림 6-17 순차적 색상표를 사용한 범례

데이터 작업 결과물이 데이터 사용자에 의해 즉각적으로 필터링 또는 업데이트되는 상호적인 형태라면, 색 범례가 이를 적절하게 반영하는지를 결정해야 한다. 예를 들어, 데이터 범위를 10에서 50으로 확대하면 범례가 10에서 50 사이의 색만 표현하는가? 이처럼 표시되는 데이터 범위에 따라 범례가 조절되면 색 구분이 더 명확해지지만, 청중이 전체 데이터 범위에 대한 맥락을 잃을 가능성이 있다. 그렇기 때문에, 표시되는 데이터 범위에 상관없이 전체 범례를 항상 보여주는 것이 좋다.

이분 색상표

이분Diverging 색상표는 두 가지 색상을 사용하여 목푯값 또는 0과 같이 사전에 정의된 값을 중심으로 측정값을 양쪽에 표시한다. 이분 색상표를 사용하는 범례에는 데이터의 최소, 최댓값뿐만 아니라 한 색에서 다른 색으로 변하는 중앙값도 표시해야 한다(그림 6-18). 마찬가지로, 청중의 쉬운 이해를 위해 데이터를 대표할 수 있는 색을 선택하는 것이 좋다.

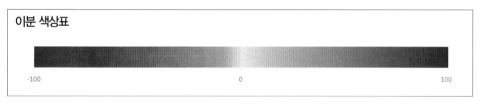

그림 6-18 이분 색상표를 사용한 범례

범례 없는 색의 사용

차트에 사용된 색이 무엇을 나타내는지 청중에게 전할 수 있는 통로는 범례만이 아니다. 차트의 제목이나 부제목 그리고 데이터 점에 색을 추가하는 방법도 있다(그림 6-19). 이처럼 범례를 생략함으로써 작업 공간이 절약되어 다른 정보를 더 제공할 수 있다.

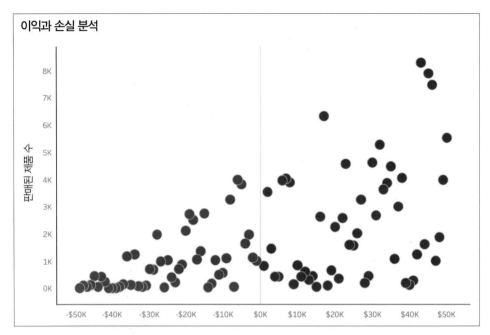

그림 6-19 차트 제목과 데이터 포인트에 적용된 색을 연결하여 범례를 생략한 예

또는 데이터 점 옆에 표현하는 데이터에 대한 설명을 더할 수 있다. 예를 들어, 검은색 데이터 점 옆에 이익이라는 이름을 붙여 표시하는 것이다.

6.4.3 크기 범례

크기 범례는 도형이나 그림의 크기를 통해 측정값을 참조할 수 있도록 구성한 범례이다. [그림 6-20]과 같이 도형의 크기와 그에 해당하는 측정값을 표시하여 범례를 구성한다.

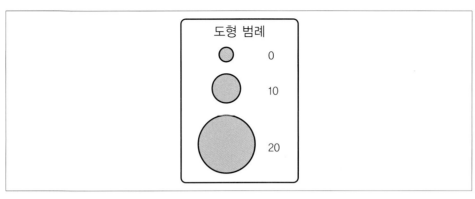

그림 6-20 도형의 크기를 사용한 범례

시각적 맥락에서 범례 특징

✔ 모양, 색상 그리고 크기를 이용한 모범적인 범례 이용 사례 참조할 것을 권장함

✖ 범례에 너무 많은 요소 적용은 청중의 주의를 흐리고, 정보 해석을 방해함

6.5 도해와 시각적 단서

명확한 커뮤니케이션이란 청중이 전달받은 정보를 잘 저장하고, 활용할 수 있다는 것을 의미한다. 잘 설계된 데이터 분석 결과의 전체적인 구성과 느낌은 분석이 청중으로 하여금 더 기억에 남도록 돕는 역할을 한다. 이때, 포함되는 이미지와 적절한 도해가 큰 역할을 한다.

6.5.1 주제 설정에 도해의 역할

적절한 도해가 이용된 좋은 주제 설정은 심지어 차트를 보기도 전에 청중의 주의를 끌 수 있게 하고, 추가적인 맥락을 제공하여 원활한 데이터 해석을 가능하게 한다. 다만, 주제를 나타내는 도해와 차트 사이에 적절한 균형이 매우 중요하다는 점을 잊지 말아야 한다.

런던 대기 오염에 대한 데이터 시각화 자료를 살펴보자(그림 6-21). 그림 맨 위 차 그림과 배기가스를 표현하는 동그란 원들이 전체적인 주제를 설정하고 따라올 정보에 대한 개략적인 메시지를 전달한다. 또한 파란 하늘이나 작은 원이 아닌, 화석 연료로 움직이는 자동차와 회색이 의도적으로 선택되었음을 알 수 있다.

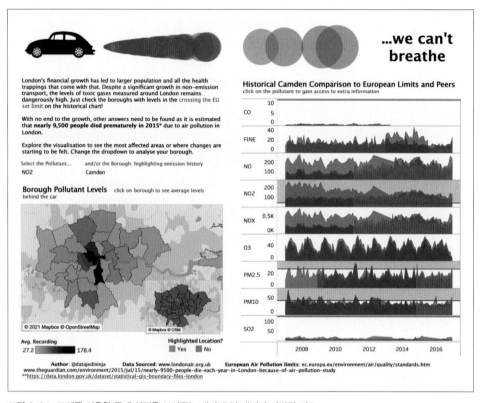

그림 6-21 도해를 이용한 주제 설정을 보여주는 대기 오염 데이터 시각화 자료

사용된 도해나 이미지가 전체적인 데이터 분석 내용 전달을 방해하지 않도록 주의해야 한다. 또한 데이터 분석 결과와 이용한 데이터 출처도 명확히 표현해, 청중에게 데이터 분석에 대한 신뢰를 제공하는 것도 잊으면 안 된다.

6.5.2 청중의 더 쉽고 명확한 이해를 위한 지원

청중은 우리만큼 데이터 기반 커뮤니케이션에 익숙하지 않을 수 있으므로, 청중이 얼마만큼 잘 데이터를 이해하고 우리와 상호 작용할 수 있는지 생각해 볼 필요가 있다. 목표는 데이터를 다루고, 해석하는 능력이 조금 낮은 사람들을 포함하여, 많은 이들이 데이터 분석 결과를 더 쉽고 명확하게 이해할 수 있게 만드는 것이다. 모든 데이터 사용자를 지원하고 안내하는 데 사용할 수 있는 요소를 살펴보자.

데이터 분석 과정이나 데이터 출처에 대한 자세한 정보를 제공하기 위해, 정보 또는 도움말 버튼을 이용할 수 있다. 사용할 수 있는 공간은 항상 제한되어 있으므로, 버튼을 클릭했을 때 필요한 정보를 표시하는 것은 매우 유용하다. 또한 대부분 사람이 웹 사이트의 정보 버튼에 익숙하기 때문에, 작은 동그라미 안에 'i'와 같은 친숙한 아이콘은 다른 설명을 추가하지 않고 그대로 사용할 수 있다.

정보 버튼(ⓘ)은 일반적으로 팝업 상자를 표시하거나 다른 페이지로 연결한다. 그리고 다음과 같은 정보를 포함한다.

- 데이터 출처
- 설정에 따라 필터링 된 데이터
- 데이터 날짜 범위
- 데이터 또는 시각화 자료 용어 설명
- 데이터 사용자가 필요로 할 수 있는 세부 배경 정보
- 데이터 사용자를 위한 지침

포함할 정보를 선택하는 것은 매우 까다롭고 중요한 일이다. 너무나 많은 정보를 담을 경우 청중의 주의를 흐리고, 효율적인 정보 전달이 어려울 수 있다. 이러한 경우, 세부 배경 정보를 정보 버튼에 추가하는 표현하는 것이 좋은 대안이 된다.

정보 또는 도움말 버튼에는 청중이 데이터 분석 결과를 선택적으로 확인할 수 있는 간단한 텍스트 지침도 포함될 수 있다(그림 6-22).

또한 적절한 아이콘과 범례를 사용하여 데이터 사용자가 수행할 수 있는 데이터 필터링 또는 선택 작업을 나타낼 수도 있다. 다만, 정보 버튼을 사용하지 않는 데이터 사용자는 이러한 추가 기능을 놓치기 쉽다.

아래 시각화 자료를 통해 대기 오염에 의해 가장 많이 영향을 받은 지역과 대기 오염이 나타나기 시작한 지역을 확인해 보자. 드롭다운을 변경하여 구별 대기 오염도를 분석해 보자.

오염 물질 선택

| NO2 | ▼ |

구 선택: 오염 물질 배출 기록 조회

| Camden | ▼ |

구별 오염도   지도에서 구를 클릭하여 평균 오염도 확인 가능

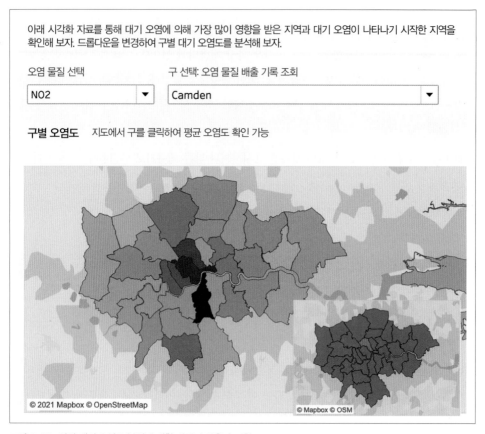

© 2021 Mapbox © OpenStreetMap

© Mapbox © OSM

그림 6-22 런던 대기 오염도 분석에 대한 데이터 사용자 지침

6.6 배경과 배치

데이터 분석에 차트 배치는 청중이 어떻게, 어떤 순서로 데이터 분석 결과를 해석할지 결정하는 요소가 된다. 이는 청중의 데이터에 대한 배경 지식 수준만큼이나, 분석 결과 해석에 중요한 영향을 끼친다. 7장에서 배치 기본 원칙을 더 자세히 설명한다.

차트, 제목, 범례 및 기타 요소의 순서는 일반적인 책에서와 같이 데이터 분석에서도 매우 중요하다. 데이터 기반 커뮤니케이션을 명확하게 구성하는 데 도움이 되는 두 가지 주요 원칙, Z 패턴과 공백^{Whitespace}을 살펴보자.

6.6.1 Z 패턴

우리는 왼쪽에서 오른쪽으로, 위에서 아래로 글을 읽는다. 그렇기 때문에, 독자의 눈동자 움직임은 보통 위에서 아래로 반복되는 Z 패턴이 된다(그림 6-23). 물론, 글을 읽는 방식이 우리와 다른 경우도 있지만, 독자가 페이지의 내용을 보고 읽는 순서를 이해하고, 이에 따라 구성 요소를 배치해야 한다는 기본 원리는 그대로 적용된다.

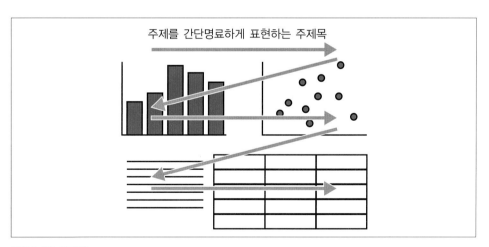

그림 6-23 Z 패턴

구성 요소는 어떤 순서로 배치해야 할까? 제목부터 시작해 보자.

| 제목 |

제목은 주제를 정하고 청중의 관심을 사로잡는 역할을 한다. 일반적으로 청중은 대개 제목이 페이지 맨 위에 있을 것이라고 예상한다. 물론, 제목을 다른 곳에 배치할 수 있지만, 청중이 제목이 아닌 다른 구성 요소에 먼저 관심을 두어, 의도하지 않은 방식으로 데이터 분석 결과를 해석할 수 있다. 해결책으로, 훨씬 더 큰 글꼴을 주제목에 적용하여 청중의 관심을 끌 수 있다.

| 주요 차트 |

여러 차트를 공유할 것이라면, 왼쪽 상단 모서리에 가장 중요한 차트를 먼저 배치하자. 그러면, 데이터 분석에 핵심이 되는 주요 메시지를 전달하거나, Z 패턴으로 구성되어 따라오는 다른 차트나 구성 요소의 이해를 돕는 데 매우 유리하다.

| 맥락 관련 숫자 |

맥락 관련 숫자는 데이터 분석에 기초가 되는 아이디어를 청중에게 먼저 제공하여 전체적인 구성에 대한 이미지를 제공하는 역할을 한다. 그렇기 때문에, 이를 차트 앞 그리고 페이지 맨 위에 배치하는 것이 가장 좋다.

| 범례와 텍스트 상자 |

범례와 텍스트 상자는 관련 차트의 오른쪽 또는 아래에 배치되어 추가 정보를 제공한다.

이 기본 원칙들을 사용하여 구성 요소를 배치하면, 청중이 의도한 방식으로 데이터 분석 결과를 해석하는 데 매우 큰 도움이 된다.

6.6.2 공백

공백은 페이지의 구성 요소 사이에 빈 공간 그리고 간격을 의미한다. 이는 청중들에게 쉬어가는 공간을 제공하며, 복잡한 데이터 분석을 이해하기 쉬운 작은 덩어리로 분할하는 역할을 한다.

이 기법을 게슈탈트 원리Gestalt principle라고 한다. 게슈탈트는 독일어로 '통합된 전체'라는 뜻으로, 여러 구성 요소가 통합된 이미지에서도 인간은 이를 분리하여 이해할 수 있으며, 그 속의 패턴까지도 인지함을 의미한다. 이 원리를 데이터 시각화에 적용할 경우 복잡한 대시보드를 쉽게 분해하여 이해할 수 있다.

게슈탈트 원리에서 공백은 큰 역할을 한다. [그림 6-24]에서 맥락 관련 숫자, 차트, 히스토그램 등의 구성 요소를 그룹화하기 위해 공백과 배경색이 사용되었다.

[그림 6-24]와 같이 차트를 공백으로 띄어 배치하면, 청중이 각 차트와 어떤 범례 또는 텍스트 상자와 관련되어 있는지 쉽게 알 수 있다. 이것은 상당히 섬세하고 그 효과가 큰 그룹화 작업이다.

다양한 배경색의 사용은 덜 섬세하지만, 같은 효과를 볼 수 있는 대체 기법이다. 앞서 언급한 것처럼, 적은 색을 적절히 사용하는 것이 많은 색을 사용하는 것보다 훨씬 더 큰 효과를 만든다. 또한 선명하고 강렬한 색의 사용은 주의를 집중시킨다. 이러한 색 사용 원칙을 염두에 두고, 같은 맥락에 있는 구성 요소의 배경에 활용하면 효과적인 그룹화가 가능하다(그림 6-25).

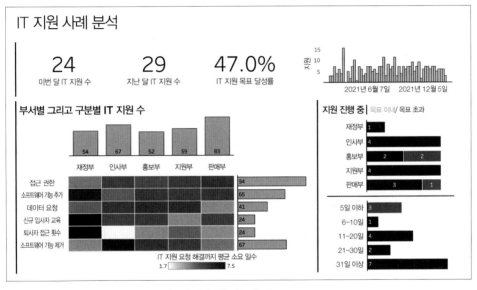

그림 6-24 구성 요소 사이의 관계를 보여주기 위해 사용된 공백

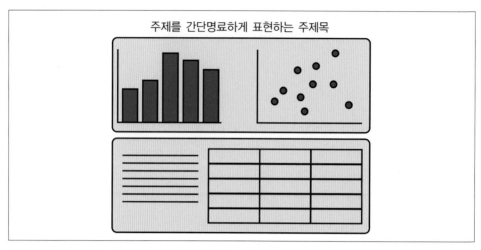

그림 6-25 구성 요소를 그룹화하기 위해 사용된 배경색

또 다른 기법은 얇은 선을 사용하여 구성 요소를 별도의 항목으로 나누는 것이다(그림 6-26). 이 기법은 색을 사용하는 것만큼 효과적이진 않지만 청중의 주의를 분산시키지 않는다. 선을 상당히 얇게 유지하더라도, 그 효과는 여전히 유효하며, Z 패턴대로 청중이 데이터 분석 결과를 읽도록 유도하는 데에도 유용하다.

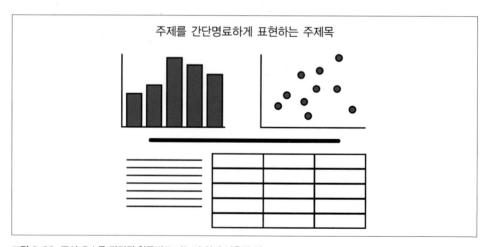

그림 6-26 구성 요소를 관련된 항목별로 나누기 위해 사용된 선

6.7 데이터와 사용자 간의 상호 작용

청중과 제공하는 데이터 분석 결과 사이에 원활한 상호 작용을 위해, 우리는 청중에게 많은 인지 부하를 요구해야 한다. 원만한 상호 작용 없이는, 깊이 있는 메시지 전달이 매우 어렵다. 예를 들어, 기준선, 눈금, 색 등의 과도한 사용은 청중과의 상호 작용을 방해하는 요소가 된다. 7장에서 상호 작용의 이점에 대해 자세히 설명하며, 여기서는 비차트 요소가 어떻게 청중의 이해와 상호 작용을 도울 수 있는지 살펴본다.

대중이 웹을 사용하기 시작한 이후 수십 년 동안, 사람들은 하이퍼텍스트를 통해 연결된 텍스트 그리고 이미지와 상호 작용하는 것에 익숙해졌다. 따라서, 요즘 청중들은 데이터 분석 결과를 웹과 비슷한 방식으로 상호 작용하는 것을 선호한다.

6.7.1 말풍선

데이터 시각화에서 가장 흔하게 사용되지만, 자주 간과되는 대화형 요소는 말풍선이다. 이 작은 정보 상자는 사용자가 커서를 특정 데이터 포인트 위로 가져가거나 클릭할 때 화면에 나타난다. 이 기능은 특히 데이터 포인트들이 서로 매우 가깝거나 겹칠 때 유용하게 사용된다. 주석은 특정 포인트를 강조할 때 유용하지만, 상당히 많은 공간을 차지한다. 대조적으로, 말풍선은 사용자가 해당 특정 데이터 포인트와 상호 작용할 때만 나타난다.

대부분의 데이터 시각화 소프트웨어는 기본적으로 말풍선 기능을 제공한다. 말풍선은 기본적으로 특정 데이터 포인트의 변수와 값이 포함될 수 있다(그림 6-27). 차트에서 데이터 포인트들은 속한 범주와 측정값에 대한 정보를 간단히 제공하는 반면, 말풍선은 더 정확한 정보를 담아 청중에게 보여준다. 데이터 분석이 고도화될수록, 데이터 포인트가 갖는 데이터 필드가 다양하고 많아진다. 그렇기 때문에, 말풍선에 추가할 적절한 필드 선택이 어려우니, 사전에 불필요한 항목을 제거하는 것이 좋다.

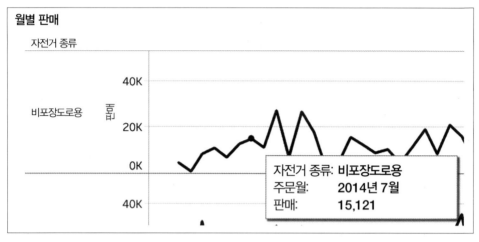

그림 6-27 기본 말풍선

대부분의 데이터 시각화 소프트웨어에서 말풍선을 사용자의 기호에 맞춰 설정이나 기능을 변경할 수 있다(설명, 추가 데이터 포인트 또는 다른 차트 추가 등도 가능).

설명

말풍선은 사용자가 해당 데이터 포인트에서 이해해야 할 사항이나 전체 메시지를 해석하는 데 도움이 되는 안내 역할도 한다. 예를 들어, [그림 6-28]과 같이 차트 위 데이터 포인트에 보다 자세한 설명을 추가하여 더 해석하기 쉽게 만들 수 있다. 다만, 상대적으로 긴 문장 구조에서 청중이 꼭 알아야 할 주요 부분을 찾기 어려울 수 있으니, 주의해야 한다.

> **비포장도로용 자전거** 매출은 $113,452를 기록했으며, $34,871 이익을 창출했다.

그림 6-28 데이터 포인트에 설명을 추가하기 위해 사용된 말풍선

추가 데이터 포인트

청중의 이해를 돕기 위해, 말풍선에만 나타나는 추가 정보를 제공할 수도 있다. 이렇게 하면 차트나 표를 더 복잡하게 만들지 않고, 추가 정보를 전달할 수 있다(그림 6-29). 말풍선 내에 추가 정보는 차트 위 데이터 포인트가 어떤 집단의 순위인지 백분위 수인지를 나타내, 전체적인 문맥의 이해를 돕는다.

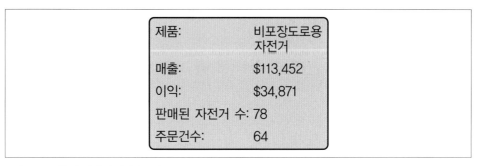

그림 6-29 말풍선 내 추가 데이터 포인트

차트

말풍선에 차트를 추가하면 귀중한 작업 공간을 따로 할애하지 않고도 전달하는 메시지를 강화할 수 있다(그림 6-30). 모든 데이터 시각화 소프트웨어가 이 기능을 제공하는 것은 아니다. 그리고 모든 청중이 말풍선을 하나하나 주의 깊게 확인하는 것이 아니니, 청중의 데이터 해석을 좌지우지할 수 있는 중요한 정보는 포함하지 않는 것이 좋다.

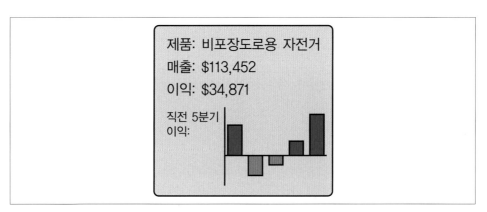

그림 6-30 말풍선 내 차트

하지만, 어떤 정보가 중요한지 구별하는 것과, 주 데이터 분석 작업 공간인 페이지 그리고 말풍선에서 공유하는 내용 사이의 균형을 찾는 것은 매우 어려운 일이다. 그럼에도 불구하고, 우리는 많은 고민과 노력을 통해 청중에게 명확한 지침을 전달해야 한다.

6.7.2 상호 작용

말풍선이 공간을 절약하는 유일한 방법은 아니다. 조금씩 다른 데이터 집합을 동일한 차트를 통해 반복하여 나타내야 하는 경우, 강조 표시와 필터링을 도입할 수 있다. 이러한 상호 작용을 통해 청중들은 자신들에게 더 구체적이고 특화된 정보를 찾아볼 수 있다.

강조 표시

청중의 수와 데이터셋의 크기가 커지면, 모든 사람이 만족할 만한 데이터 분석(각 개개인이 중요하게 생각하는 포인트를 강조하고 자세한 분석을 제공)을 제공하기 어려워진다. 이러한 경우, 조금씩 다른 세부 데이터셋을 사용한, 비슷한 여러 버전의 분석 결과 생성을 고민할 것이다. 하지만, 작은 단 하나의 변경 사항도 모든 버전에 반영되어야 하기 때문에, 이러한 접근 방식은 관리하기가 매우 어렵다. 그렇기 때문에, 모든 데이터셋이 단일 버전으로 제공되는 방식이 여전히 가장 이상적이다.

다양한 관심사를 가진 데이터 사용자들에게, 해당 데이터 포인트를 선택적으로 강조하여 표시해 주는 것이 모든 사람들을 만족시킬 수 있는 좋은 방법이 될 수 있다. 사용자는 목록에서 자신이 보고 싶은 항목을 선택할 수 있다. 그러면 선택한 것을 제외한 다른 모든 항목은 희미해지거나 다른 색으로 표시되어, 내가 관심 있는 데이터를 맥락이 유지된 상태에서 더 쉽게 확인할 수 있다(그림 6-31). 이 기법은 차트가 많은 세부 정보를 포함한 산점도인 경우 특히 유용하다.

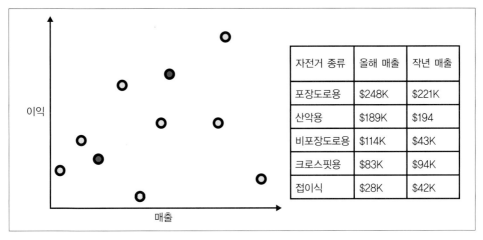

자전거 종류	올해 매출	작년 매출
포장도로용	$248K	$221K
산악용	$189K	$194
비포장도로용	$114K	$43K
크로스핏용	$83K	$94K
접이식	$28K	$42K

그림 6-31 선택된 항목의 데이터 포인트를 강조 표시한 산점도

선택된 항목을 전체 대 부분으로 강조할 수도 있다. 전체 데이터를 나타내는 기존 차트는 유지하면서, 선택된 항목이 구성하고 있는 비율을 다른 색상으로 표시하는 것이다(그림 6-23).

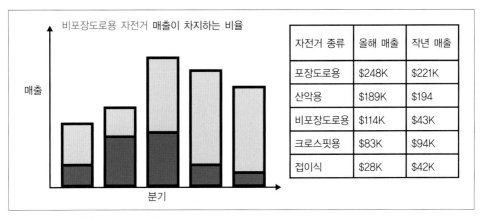

자전거 종류	올해 매출	작년 매출
포장도로용	$248K	$221K
산악용	$189K	$194
비포장도로용	$114K	$43K
크로스핏용	$83K	$94K
접이식	$28K	$42K

그림 6-32 선택된 항목을 전체 대 부분으로 강조

필터링

때때로 데이터 사용자는 원하는 데이터 분석 결과를 얻기 위해, 관련 없는 데이터를 필터링한다. 이때, 차트의 축이 필터링된 값의 범위에 맞게 축소되면, 훨씬 쉽게 읽을 수 있다(그림 6-33). 예를 들어, 비포장도로용 자전거 매출을 중점적으로 살펴보기 위해 다른 자전거 데이

터를 걸러내면, 추세를 훨씬 확인할 수 있다.

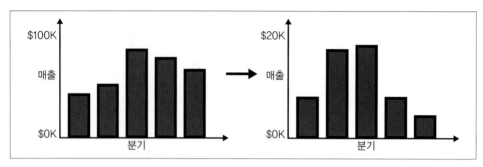

그림 6-33 전체 측정값 범위에 맞게 축이 조정된 필터링 전/후 차트

데이터 사용자에게 원하는 항목을 목록에서 선택할 수 있는 옵션을 제공하거나, 차트에서 여러 다른 종류의 차트를 볼 수 있는 설정 권한을 부여할 수 있다. 다음 장에서는 다양한 형태의 분석을 위해, 여러 차트를 통합하는 방법들을 자세히 알아본다.

시각적 맥락에서 데이터와 사용자 간의 상호 작용 특징

✔ 데이터 사용자가 선택적으로, 원할 때 추가 정보를 확인할 수 있음

✔ 데이터 사용자가 각자의 관심사에 맞게 설정하여 분석 결과를 확인할 수 있음

6.8 마무리

데이터 분석에 이용하는 모든 구성 요소는 전달하고자 하는 메시지를 명확히 하고, 청중의 이해를 도울 수 있어야 하며, 의도한 방식대로 해석을 이끌어야 한다.

제목은 주제를 설정하는 동시에, 주요 메시지를 강조하고, 청중의 주의를 사로잡을 수 있어야 한다. 텍스트 상자와 주석은 물론 청중의 이해를 돕는 요소이지만, 청중들이 요점을 파악하기 위해 너무 많은 텍스트를 읽어야 한다고 생각되지 않게 만들어야 한다.

데이터 분석 결과 도입부에 맥락 관련 숫자를 제공하면 이어지는 모든 내용을 이해하기 위한

기준선을 설정하는 데 도움이 된다. 또한 데이터 분석에 대한 개략적이고 빠른 답을 먼저 제공하므로 청중이 더 많은 정보가 필요하다고 판단하는 경우, 더 많은 집중을 이끌 수 있는 역할도 한다.

범례, 도해와 시각적 단서는 데이터 사용자가 데이터 분석 내에 사용된 표기들이 무엇을 나타내는지 빠르게 이해하는 데 도움을 준다. 또한 이러한 시각적 단서들은 데이터 사용자와 데이터 사이에 원활한 상호 작용 방법을 안내한다. 이것은 특히 데이터 사용자에게 말풍선, 필터 및 기타 대화형 기능을 제공할 때 매우 중요하다. 더불어, 차트 주위에 공백을 적절히 이용하면 데이터 분석 내용에 줄거리를 형성하는 데 도움이 된다.

이 장에서는 페이지 위 요소들을 배치하는 방법도 다뤘다. 적절한 배치를 통해 우리가 의도한 대로 청중이 데이터 분석 결과를 이해하도록 이끌 수 있다.

너무나 많은 것들을 조절하고 설정해야 한다고 느낄 수 있다. 하지만, 이제 시작이다. 다음 장에서는 데이터 작업물의 전반적인 구성을 살펴보고, 그 형태를 분석하여, 무엇을 어떻게 포함해야 효과적으로 데이터를 표현할 수 있는지 알아본다.

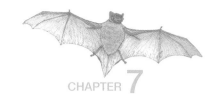

CHAPTER 7

메시지를 전달하는 방법

지금까지 차트를 한 번에 하나씩 효과적으로 사용하는 방법들을 배웠다. 하지만 복잡한 데이터 분석 내용을 하나의 차트에 짜 넣는 것은 청중을 혼란스럽게 만들고, 핵심 내용을 흐리며, 분명하지 못한 메시지 전달을 야기한다. 데이터 분석에 대한 설명을 청중에게 직접 하지 못하는 경우 더욱 문제가 된다.

이 문제에 대한 해결책은 방대한 양의 데이터에서 찾은 복잡한 분석 결과를 각각 표현한 여러 개의 차트를 사용하는 것이다. 각각의 차트는 서로 잘 연결되어, 명확한 하나의 큰 맥락을 구성하기 때문에, 청중은 전체적인 메시지를 차례대로 잘 이해할 수 있다.

이 장에서는 먼저 설명과 탐구라는 두 가지 데이터 기반 커뮤니케이션 스타일을 살펴본다. 선택한 스타일에 따라 데이터 분석 설계의 많은 부분이 결정된다.

이 장의 두 번째 부분에서는 데이터 기반 커뮤니케이션에 사용되는 매체가, 특히 여러 차트를 포함하는 경우, 데이터 분석과 청중의 이해에 어떤 영향을 미치는지 살펴본다. 우리는 대시보드라는 매체 그리고 수단을 자세히 알아본다. 대시보드라는 용어는 어디에나 존재하지만, 항상 같은 형태로 제공되지는 않는다. 이는 인포그래픽, 프레젠테이션 및 이메일을 포함한 다양한 형태가 될 수 있다.

7.1 설명적 커뮤니케이션

설명적 커뮤니케이션Explanatory communication이란 청중에게 분석 결과를 명확하게 표현함을 일컫는다. 지금까지 설명적 데이터 시각화 기법에 초점을 맞춰왔다.

그러면, 왜 지금은 설명적 커뮤니케이션에 초점을 맞추고자 하는가? 왜냐하면 설명적 커뮤니케이션은 필터링이나 강조를 통한 청중과 데이터 분석 결과 사이 상호 작용에서 특히 중요하기 때문이다.

[그림 7-1]은 각 Prep Air 노선에서 발생한 수익 분석을, 청중에게 명확하게 전달하도록 설계되었다.

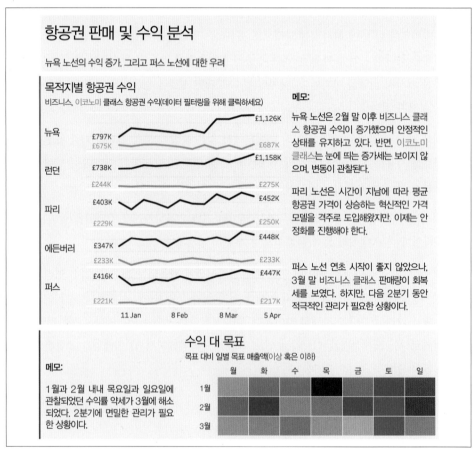

그림 7-1 노선별 Prep Air 수익에 대한 설명적 분석

7.1.1 요구 사항 수집

명확한 설명적 커뮤니케이션을 구축하려면 신중한 계획과 요구 사항 수집이 필요하다. 우리는 청중이 데이터 분석에서 무엇을 얻고자 하는지 확실히 알 필요가 있다. 앞서, 2장에서 이해관계자의 초기 요청에는 많은 허점과 오류가 있을 수 있어, 추가적인 질문을 통해 그들이 진정으로 필요로 하는 것이 무엇인지 이해해야 한다고 배웠다. 설명적 커뮤니케이션은 이러한 과정을 더 효과적으로 진행되도록 돕는 역할을 한다.

작성한 모든 차트를 데이터 분석 최종 보고서에 넣기에는 공간 확보가 쉽지 않다. 그렇기 때문에, 청중이 원하는 것을 항상 염두에 두면서, 무엇을 포함할지에 대한 신중한 고민을 해야 한다.

7.1.2 설명적 커뮤니케이션에서의 데이터 업데이트

설명적 커뮤니케이션에서 데이터 업데이트는 어떻게 이뤄져야 할까? 새로운 데이터 포인터와 기존 데이터가 상충한다면 어떻게 해야 할까?

위 질문에 답하기 위해, 다음의 가상의 항공사 Prep Air 사례를 살펴보자. Prep Air에서 항공권 수익을 담당하고 있는 클레어는 평소처럼 관련 데이터 분석을 하고 있었다. 그는 갑작스러운 매출 하락에서 특이한 추세를 발견한다. 이것이 심각한 일이라고 판단한 클레어는 그녀의 매니저인 프릿에게 그가 적절한 대응을 할 수 있도록 보고하려 한다.

클레어는 현상을 명확하게 설명하는 차트를 만들어 프릿에게 보여주려 하지만, 데이터는 변덕스럽고 자주 업데이트되고 있다. 그렇기 때문에, 그 특이한 추세가 지속되더라도 클레어가 사용한 측정치가 상당히 크게 증가 또는 감소해, 전체 차트를 다시 만들어야 하는 상황이다. 하지만, 매니저인 프릿은 데이터에 대한 이해도가 매우 높기 때문에, 클레어는 데이터 변동성 상관없이 기본 데이터에서 발견한 특이 추세와 그녀의 통찰을 전달하는 데 아무런 문제가 없다.

빈번한 업데이트가 발생할 수 있는 데이터셋에 대한 설명을 작성하는 경우 주의 깊은 작업이 요구된다. 프릿에게 데이터 분석 내용을 공유하기 전에 데이터가 업데이트될 경우 클레어는 분석에 포함한 주석뿐만 아니라 차트도 업데이트해야 한다. 다시 말해, 클레어는 데이터가 업데이트되는 동안에도 자신의 원래 분석이 여전히 정확한지 확인해야 한다.

7.1.3 그래서? 뭘 어떻게 해야 할까?

데이터 속에서 발견한 중요 포인트를 공유하는 것만으로는 충분하지 않다. 이름에서도 알 수 있듯이, 설명적 커뮤니케이션은 이를 응집력 있는 메시지로 변환하여 청중에게 명확히 설명하는 것이다.

설명적 커뮤니케이션 관점에서 데이터 분석 내용을 형성할 때, 다음의 질문을 만족해야 한다.

- 전달하고자 하는 메시지가 두 개 이상의 항목으로 구성되는가?
- 그렇다면, 어느 차트가 메시지의 다른 부분을 명확하게 설명하는가?
- 내가 포함한 모든 데이터 범주와 측정 기간이 전달하고자 하는 메시지와 일맥상통하는가?
- 청중이 가장 먼저 어느 부분에 집중하길 원하는가? 어떤 순서로 데이터 분석을 설명할 것인가? 중요한 차트는 가장 먼저 배치할 것인가? 아니면 가장 뒤에 배치할 것인가?
- 청중이 꼭 이해했으면 하는 가장 중요한 메시지는 무엇인가? 어떻게 하면 청중이 그것을 기억하도록 할 수 있을까?
- 왜 나의 메시지가 중요한가?

앞의 질문들에 명확히 답할 수 있어야 한다. 청중이 당신의 데이터 분석과 함께 어떤 의사결정 그리고 행동을 취할 수 있는지 신중히 생각해야 한다.

이러한 측면을 간과한다면, 애초에 데이터 분석을 진행할 필요도 없다. 개략적인 상황 정보를 제공하는 것만으로도 데이터 분석이 유용한 경우도 있지만, 특정 결과를 얻고자 하는 경우도 많다. 청중들이 그 결과를 명확히 받아들일 수 있도록 유도해야 한다.

만약 당신의 의도가 청중이 링크를 클릭하거나 설문지를 작성하는 것과 같은 측정 가능한 행동이라면, 당신이 얼마나 효과적인 데이터 분석 결과를 얻었는지 알기 위해 그 활동을 쉽게 추적할 수 있다. 예를 들어, 더 많은 수익을 창출하기 위해 더 많은 직원을 고용하거나 제품 가격을 조정한 경우, 고객의 링크 클릭 수 또는 설문지 작성 내용을 통해 분석 결과에 대한 유효성을 확인해 볼 수 있다.

반대로 측정할 수 없다면, 동료나 주변 사람에게 당신이 작성한 글이나 보고서가 올바른 톤으로, 분명하게 메시지를 전달하고 있는지 물어보자. 이때 어떻게 해석해야 하는지, 어디서부터 읽어야 하는지 등, 별도의 안내 없이 부탁해 보자. 부족한 부분을 정확히 알 수 있다.

데이터를 지속적으로 다뤄 관련된 작업의 다양한 측면에 익숙해질수록, 관련 지식이 부족한 사람의 관점에서 생각하지 못하는 지식의 저주curse of knowledge에 부딪힐 수 있다. 이는 중요한 맥락 정보를 누락하거나, 청중이 쉽게 추론하여 의도된 결론을 내릴 것이라는 잘못된 가정을 하게 만든다. 정식으로 데이터 분석을 발행하기 전 테스트 청중이 묻는 질문에 주의를 기울이자. 중요한 정보나 맥락이 누락되는 것을 방지할 수 있다.

7.2 탐구적 커뮤니케이션

탐구적 커뮤니케이션Exploratory communication에서 청중은 데이터 시각화를 직접 탐구할 수 있으며, 특히 관심 있는 항목을 더 자세히 보기 위한 필터링, 대화형 옵션을 이용할 수 있다.

7.2.1 요구 사항 수집

설명적 커뮤니케이션은 데이터 분석의 명확한 범위를 설정함으로써, 청중의 요구 사항을 충족시키는 데 방점을 둔다. 탐구적 커뮤니케이션을 위한 요구 사항 수집은 조금 더 어렵고 때로는 모호하다.

클레어의 매니저인 프릿은 Prep Air의 동일한 판매 데이터에 대한 다양한 견해를 알고 싶다. 클레어는 프릿의 요구 사항을 다음과 같이 메모한다.

> "시간 경과에 따른 판매 변화뿐만 아니라, 국가별 그리고 노선별 판매 추세도 알고 싶다."
> "지난 몇 년 동안의 판매를 각각 따로 볼 수 있는가?"
> "판매를 지역별로 따로 그리고 모두 같이 보고 싶다."
> "사장님이 지역별로 판매를 분류하여 보고 싶다고 했으나, 구체적인 요구 사항을 따로 전달하지 않았다."

이와 같은 요청은 탐구적 분석이 빛을 발하는 경우이다.

특정 요구 사항을 충족하는 것보다 더 쉽게 보일 수 있지만, 그렇지 않다. 클레어는 위 모든 요구 사항을 충족할 수 있는 가장 좋은 방법을 선택해야 한다. 그녀는 사용할 차트의 종류, 라벨 형식, 각 데이터에 대한 제목 및 단어 선정 등 모든 요소를 신중하게 고려해야 한다.

탐구적 커뮤니케이션은 데이터 사용자의 요구 사항을 확신할 수 없는 경우에도 유용할 수 있다. 데이터를 소비하는 최종 사용자를 만나 이야기하고 요구 사항을 수집하는 것이 가장 좋지만, 이것이 항상 가능한 것은 아니다. 이러한 경우, 탐구적 커뮤니케이션은 유연성을 제공한다.

7.2.2 유연성과 흐름

탐구적 커뮤니케이션은 설명적 커뮤니케이션과 같이 비교적 간단하고 직접적인 흐름을 가지고 있지 않다. 청중이 데이터 분석을 읽고, 이해하는 순서를 제어하기보다는 데이터 필터링, 다른 보기 옵션 등의 탐구를 유도한다. 6장에서 설명한 Z 패턴과 같은 기법을 계속 사용할 수 있지만, 데이터 사용자가 분석 내용을 더 자세히 알아볼 수 있게, 말풍선을 클릭하거나, 데이터 필터링 등의 상호 작용할 수 있는 내용을 추가로 제공해야 한다. 여기에는 다음과 같은 요소가 포함될 수 있다.

- 필터링
- 하이퍼링크
- 데이터 업데이트를 위한 차트 클릭
- 매개 변숫값 변경
- 관심 영역에 마우스 커서 위치시키기

지침 또는 기호를 명기하여 청중 그리고 데이터 사용자가 이용하고 수행할 수 있는 요소, 작업을 나타낼 수 있다. 명기된 안내사항은 다음과 같이 쉽고, 정확해야 한다.

- 데이터 필터링을 위해 여기를 클릭
- 선택을 위해 커서 위치시키기
- 사용할 상위 데이터 개수 지정

[그림 7-2]에는 첫 번째와 세 번째 요소가 내장되어 있다. 데이터 사용자는 개별 경로를 선택하여 해당 경로 맥락 관련 숫자를 확인할 수 있으며, 한 번에 볼 수 있는 경로 수를 선택할 수 있다.

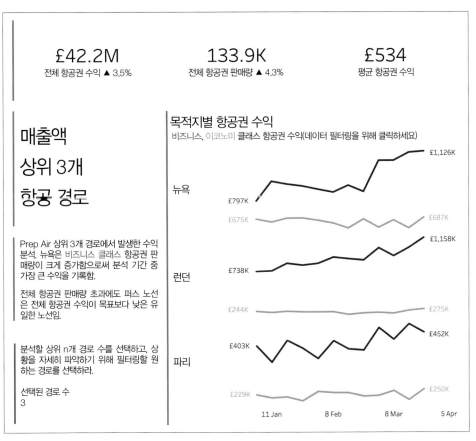

그림 7-2 탐구적 지침이 명기된 차트

이러한 지침은 그 길이가 짧아도 청중이 기울여야 할 인지 부하를 증가시킨다는 것을 기억해야 한다. 또 다른 접근 방법은 기호 또는 간단한 범례를 사용하는 것이다. 이는 청중 그리고 데이터 사용자에게 상호 작용 가능한 대화형 요소를 알리는 데 큰 도움을 준다(그림 7-3).

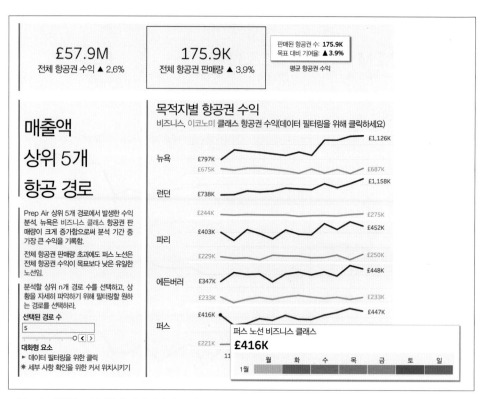

그림 7-3 대화형 요소(말풍선)가 추가된 차트, 퍼스 노선 비즈니스 클래스

같은 청중 그리고 데이터 사용자를 위해 정기적 데이터 분석을 진행한다면, 동일한 기호와 의미를 일관되게 사용하자. 시간이 지남에 따라 청중은 더 빠르고 정확한 분석 해석, 이해를 할 수 있다.

청중과 데이터 사용자의 명확한 이해를 돕기 위한 지침을 전달하는 또 다른 옵션은 마치 직접 안내를 하는 것은 같은 비디오를 제공하는 것이다. 이 기법의 단점은 비디오가 저장될 위치를 확보해야 한다는 것과 통신 대역폭이나 액세스 문제로 많은 문제가 발생할 확률이 크다는 것이다.

설명적 그리고 탐구적 커뮤니케이션을 자세히 알아보았다. 이제 우리가 데이터 기반으로 청중과 소통하는 보고서, 대시보드, 인포그래픽, 실시간 컨퍼런스 프레젠테이션과 같은 매체들을 알아보자. 또한 이러한 매체가 메시지에 미치는 영향을 살펴봄으로써, 적절한 매체 선정 방법도 생각해 보자.

7.3 대시보드

대시보드란 어떤 상태를 추적, 관찰하거나, 이해를 돕기 위해 사용되는 시각적 표시이다.

대시보드는 많은 사람에게 다양한 형태로 제공되기 때문에, 새로운 기법과 스타일을 놓치지 않고 익히는 것을 추천한다. 대시보드를 만들 때에는 관찰하고 싶은 경우와 조건 그리고 궁극적으로 무엇을 이해하고 싶은지를 알아야 한다.

7.3.1 대시보드 관찰 조건

주변에서 가장 흔하게 대시보드를 접하는 곳은 자동차이다. 자동차 대시보드는 운전자가 다음과 같은 상태를 관찰할 수 있게 해준다.

- 속도
- 연료 게이지
- 엔진 온도
- 조명
- 지시등
- 실외 온도
- 엔진 회전수
- 주행 거리
- 경고등

주행 중 집중해서 참고해야 할 정보가 많다. 효과적인 대시보드는 큰 정보를 작은 덩어리로 나누어 운전자에게 전달하여, 상황에 맞게 함께 고려할 수 돕는다. 이것이 대시보드가 어떤 상태를 관찰하는 데 효과적인 이유이고, 이는 같은 방식으로 조직의 상황을 파악하는 데에도 적용된다.

밤에 운전하는 상황을 상상해 보자. 이때, 대시보드를 통해 꼭 확인해야 할 몇 가지 정보가 있다. 얼마나 빨리 운행하고 있는지? 전조등과 미등의 불빛 세기가 적당한지? 엔진 회전수는 기어 변속에 적당한 수준인지? 또한 이따금 확인할 필요가 있는 다른 정보도 있다. 실외 온도는 영하가 아닌지? 이는 도로에 얼음이 얼어 있을 수 있다는 것을 의미한다. 연료는 충분한지? 경고등에 문제는 없는지?

어떤 정보가 필요한지 정확히 알고 있다면, 그것을 빨리 찾을 수 있다. 보통 가장 자주 확인되어야 할 정보는 대시보드에서 더 크고, 더 눈에 잘 띄는 위치에 배치되어 있다. 그러나 드물게 사용되는 경고등과 연료 게이지는 대개 훨씬 작고 대시보드 주변에 위치한다. 이러한 점들을 고려하면, 효과적인 대시보드 설계가 가능하다.

차량 대시보드가 나타내는 것은 정확히 그 순간의 정보들이다. 대시보드에서 시선을 떼는 순간, 데이터는 변하고 다시 확인해야 한다. 조직의 상황을 나타내는 대시보드도 마찬가지이다. 가장 최신 상황에 대한 최신 데이터를 제공해야 한다. 다음 장에서 이것에 대해 논한다. 현재 콜센터의 응답 대기 중인 통화 수, 응답 가능한 대기 직원 수, 해당 날짜에 해결한 통화 수를 표현한 대시보드가 좋은 예가 된다.

대시보드를 만들기 위해 필요한 정보는 무엇인가?

- 추적, 관찰하고 싶은 것(상황)
- 세부 항목에 대한 중요도
- 대시보드를 채울 데이터 출처

7.3.2 대시보드를 효율적으로 구성하는 방법

의사결정에 필요한 모든 정보를 실시간으로 확인하는 조직은 거의 없기에, 대시보드 관찰 조건보다는 이해를 높이는 데 집중할 필요가 있다.

일반적으로 이해관계자들이 원하는 것은 장기적인 전략적 의사결정에 도움이 될 견해다. 이러한 경우, 대시보드는 상황에 대한 정확한 맥락을 제공하고, 여러 주요 질문에 한 번에 답변하여 이해를 높이는 데 사용된다.

맥락

6장에서 살펴봤듯이, 주요 지표를 반영한 맥락 관련 숫자는 전체적인 상황을 알려주는 매우 좋은 요소이다. [그림 7-4] 대시보드의 경우, 삼각형의 표식을 사용하여 측정값이 이전 대비 증가 또는 감소했는지 표시한다. 판매가 증가했는가? 아니면 하락했는가? 전체적인 상황은 괜찮은가, 아니면 긴급한 조치가 필요한가? 또 다른 방법으로는, 목표치 대비 현재 값의 수준을 나타낼 수 있다. 말풍선을 사용하여 두 가지 옵션 모두 한 번에 사용할 수 있다.

£57.9M
전체 항공권 수익 ▲ 2.6%

175.9K
전체 항공권 판매량 ▲ 3.9%

£593
평균 항공권 수익

그림 7-4 맥락 관련 숫자를 이용하여 맥락을 설정

이러한 정보에 관심이 많고, 자주 사용하는 고객들은 삼각형의 지시 화살표보다는 수치 자체에 초점을 맞춘다. 이러한 경우, 더 다양한 맥락 관련 숫자를 청중의 관심이 가장 먼저 집중된 가능성이 높은, 페이지 또는 화면 상단에 표시한다(그림 7-5).

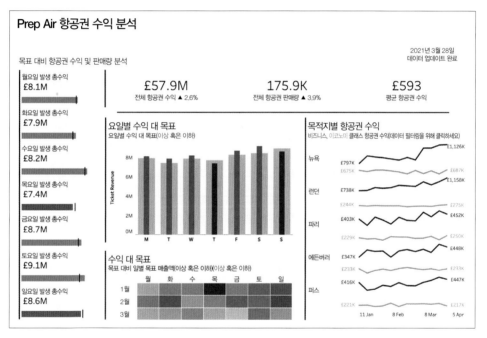

그림 7-5 Prep Air의 항공권 수익 데이터를 보여주는 대시보드

차트에는 요일별, 목표치 대비, 노선별 그리고 시간 경과에 따른 자세한 데이터가 맥락 관련 숫자로 표시되어 있다(그림 7-5). 대시보드를 세부 항목별로 분할하면 정보가 더 이해하기 쉬워진다. 차트의 내용이 더 소화하기 쉬워지면, 청중 그리고 데이터 사용자도 각 정보의 내용을 더 깊이 파고들어 볼 수 있다.

여러 질문에 한 번에 답변하기 위한 대시보드 설계

여러 질문에 한 번에 답변할 수 있도록 대시보드를 설계하면 요청 사항을 단순화할 수 있으며, 반복적인 작업을 없앨 수 있다. 데이터 분석 작업을 하다 보면, 주요 요구 사항에 대한 답변뿐만 아니라 다른 항목들도 함께 고려해야 하는 경우가 많다. 여러 차트를 함께 포함하고 제시하면 청중이 질문하기 전에 추가 사항을 명확하게 설명할 수 있다.

데이터와 사용자가 간에 상호 작용을 지원하는 대화형 요소를 추가하면, 여러 질문을 동시에 답할 수 있을 뿐만 아니라, 청중이 관심 있는 부분을 집중적으로 알아볼 수 있도록 도울 수 있다. [그림 7-6]은 [그림 7-5]와 유사하지만, 파리 노선에 대한 데이터 분석에 초점을 맞춘 대시보드를 보여준다.

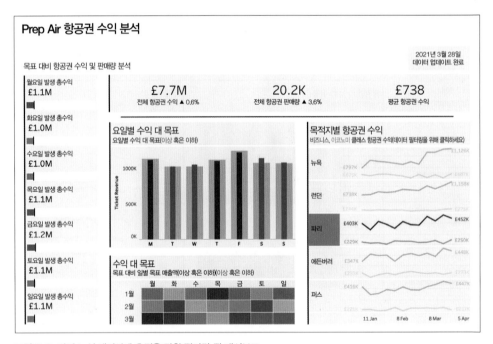

그림 7-6 파리 노선 데이터에 초점을 맞춰 필터링 된 대시보드

[그림 7-6]에 포함된 대화형 요소들은 Prep Air에 대한 전체적인 질문에서 시작하여, 특정 노선에 대한 추가 질문까지 답할 수 있음을 의미한다. 예상되는 질문의 흐름은 다음과 같다.

- 이번 분기 Prep Air의 수익 수준은?
- 신규 파리 노선의 수익은 어떠한가?

- 다른 요일보다 특히 수익이 떨어지는 요일이 있는가?

- 월요일, 목요일, 금요일에 발생한 목표 이하의 실적은 새로운 추세인가? 아니면 전체 분기 기간에 발생한 것인가?

대시보드를 보면 특히 3월 월요일 목표 대비 실적이 저조한 것을 확인할 수 있다. 이 현상에 대한 자세한 이유를 나타내는 대시보드를 설계하는 것은 어렵다. 하지만, 적절한 대화형 요소를 배치함으로써, 파리 노선에 3월 월요일 발생한 특이 사항과 같은 중요한 문제를 식별할 수 있도록 지원할 수 있다.

대시보드의 요점은 청중이나 데이터 사용자가 가질 수 있는 모든 질문에 대답하는 것이 아니라, 상호 작용을 통해 여러 질문에 답할 수 있도록 하는 것이다. 데이터 분석과 고객의 요구 사항 수집에 대한 경험이 쌓일수록, 그들이 표현하지 않았지만 더 탐구하길 원할 수 있는 다른 요구 사항들을 먼저 생각할 수 있게 될 것이다.

대시보드 특징

✔ 다양한 지표를 함께 관찰할 수 있음

✔ 데이터 필터링을 포함한 대화형 요소의 적용으로 탐구적 분석에 적합

✔ 청중이 오랫동안 기억할 수 있는 데이터 분석을 위한 많은 설계적 선택권을 제공함

✘ 청중이 우리가 의도한 정보를 정확히 찾아볼 수 있는지 알아보기 위해 사전 테스트가 필요

7.4 인포그래픽

인포그래픽Infographic은 데이터에 대한 특정 이야기를 전달하기 위해 단일 작업 공간 또는 페이지 내의 여러 차트를 사용한다. 인포그래픽은 매우 기초적인 방식으로 정보를 전달하기 때문에, 데이터 주제에 전혀 경험이나 지식이 없는 사람들과 정보를 공유하기 위해 사용된다. 대시보드는 일반적으로 탐구적 커뮤니케이션인 반면, 인포그래픽은 설명적 커뮤니케이션을 추구한다.

사실 많은 다른 정의가 있지만, 벤 존스Ben Jones는 인포그래픽을 '특정 주제에 대한 일련의 사실을 하나의 기다란 열에 포함한 데이터 표시 스타일'[1]이라고 표현했다. 좀 더 추가하자면, 인포그래픽은 주요 데이터 포인트나 이야기를 효과적으로 전달하기 위해 텍스트와 데이터 시각화 자료를 함께 표시한다고 덧붙이고 싶다.

데이터 시각화와 텍스트의 적절한 균형을 맞추는 것은 쉽지 않은 과제이다. 벤 존스는 다음과 같이 말한다.

> 불행하게도, 대부분의 인포그래픽은 저급한 이미지와 공신력 없는 비율이나 수치로 가득 찬 기다란 포스터일 뿐이다. 또한 종종 그 수치들은 비율을 끔찍하게 왜곡하는 잘못된 시각화 자료를 동반한다.[2]

인포그래픽에 포함된 모든 데이터는 전달하고자 하는 정보를 확실히 지원해야 한다는 사실을 기억하자.

비즈니스 맥락에서, 인포그래픽은 부서의 직원이 다른 부서의 전문 분야에 익숙하지 않을 때와 같은, 부서 간 커뮤니케이션에 매우 유용하다. 이는 같은 방식으로 고객과의 정보 공유에도 적용된다. 데이터 시각화를 단순하고 이해하기 쉽게 유지하는 것이 특히 중요함을 기억하자.

[그림 7-7]은 [그림 7-5]의 대시보드와 동일한 데이터를 사용하지만, 읽기 훨씬 쉽고, 더 많은 설명을 텍스트로 표시한 형태이다. [그림 7-7]은 벤 존스의 정의처럼 긴 열 형태는 아니지만, 단일 페이지와 화면 중앙을 통과하는 폭포 차트에 맞게 설계, 제작되었다.

1 Ben Jones, Communicating Data with Tableau (Sebastopol, CA: O'Reilly, 2014), 233.
2 Jones, Communicating Data with Tableau, 233.

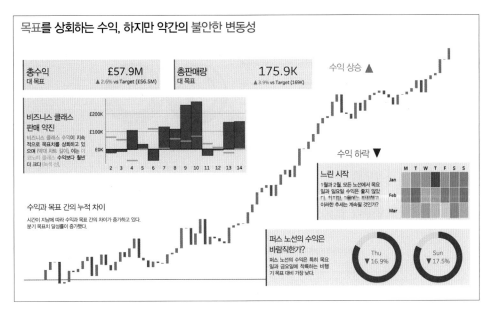

그림 7-7 Prep Air 수익 데이터를 표시한 인포그래픽

[그림 7-5]의 대시보드는 기본적인 Prep Air에 수익 데이터에 이해가 있는 사람에게 충분한 통찰을 줄 수 있겠지만, [그림 7-7]의 인포그래픽은 Prep Air에 근무하는 거의 모든 직원들에게 1분기 항공권 판매 수익에 대한 기본적인 이해를 쉽게 전달할 수 있다.

인포그래픽은 데이터에 대한 주제를 설정하는 데에는 도움이 되지만, 데이터와는 밀접한 관련이 없는 이미지를 자주 사용한다. 또한 청중의 관심을 내모는 너무 많은 텍스트, 이미지, 차트가 나도 모르는 사이에 포함될 수 있음을 기억하자.

벤 존스가 말한 긴 형태의 인포그래픽은 아래로 스크롤하도록 설계되어, 컴퓨터 화면 단일 페이지에 들어갈 수 있는 것보다 훨씬 많은 세부 정보를 제공한다. 이때, [그림 7-8]과 같이 선으로 섹션을 분할하면, 표준 컴퓨터 모니터 가로 크기에 맞춰 정보를 제공할 수 있다.

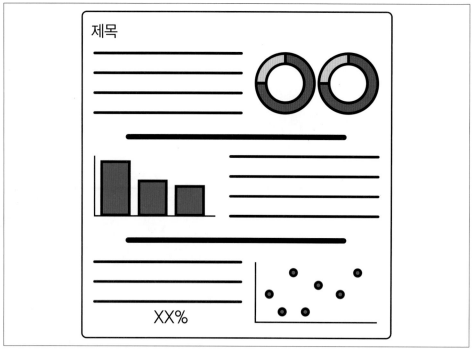

그림 7-8 인포그래픽 레이아웃

6장에서 배운 Z 패턴은 인포그래픽에도 적용된다. 청중이나 데이터 사용자가 분석 내용을 처음부터 끝까지 잘 이해하게 돕고, 안내하는 이 흐름은 인포그래픽을 설계하고 구성할 때에도 효과적으로 사용될 수 있다.

인포그래픽 특징

✔ 청중과 데이터 사용자의 눈길을 쉽게 끌 수 있음

✔ 명확한 이야기를 전달하는 유용한 방법

✖ 데이터셋을 업데이트할 때에도 전체적인 주요 메시지가 변하지 않도록 주의해야 함

7.5 슬라이드 프레젠테이션

대시보드와 인포그래픽은 정보를 전달하는 나와 청중 그리고 데이터 사용자가 같은 공간에 없을 때(예: 원격 작업), 매우 유용하고 효과적인 정보 전달 수단이다. 하지만 같은 공간에 있다면, 정보를 더 명확하고 정확하게 직접 전달할 수 있는 많은 기회를 가질 수 있다.

파워포인트 및 기타 다른 슬라이드 소프트웨어 프로그램은 이러한 대면 프레젠테이션에서 매우 인기가 있다. 다만, 문제는 매우 정적이라는 점이다. 슬라이드에 애니메이션을 추가할 수 있지만, 청중이나 데이터 사용자는 흥미로운 데이터 포인트들을 더 자세히 탐구할 수 없다. 이 부족한 상호 작용을 보완하기 위해, 일반적으로 발표자는 청중들이 의도한 길로 따라올 수 있도록 안내자 역할을 한다. 중요 포인트를 강조하여 말하고, 필요한 경우 추가적인 맥락을 제시하기도 한다. 청중은 슬라이드에 표시된 정보를 받는 데 익숙하며, 다음과 같은 예상과 함께 발표에 귀 기울인다.

- 프레젠테이션이 어떤 주제인지 알려주는 슬라이드 제목
- 현재 상황에 대한 개요를 담은 슬라이드
- 상황에 대한 자세한 분석과 문제점의 해결책을 설명하는 슬라이드
- 그 후, 다음 단계를 설명하는 슬라이드

프레젠테이션 중 또는 후, 데이터에 대한 질문에 답하는 것을 생각해 보자. 고위 관계자들에게 수익에 대한 차트를 보여주면, 그들은 그 해의 수익률은 얼마였는지를 묻거나 전년도와 비교하려고 할 수도 있다. 데이터셋을 다 외울 수 없기 때문에 모든 문제를 준비하는 것은 불가능하다.

대신 다른 방식으로 이를 해결할 수 있다. 이해관계자들은 나중에 참조할 수 있도록 슬라이드를 공유해달라고 요청할 것이고, 주요 데이터 포인트를 부록에 추가하여, 그들이 관심 가질 분석 내용이나 질문한 내용에 대한 답을 제공할 수 있다. 또한 청중이 프레젠테이션 중 데이터 시각화 자료에 집중할 수 있도록 최소한의 텍스트를 사용하기 때문에, 안내가 없으면 청중은 요점을 잘못 해석할 수도 있다. 추가적인 정보가 포함된 부록은 이러한 우려도 해소할 수 있다.

이러한 이유로 데이터 시각화 자료에 추가 정보를 나타내는 텍스트를 포함하는 것이 좋다. 이는 우리가 즉석에서 질문에 답변하는 것에도 도움을 줄 뿐만 아니라, 프레젠테이션 후 청중이 직접 궁금한 점을 자세히 확인하는 데에도 도움을 준다.

7.6 이메일

조셉 존슨Joseph Johnson은 2020년까지 매일 3,060억 건의 이메일이 오고 갔다고 추정한다.[3] 그리고 숫자는 2025년까지 3,760억으로 증가할 것으로 예상된다. 그만큼 사람들은 이메일로 수많은 정보를 공유한다. 어떻게 하면 이메일로 더 효과적인 메시지 전달을 할 수 있을까?

먼저, 수신인은 읽을 가치가 있다고 판단되는 이메일을 열어본다. 이는 송신인의 과거 전송 이력이나 또는 이메일 제목과 관련될 수 있다. 지루하고, 무의미하거나, 이해하기 어려운 메시지들은 폐기되기 쉽다.

대기업에서 각 부서의 데이터와 보고서를 관리하는 일을 한 적이 있다. 보통 생산되는 모든 보고서를 조직 전체에 공유하곤 했는데, 보다 효과적인 정보 전달을 위해 접근법을 바꿔 시도해 봤다.

보고서를 실제로 포함하지 않고, 보고서가 필요한지를 여부를 묻는 링크만 이메일로 보냈다. 결과는 60% 이상의 이메일이 클릭도 받지 못했고, 나는 사람들에게 다른 부서의 보고서가 스팸처럼 취급받고 있다는 사실을 알게 되었다.

이메일이 어떻게 배포되는지 생각해 보자. 우리가 이메일을 보내는 모든 사람들이 정말 이를 열심히 읽고, 이해하기를 기대하는가? 인포메이션 랩의 설립자 톰 브라운Tom Brown은 포브스와의 인터뷰에서 "이메일의 수신인은 사람들을 포함시키기 위한 기능이지만, 사실은 사람들은 제외하는 것처럼 사용된다"[4]라고 지적했다.

---

3 *https://oreil.ly/Pky7o*

4 *https://oreil.ly/l1HqF*

대화형 요소를 이메일에 포함할 수 없으므로, 청중 또는 데이터 사용자가 의도된 대로 메시지를 해석할 수 있게 하는 무언가가 필요하다. 작은 스크린숏을 이용하여, 데이터 사용자의 관심을 끌거나, 더 자세한 내용이 첨부된 링크를 따라갈 수 있도록 하는 것도 좋은 방법이다.

이메일 특징

✔ 대부분의 조직에서 활용되는 정보 전달 형식으로 함부로 간과해서는 안 됨

✔ 대화형 요소의 부재로, 스크린숏과 같은 그림 또는 사진이 대신 첨부되어 사용 가능

✘ 데이터 기반 커뮤니케이션의 매체가 아니라, 메시지 전달자로서의 역할을 함

7.7 마무리

여러 차트가 어우러져 하나의 통합된 이야기가 만들어지면 더욱 설득력 있는 분석 내용 전달이 가능하다. 하지만 한 가지 더 중요한 것이 있으니, 균형이다. 차트를 너무 적게 사용하면 분석에 공백이 발생할 수 있고, 이는 청중에게 결론에도 공백이 존재한다는 인식을 심어줄 수 있다. 그러나 차트를 너무 많이 사용하면, 청중의 인지 부하를 높일 수 있다. 데이터 기반 커뮤니케이션은 매우 고난도의 기술이며, 이 속에 균형을 찾는 것은 많은 연습을 요구한다.

데이터 분석 요구 사항과 범위에 따라 설명적, 탐구적 커뮤니케이션을 통해 필요한 정보를 얻을 수 있다. 이 두 기법은 각각 다른 상황에서 유용하기 때문에, 두 기법에 대한 모두 이해가 필요하다.

대시보드는 청중의 주제에 대한 깊이 있는 이해를 돕는 훌륭한 도구이다. 인간은 근본적으로 더 깊이 파고드는 성향을 가진 지적 생명체이다. 우리의 역할은 그 본능을 자극하고, 더 깊이 있는 탐구를 가능하게 돕는 것이다.

설명적 커뮤니케이션의 목적은 청중에게 데이터를 더 쉽게 이해할 수 있는 길을 안내하고 결론에 도달하게 하는 것이다. 이를 위해, 청중의 데이터 사용 능력 수준, 해당 주제에 대한 사전 지식 등, 데이터 기반 커뮤니케이션을 이해하는 데 필요한 역량을 명확하게 파악해야 한다.

우리 모두가 아는 것처럼, 설득력 있고 흥미로운 이야기가 청중의 관심을 더 끌기 쉽다. 이러한 능력을 키우기 위해서, 소설가 지망생들이 문학 고전을 읽듯이, 훌륭한 데이터 기반 커뮤니케이션 예를 읽고 분석하는 것이 필요하다. 이 장의 많은 예제는 깊이 있는 분석 내용과 청중의 관심이라는 두 가지 만족하기 어려운 요소를 모두 갖춘 엘렌 블랙번Ellen Blackburn의 작업 내용[5]에서 발췌했다. 또한 크리스 러브Chris Love의 웹 사이트[6]를 통해 특정 부서의 여러 대시보드 예제를 확인해 볼 수 있다.

이제 우리는 강력한 데이터 기반 커뮤니케이션을 만들 수 있는 모든 기본 지식과 기법들을 살펴보았다. 3부에서는 실무에서 발생할 수 있는 여러 상황을 살펴보고, 그 속에서 효과적인 데이터 분석 작업 방법을 논한다.

---

5 *https://oreil.ly/axFVj*
6 Everyday Dashboards, *https://oreil.ly/zXm3i*

Part III

실무에서 데이터
커뮤니케이션의 활용

3부에서는 특정 작업환경에서의 데이터 전달 방법을 다룬다. 사실 조직과 조직 사이에 데이터 기술의 정도와 활용도가 불규칙한 것은 일반적이다. 조직 내 어떤 팀은 다른 팀에 비해 데이터를 더 사용하지만 어떤 팀은 데이티를 더 질 다루고 정리할 수 있는 기술을 가질 수 있다는 말이다. 이는 당신의 커뮤니케이션에 상당한 영향을 줄 수 있다. 다른 정도의 데이터 기술과 활용도를 가진 각기 다른 팀에 맞는 적절한 방법을 이용할 수 있어야 한다. 8장에선 이를 자세히 이야기해 본다. 9장은 가상의 기업 내에 여러 부서에서 발견될 수 있는 특정한 문제, 어려움을 다루고 이를 극복할 방법을 설명한다.

Part III

실무에서 데이터
커뮤니케이션의 활용

CHAPTER 8

효과적인 데이터 기반 커뮤니케이션 전략 구현

앞서 명확하고 효과적인 데이터 분석 내용을 전달하는 설득력 있는 데이터 시각화 기법들을 살펴보았다. 이제 이를 이용한 실무 활용을 알아보려고 한다. 8장과 9장에서는 서로 다른 요구사항과 접근 방식을 가진 여러 부처와 협력할 때 예상되는 몇 가지 경우들을 살펴본다. 이를 통해, 실무에서 나타날 수 있는 다양한 상황에 대비할 수 있다.

완벽한 데이터 시각화는 없다. 이해관계자의 요구 사항, 분석 스타일 또는 주제에 대한 지식수준을 바탕으로 언제든지 변경, 조정이 있을 수 있다. 그러므로, 완벽함보다는 균형에 더 초점을 맞춰야 한다.

이를 위해 우리는 다음과 같은 내용을 자세히 알아본다.

| 표 vs. 시각화 자료(사진 또는 그림) |

데이터 속에 존재하는 이야기를 흥미롭게 풀어가는 데 필요한, 데이터 시각화 기법 사용에 대한 견해

| 정적 vs. 대화형 |

청중이 주요 메시지를 놓치지 않도록 하기 위해, 데이터 분석 내용은 충분히 상호 작용할 수 있는지 여부

| 중앙 집중형 vs. 분산형 데이터팀 |
중앙 집중형 데이터팀과 분산형 데이터팀의 데이터 저장 구조가 갖는 서로 다른 문제

| 실시간 데이터 vs. 비실시간 데이터 |
데이터 분석 요구 사항이 실시간 데이터셋을 필요로 하는지 여부

| 표준화 보고서 양식 vs. 혁신적인 보고서 양식 |
사전에 설정된 템플릿 사용이 필요한지 여부

| 보고 vs. 분석 |
구조화된 보고서 발표와 맞춤형 분석 시각화 간의 균형

이 장에서는 이러한 선택이 데이터 사용, 접근 그리고 공유 방법에 어떤 영향을 미치는지 설명한다.

모든 도전 과제와 어려운 상황을 개선하기 위해 사용할 수 있는 몇 가지 전략을 설명하기 위해, 가상의 회사, Prep Air와 Chin & Beard Subs Co.를 살펴본다. 이미, 이 두 조직의 데이터와 시각화를 여러 차례 만나보았지만, 이번에는 조직 자체에 대해서도 자세히 알아본다.

우리는 두 조직을 통해 데이터 기반 커뮤니케이션에 영향을 미치는 요소를 여러 다른 관점에서 살펴본다. 또한 각 조직의 특징을 0부터 10까지의 점수를 통해 표시했다. 두 가상의 조직은 다른 실제 대부분과는 다르게 점수가 극단에 위치해 있는데, 이들을 통해 각 요인이 조직에 미치는 영향을 파악할 수 있다. 각각에 대한 자세한 정의는 이 장 중반부에서 설명한다.

대형 항공사 Prep Air를 먼저 알아보자.

Prep Air 기업 정보

사업 분야: 온라인으로 항공권을 판매하는 글로벌 항공사

설립: 2000년

직원 수: 5,000명 (본사: 500명, 고객 대면 업무: 4,500명)

Prep Air

[그림 8-1]은 Prep Air의 현재 데이터 기반 커뮤니케이션 특징을 요약한 시각 자료이며, 각 요소에 대한 조직의 뚜렷한 태도를 보여준다.

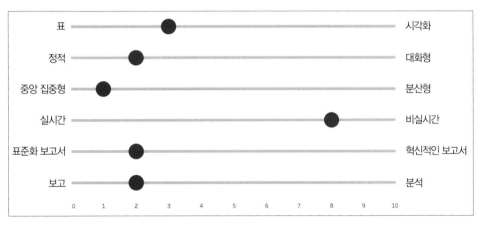

그림 8-1 Prep Air의 데이터 기반 커뮤니케이션 방식

다른 많은 전통적인 대기업과 마찬가지로, Prep Air는 회사 설립 초기에 대부분의 보고서 형식을 통일했으며, 그 이후로 관련 영역에 많은 투자를 하지 않았다. 항공 규제는 다양한 경제권에서 전 세계적으로 운영되기 때문에, 항공 산업은 종이 인쇄물을 포함한 전통적인 데이터 형태로 가득 차 있다. 이러한 제반 사항들이 Prep Air가 데이터 중심 의사결정에 더 많은 투자를 망설이게 한다.

새로운 사람이 조직에 유입되더라도 같은 산업군 내에서 이동하기 때문에, 많은 변화에 대한 요청보다는 몇 가지 시각적인 부분만이 중앙 데이터팀에 전달된다. 항공 산업에서, 데이터 작업의 초점은 규제 기관에 보고하고, 재무적 수익을 창출하는 데 있기 때문에 중앙 집중식으로 운영된다. 중앙 집중화Centralized란 특정 기술을 가진 사람들이 한 팀으로 모두 모여, 조직의 나머지 부분을 지원하는 것을 말한다. 이는 데이터팀이 주로 오래전에 구축된 데이터 인프라에 변화를 주지 않기 위해, 추출된 비실시간 데이터와 정적인 시각화 요소로 데이터 작업을 진행한다는 것을 의미한다. 이러한 경우, 데이터는 이익을 창출하는 역할이 아닌 비용으로 간주되므로, 보고서 자체의 품질보다는 자동화가 주요 초점이 된다.

직원들에게 보다 현대적인 데이터 시각화 소프트웨어를 제공하면 많은 이점을 누릴 수 있다. 대학이나 다른 회사 그리고 산업군에서 사용하는 데이터 도구를 사용하면, 시간이 지남에 따라 축적된 고품질 데이터를 보다 효과적으로 사용할 수 있다. Prep Air는 잘 구성된 데이터 자산을 보유하고 있지만, 이 데이터를 잘 활용하려면 조직 내 필요한 곳에 접근 권한이 주어져야 한다. 최신 데이터 시각화 도구는 중앙에서 제어하는 데이터 소스에 직접 연결되므로 이 경우에 적합하다. 이러한 활동을 통해, 현재 보고 형식에 기초하여 형성된 기본 지식을 완성할 수 있는 더 많은 탐구적 분석이 가능하다. 탐구적 분석의 목표는 경쟁업체보다 앞서기 위해 필요한 미묘한 차이를 알아내는 것이다.

탐구적 분석의 단점은 대체 데이터 확산이다. 데이터 확산은 데이터 작업자가 어떤 데이터를 사용해야 할지 결정하기 힘들 때 문제가 된다. 수많은 데이터 작업자는 자신이 의도한 데이터 분석을 진행하기 위해 데이터를 추가하고, 그 형태를 변경한다. 이것이 검증된 단일 정보 저장소Single Source Of Truth(SSOT)라는 개념이 탄생한 배경이기도 하다. 다만, 이러한 데이터 확산이 관리되는 한, 큰 문제를 일으키지는 않는다.

변화를 위한 힘을 만들어내는 것이 가장 어려운 부분 중에 하나이다. 데이터가 제공하는 이점을 입증할 수 있는 새로운 데이터 도구를 찾으려면 새로운 경영진의 유입 그리고 관련 부처 전문가들의 의견 등 조직 내 꽤 큰 변화가 필요하다. 더 자세한 분석을 요청하는 새로운 경영진의 등장은 그들이 요구하는 것을 제공하는 데 사용되는 도구의 필요를 창출한다. 다양한 산업의 각기 다른 경험은 서로 많은 노하우를 공유할 수 있기에, 이러한 변화를 주도하기 위한 새로운 경영진은 같은 업계 출신일 필요는 없다.

새로운 데이터 도구는 각기 다른 조직의 전문가에게 데이터 접근에 대한 권한을 부여할 수 있다. 하지만 이로 인해 IT팀과 데이터를 다루는 각 조직 간에 마찰이 발생할 수 있다. IT 기능에 대해서는 9장에서 자세히 설명한다. IT팀은 데이터 작업이 수행되는 많은 과정과 부분에 관여한다. 또한 조직에서 사용하는 많은 데이터셋을 실제로 구성, 공유하며, 데이터 분석 소프트웨어를 선택하여, 표준 보고서 양식을 설정하기도 한다. IT팀이 조직에서 현재 사용 중인 데이터 도구를 선택했을 가능성이 매우 높기 때문에, 새로운 도구의 도입과 사용 그리고 이에 따른 호환성 문제가 앞서 언급한 마찰을 야기할 수 있다. 하지만, 각 조직의 전문가 모두가 쉽게 사용할 수 있는 데이터 소프트웨어 도구를 제공하면, IT팀이 할 수 없는 방식으로 각 분야 진문 지식이 활용될 수 있다. 이러한 우수한 품질의 데이터 분석은 경영진과 공유되어 획기적인 변화와 높은 수준의 이익을 창출할 수 있는 근본이 된다.

효율적인 데이터 작업이 가능하고, 이를 통한 효과적인 의사결정을 내릴 수 있는 환경을 만들기 위해, Prep Air는 많은 변화가 필요하다. 이러한 모든 것이 필수적으로 갖춰져야 하는 것은 아니다. 하지만, 가능하다면 Prep Air는 이 책에 수록된 조언을 실제로 구현하기 훨씬 더 쉬울 것이다.

이제 또 다른 회사, Chin & Beard Subs Co.에서는 데이터가 어떻게 다르게 사용되는지 살펴보자.

Chin & Beard Subs Co. (C&BS Co.) 기업 정보

사업 분야: 온오프라인으로 판매하는 비누 기반 제품 소매업체

설립: 2018년

직원 수: 100명 (본사: 20명, 고객 대면 업무: 80명)

[그림 8-2]는 C&BS Co.에서 데이터 기반 커뮤니케이션에 대한 태도가 Prep Air와 어떻게 다른지 보여준다.

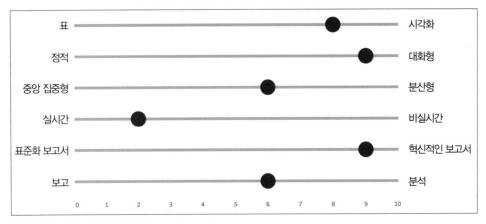

그림 8-2 C&BS Co.의 데이터 기반 커뮤니케이션 방식

엄격한 규제가 없는 신규 조직으로써, C&BS Co.는 데이터 분석과 사용에서 훨씬 더 유연하며, 최신 데이터 분석 소프트웨어를 사용한다. 다른 신규 소매업체와 마찬가지로, 온라인 판매에서 창출되는 비즈니스가 오프라인 기반의 직접 판매보다 훨씬 더 많다. 이는 C&BS Co.가 여러 데이터를 비교, 분석하여 경쟁사 대비 경쟁력은 유지하면서도, 손실이 날 정도로 지나치지 않은 적절한 가격 책정이 필요하다는 것을 의미한다.

C&BS Co.는 매장뿐만 아니라 온라인에서도 제품 판매를 하면서, 일찍이 데이터 활용 문화를 정착시켰다. 모든 매장의 매니저들은 데이터에 대한 이해가 밝고, 고객의 구매 패턴을 이해하기 위해 데이터 활용에 거리낌이 없다.

하지만 소매업체로서, C&BS Co.의 대부분의 비용 지출은 매장 관리와 제품 개발에 집중된다. 이는 Prep Air와 비교하여 IT 및 데이터 지출이 적다는 것을 의미한다. 이러한 적은 데이터 비용으로 인해, 데이터는 중앙 집중식으로 관리되지 않고 다양한 조직이 자체 데이터를 각각 보유하게 된다. 그러면서도, 이 많은 데이터셋은 각 점포의 누군가가 아니라, 본사 팀 내에서 운영된다.

이와 같은 데이터 관리 배경 때문에, 모든 팀의 분석가는 더 혁신적으로 다양한 기법을 사용하고 서로의 통찰을 공유할 수 있다. 또한 보통 소매업에 종사하는 사람들은 꽤 창의적이어서, 더 기억에 남고 매력적인 시각화를 유연하게 만들어낸다.

이번 장 전반에 걸쳐, 많이 다른 이 두 회사를 계속 살펴보고, 이들이 당면한 과제에 어떻게 다른 방식으로 대처하는지 알아보자.

8.1 표 vs. 시각화 자료(사진 또는 그림)

데이터 시각화 전문가로서, 많은 사람에게 '예쁜 사진은 필요 없고, 답변만 있으면 됩니다'라는 말을 많이 들었다. 이는 명확하게 정보를 전달하는 데이터 시각화 자료를 경험해 보지 못했다는 반증이었다. 정보 전달자로서, 우리는 이점이 분명한 데이터 시각화 생성과 전달을 위해 노력해야 한다.

때로는 표의 정밀함이 정보 전달에 대한 최고의 접근 방식일 수 있다. 사람들은 여러 가지 이유로 데이터 시각화 자료보다 표를 선호한다. 가장 일반적인 두 가지 이유는, 데이터 시각화를 신뢰하지 않고 데이터를 선호하는 다른 데이터 도구 그리고 장소에서 사용하고 싶다는 것이다. 다음에서 더 자세히 알아보자.

| 신뢰 |

초기 데이터 시각화 소프트웨어는 데이터 속에 숨은 이야기 전달을 위해 설계되지 않았다. 대신, 데이터를 숨기는 시각화로 기본 설정되는 경우가 많았다. 이러한 특징은 청중 그리고 데이터 사용자들이 데이터를 잘못 이해하게 만들었다. 이는 곧 잘못된 의사결정을 이끌었으며, 결국 신뢰를 떨어뜨렸다. 다른 형태의 커뮤니케이션과 마찬가지로, 정보의 출처를 신뢰하지 않으면, 그 속에서 얻은 발견과 통찰도 신뢰하지 않는다. 이해관계자가 데이터, 형식 그리고 이를 전달하는 사람을 신뢰하지 않는 경우, 직접 확인할 수 있도록 표 형태의 데이터를 요청한다.

| 선호하는 다른 데이터 도구에서 사용 |

때때로 사람들은 자신이 더 능숙한 데이터 분석 도구에서 작업하기 위해, 표 형태의 데이터를 요청한다. 사람들이 더 편안함을 느끼는 데이터 도구라 하면, 엑셀과 같이 대다수가 사용해본 경험이 있는 것을 의미한다. 여기서 중요한 질문이 발생한다. 과연 사람들이 정말로 찾는 것은 무엇인가? 어떤 답변이 필요한가? 데이터 사용자가 시각화 자료를 통해 원하는 답을 얻지 못했다는 것은, 요구 사항 수집 과정에서 문제가 있었다는 것을 의미한다. 2장에서 다룬 바와 같이, 이해관계자가 원하는 답을 전달해야 한다. 이를 위해, 올바른 데이터 포인트를 찾고 제시할 수 있는 재정비된 적절한 시각화 실계 과성이 필요하다.

그렇다면 표를 통한 데이터 전달은 언제 정말 필요한가? 이 모든 것은 맥락과 밀접한 관련이 있고, 이것이 이 섹션이 탐구하는 것이다.

8.1.1 데이터 문화

일반적인 조직은 일상적인 의사결정에 데이터를 얼마나 많이 이용할까? 조직의 구성원들은 데이터를 신뢰하고 있을까? 그들은 데이터 작업에 익숙할까?

위 질문에 대한 당신의 답변은, 속한 조직의 데이터 문화 수준에 대해 말해줄 수 있다. 만약, 조직에서 일상적인 의사결정에 데이터를 포함시킨다면, 이는 강력한 데이터 문화를 가지고 있다는 것을 의미한다. 데이터를 신뢰하지 않아 시각화 자료 대신 표를 요청하는 경우, 해당 조직의 데이터 문화가 매우 취약하다고 말할 수 있다.

데이터 사용자가 제공되는 시각화 자료를 적극적으로 받아들이려면, 강력한 데이터 문화가 뒷받침되어야 하며, 이는 곧 신뢰를 의미한다. 긍정적인 정보 전달에만 시각화를 사용하면 안 된다. 사람들이 시각화 자료를 사용하고 해석하는 데 익숙해지도록 지원해야 한다.

시각화와 표를 함께 사용하면, 시각화가 전달하는 내용에 대한 신뢰를 더욱 높일 수 있다. 이 두 가지 방법이 같이 사용되면, 더 명확한 정보 전달이 가능하고, 빠른 시간 내에 필요한 신뢰를 구축할 수 있다. 나쁜 소식을 전달할 때, 데이터 시각화를 사용하면, 청중은 저조한 실적의 원인에 초점을 맞추기보다는 차트가 메시지를 과장하여 표현했다고 비난할 것이다.

글이 아니라 말로 된 커뮤니케이션도 중요하다. 사람들을 만나고 그들의 어려움과 문제를 이해함으로써 데이터 문화를 발전시킬 수 있다. 만약 청중이 당신과 구두로 이야기할 수 있고, 당신의 의도를 이해한다면, 청중은 데이터 분석 내용을 더 잘 받아들일 것이다. 어떤 문제를 해결하기 위해 데이터와 쉽지 않은 싸움을 하고 있는 많은 사람과 일할 때, 당신과 우리는 더 큰 보람을 느낄 것이다.

청중 그리고 데이터 사용자와 적절한 데이터 문화를 이루고 신뢰를 구축한 후에는, 요점을 전달하기 위해 최적이 아닌 결정을 내리는 대신, 분석에 가장 적합한 시각화를 구축할 수 있는 융통성을 발휘할 수 있다. 데이터 시각화를 효과적으로 사용하면 데이터에 담겨있는 유의미한 이야기를 분석 측면에서 사용자에게 빠르고 명확하게 설명할 수 있다. 그리고 보다 풍부한 데이터 도구 소프트웨어 사용 경험은, 다양한 데이터 유형에 어떻게 다르게 대처하고 표시해야 하는지 결정하는 데 도움을 준다. 더 나아가 강력한 데이터 문화에서는 일반적으로 사용되지 않을 수 있는 데이터 시각화에 대해서도 불편함보다는 신선하다는 인식을 전달한다. 또한 표는 거의 사용되지 않거나 요청되지 않으며, 꼭 필요한 경우에만 표시된다.

그러나 데이터 문화는 하루아침에 쌓을 수 있는 것은 아니며, 조직 내 다음과 같은 적극적인 인식이 꼭 필요하다.

- 데이터에 기반한 리더십
- 데이터 도구에 대한 적극적인 투자
- 조직 내 활발한 데이터 기반 커뮤니케이션

데이터 기반 리더십

경영진은 조직의 전반적인 분위기를 조성한다. 경영진이 데이터 중심의 의사결정을 내리는 경우, 자연스럽게 조직 구성원의 데이터 관련 지식수준도 높을 수밖에 없다.

데이터에 대한 중요성을 인지하고 있는 새로운 임원의 합류와 같은 리더십의 변화는, 조직 내에서 데이터 관련 지식 개발이나 신규 직원 채용에 대한 요구를 크게 증가시킨다.

만약 이러한 상황에 처해 있고, 당장 데이터를 분석해야 한다면, 이 책은 올바른 디딤돌이 될 것이다. 데이터의 출처, 데이터를 분석할 때 사용할 수 있는 차트 작성 옵션, 시각화 기법을 통해 데이터 분석 내용을 전달하는 방법을 이해하면 리더십에 어떠한 질문에도 당당히 응답할 수 있다.

Prep Air의 이사회에 새로운 임원이 채용되면, 이전에 없던 데이터 기반 의사결정을 포함한 데이터 문화 변화가 시작될 수 있다.

데이터 도구에 대한 적극적인 투자

데이터에 기반한 분석, 답변을 요구하는 것만이 강력한 데이터 문화로 가는 길은 아니다. 데이터 저장, 변환 및 시각화를 지원하는 다양한 데이터 도구에 대한 투자가 없으면, 필요한 데이터 분석 결과를 도출하기 어렵다. 데이터 도구에 대한 적극적인 투자는 다양하고 어려운 문제에도 명확한 답변을 제공하는 데 무엇보다 큰 역할을 할 것이다.

Prep Air와 같은 대기업의 경우, 새로운 데이터 도구 구입 그리고 도입은 매우 쉽지 않다. 이를 극복하기 위한 첫 단계로써, 현재 사용 중인 도구로 인해 직면한 문제를 강조해야 한다. 대부분의 경영진은 실무진이 겪고 있는 어려움을 잘 이해하지 못한다. 새로운 데이터 도구의 도입이 창출할 수 있는 이익과 절감 효과를 강조함으로써, 데이터 도구에 대한 적극적인 투자를 촉진할 수 있다.

데이터 도구에 대한 Prep Air의 마지막 투자는 약 20년 전이었고, 따라서 직원들은 최신 도구에서 개선된 여러 장점을 전혀 활용할 수 없다. 여행 및 운송과 같이 데이터가 풍부한 산업에서는 신속하게 의사결정을 내릴 수 있는 것이 시장 선도 또는 업체 간 경쟁에서 큰 차이를 만들 수 있다. 예를 들어, 지금까지의 항공권 판매량, 웹 페이지 트래픽 및 경쟁사의 가격을 기준으로 항공권 가격을 적절히 변경할 수 있다면 경쟁에서 우위를 점할 수 있다. 또한 최신 데이터 분석 도구는 실시간 데이터 업데이트를 지원하기 때문에, 시의적절한 가격 책정에 매우 효과적이다.

데이터 문화 성숙도 발전에 일반적으로 적용되는 단계들이 있다. 대부분의 조직은 Prep Air와 같이 서술Descriptive 보고 단계에 머물러 있다. 이 단계에서는 데이터는 단지 현재 발생하고 있는 일을 보여주기 위해 사용된다. 다음 단계는 대시보드와 같은 대화형 보고서를 통한 진단 Diagnostic 분석으로, 앞으로 어떤 일이 발생할 가능성이 높은지 파악할 수 있다. 마지막은 예측 Predictive 및 지시Prescriptive 분석 단계이며, 이 단계에서는 여러 다양한 데이터 도구가 함께 사용되며, 앞으로 발생할 가능성이 높은 상황 예측과 이에 따른 대처를 준비할 수 있다. 다음 단계로 이동하려면 데이터 도구에 대한 투자뿐만 아니라 데이터 문화 성숙도와 같은 많은 노력이 필요하다.

조직 내 활발한 데이터 기반 커뮤니케이션

조직의 모든 다른 변화와 마찬가지로, 조직의 당면한 과제를 이해하고 이에 따라 데이터가 왜 필요한지 다른 사람들과 공유하기 위해 적극적인 커뮤니케이션은 필수이다. 어떤 구성원들은 데이터로 무엇을 할 수 있는지 알지 못할 수 있다. 데이터와 데이터 분석 도구로 무엇을 달성할 수 있는지 보여줘야 한다. 그들과 협업할 때, 데이터에 기반한 효과적인 해결책을 제공할 수 있도록 노력해야 한다.

많은 조직에서 예산이 빠듯할 때, 프로젝트에서 데이터가 차지하는 비율을 줄인다. 프로젝트의 부산물로 간주되는 데이터를 줄이면 프로젝트 일정과 범위를 줄일 수 있고, 데이터 관리 및 구매 비용을 절약할 수 있기 때문이다. 하지만 이것은 잘못된 접근법이다. 프로젝트 결과가 전달되는 즉시 경영진은 프로젝트의 영향을 측정하려 할 것이고, 이를 위해서는 적절한 데이터가 필요하다. 항상 데이터를 통해 얻을 수 있는 이점을 강조해야 한다. 이점을 잘 전달하면 데이터가 축소되지 않도록 할 수 있다.

8.1.2 데이터 사용 능력

데이터 분석은 시각화가 제공하는 가치를 효과적으로 이용하려면 강한 데이터 문화뿐만 아니라 충분한 데이터 사용 능력도 필요하다. 데이터 정보에 입각한 의사결정을 내리려면 조직에는 최소한 기본적인 수준의 데이터 분석 및 처리 기법에 대한 이해가 필수이다. 이러한 모든 데이터 기반 분석 기법을 이해하는 데 필요한 기술을 데이터 사용 능력Data literacy이라고 한다.

데이터 사용 능력은 데이터로 작업하고 이해하는 능력이라 정의된다. 이는 일반적으로 조직에서 데이터가 얼마나 잘 사용되는지 파악할 수 있는 핵심 요소로 간주된다. 그러나 데이터 사용 능력은 벤 존스가 '데이터 사용 능력[1]'에서 언급했듯이, 하나의 기술로 정의할 수는 없다. 그는 데이터 사용 능력은 다음을 포함한다고 말한다.

- 데이터가 기반하고 있는 영역에 대한 통찰력
- 도식을 그리는 등의 시각화에 대한 재능
- 커뮤니케이션 기술
- 기술적 이해
- 산술 능력

이 중 두 가지('도식을 그리는 등의 시각화에 대한 재능'과 '산술 능력')를 더 자세히 알아보자.

산술 능력이란 수치 정보와 수학적 개념을 이해하는 데 필요한 수리 감각을 뜻한다. 실무에서는 백분율로 데이터를 다루고, 데이터 분산을 조사하는 등의 작업이 포함된다. 그렇기 때문에, 해당 부서에 입사하기에 앞서 관련 수학적 추론 능력 시험을 치러야 할 수도 있다. 이러한 요소가 포함된 차트를 보는 데 매우 익숙해져야 한다. 그렇지 않으면 데이터가 어떠한 방식으로 시각화되든 간에 데이터에 대한 올바른 통찰력을 갖는 것이 불가능하다.

데이터 시각화의 가치를 알아보고, 얻기 위해 필요한 것은 수치적 요소만이 아니다. 청중과 데이터 사용자에게 데이터 시각화 정보가 무엇을 보여주고 있는지 명확히 전달할 수 있어야 한다. 이것이 벤 존스가 강조한 차트를 읽고, 해석하는 능력 즉, 도식을 그리는 등의 시각화에 대한 재능이다.

분석가가 갖는 직업적 어려움이라면 차트 사용과 같은 시각화 기법을 매일 사용해야 하는 것이다. 하지만, 더 쉽게 분석 내용을 청중이나 데이터 사용자에게 이해시킬 수 있다면, 애초에 상

---

1 https://dataliteracy.com

당한 인지 부하를 요구하는 이러한 기술을 사용하지 않는 것이 좋다. 다만, 차트를 도입해서 분석을 진행해야 한다면, 막대 차트, 꺾은선 차트와 같은 기본적인 유형이 아닌, 더 효과적인 사용이 가능한 새 유형 개발에 도전해야 한다고 강력하게 생각한다.

시각화 수준이 높지 않으면 이해관계자는 자연스럽게 차트 대신 표를 요구할 가능성이 훨씬 높아진다. 전문 지식, 기술적 이해 그리고 커뮤니케이션 기술도 분명히 영향을 미치지만, 시각화와 수치적 요소가 주된 표 기반 데이터 요청에 대한 주요 동인이다. 이 두 가지 핵심 능력을 모두 개발하면 데이터 분석 실수를 줄이고, 분석 결과에 대한 신뢰를 구축할 수 있어 강력한 데이터 문화 개발에 도움이 된다.

앞서 살펴본 두 조직은 현재 조직 내 데이터 분석 과정을 살펴보고 발전시키기 전에, 데이터 사용 능력과 시각화 수준을 평가할 필요가 있다. 데이터 분석 및 처리 과정은 기본 기량을 기반으로 하여 시간이 지남에 따라 발전할 수 있다. 하지만, 조직의 기본 지식수준에 대한 자세한 이해 없이 데이터 관련 업무를 증가시키는 것은 재앙과 혼란을 야기한다.

8.1.3 다양한 시각화 요소 결합

수많은 연습을 통해 조직 내 기존 데이터 문화와 사용 능력에 의해 정체된 다양한 시각화 요소 결합 능력을 발전시킬 수 있다. 시각화 요소 결합Visualization mix이란 데이터 기반 커뮤니케이션에 사용되는 다양한 방법을 함께 사용함을 의미한다. 이는 여러 종류의 차트 형태, 슬라이드, 대시보드 또는 인포그래픽과 같은 시각적 형식 등의 결합을 뜻한다. 가능하다면 조직 구성 초기부터 데이터 문화를 발전시키고, 다양한 시각화 요소를 함께 사용할 수 있는 기량을 배양하는 것이 좋다.

이것은 한 번 하고 끝낼 수 있는 일이라기보다는 점진적으로 계속 발전과 개선을 해야 하는 과정이다. 다음에서, 조직의 데이터 사용 능력 수준에 따라, 실무에서 시각화 요소 결합을 개선하는 데 도움이 될 수 있는 기법들을 알아보자.

기초부터 시작

조직의 데이터 사용 능력 수준이 낮거나, 강력한 데이터 문화를 보유하고 있지 않은 경우, 기본 데이터 시각화부터 업무에 구축해야 한다. 핵심성과지표(KPIs)와 같은 특정 지수가 상승하거나 하락하는 것을 간단한 아이콘과 함께 표시한 [그림 8-3]은 시각화의 이점을 간단명료하게 보여준다.

총매출

£733K ▲

그림 8-3　간단한 아이콘으로 표시한 핵심성과지표(KPIs) 정보

앞서 언급한 것처럼, 다양한 배경지식수준의 사람에게 효과적으로 정보를 전달하기 위해, 다른 데이터 시각화 기법을 추가할 수 있다. [그림 8-4]는 [그림 8-3]에 스파크라인을 추가했다. 스파크라인은 시간이 지남에 따라 지표가 어떻게 변했는지 보여주는 단순한 선 차트이다. 해당 지표에 익숙한 사람은 값을 보자마자, 현재 지표가 좋은지 또는 나쁜지 바로 알 수 있지만, 그렇지 않은 사람들에게는 스파크라인이 값을 이해하는 데 많은 도움을 줄 수 있다.

총매출

£733K ▲

그림 8-4　스파크라인으로 시각화 정보를 추가한 핵심성과지표(KPIs) 정보

비록 데이터 속에 통찰을 찾기 위해 더 많은 인지 부하를 동반할지라도, 일반인들에게 표는 데이터를 확인하고, 이를 기반한 결정을 내리는 데 더 익숙하고 편한 데이터 제공 형태이다. 가능한 작고 요약된 형식으로 구성된 표 데이터는 신문, 은행 명세서, 스포츠 리그 순위 등과 같이

일상생활에서 자주 접할 수 있다. 여기에 시각적 지표를 추가하면, 데이터의 주요 변경 사항을 데이터 사용자에게 더 효과적으로 전달할 수 있다. 또한 표는 데이터 사용자에게 더 자세한 내용을 전달함으로써, 강한 신뢰 관계 구축에 도움이 된다. 이러한 장점이 결합된 [그림 8-5]는 배달된 자전거보다 더 많은 수의 주문이 들어온 경우, 빨간색 점을 통해 데이터 사용자의 관심을 집중시킨다.

이밖에 다른 차트 유형을 사용하면 3장에서 설명한 것처럼 데이터를 한눈에 쉽게 확인할 수 있다. 막대 차트 또는 꺾은선 차트를 시작으로 더 복잡한 유형까지, 청중 그리고 데이터 사용자가 차트를 사용하고 이해하는 데 익숙해지도록 할 수 있다. 또한 새로운 차트를 처음 소개할 때, 더 효과적인 이해를 위해 [그림 8-6]과 같이 주석을 추가하면 경험이 많지 않은 데이터 사용자에게 많은 도움이 된다.

매장	자전거 종류	주문건수	운송건수
런던	비포장도로용	355	355
	산악용	● 1,077	1,067
	일반도로용	● 973	948
요크	비포장도로용	726	726
	산악용	1,154	1,164
	일반도로용	● 1,037	1,017

그림 8-5 시각적 지표를 추가한 표 데이터

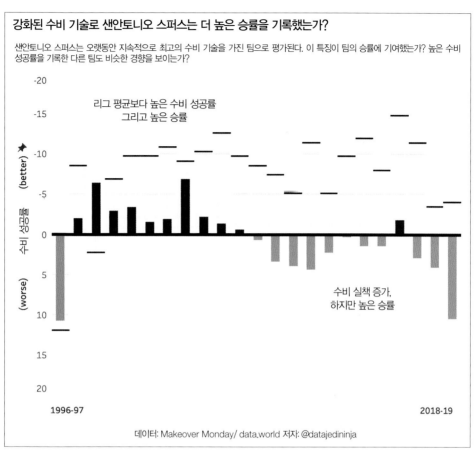

그림 8-6 주석을 추가한 막대 차트

새로운 차트 유형을 도입할 때, 작은 설명 창을 사용하여 해당 차트를 읽고 해석하는 방법을 명확히 전달할 수 있다. 간단한 예제와 추가 설명 대신 많은 텍스트만 사용할 때 주의를 기울이지 않으면 전체적인 분석 결과가 산만해질 수 있다. 따라서 간단한 시각적 예를 새 차트와 함께 사용하면 텍스트의 양도 줄이고, 분명한 정보 전달이 가능하다.

[그림 8-7]에서는 팝업 설명 창을 사용하여 두 지표를 겹쳐 놓은 차트 해석 방법을 설명한다. 청중과 데이터 사용자가 완벽하게 데이디 분석 내용을 이해할 수 있도록 다양한 방식에서 여러 번 추가 설명을 제공할 수도 있다.

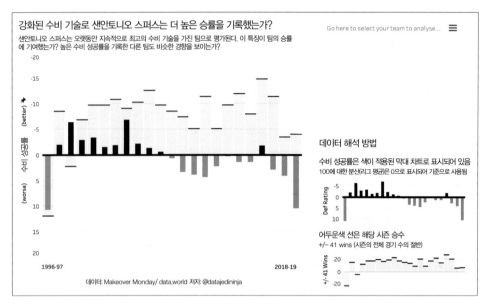

그림 8-7 차트 설명 창으로 쉬운 이해를 돕는 농구 경기 결과 분석

데이터 사용자 안내 그리고 교육

광범위한 데이터 사용자가 열람하는 주요 데이터 분석 작업의 경우, 명확한 정보 전달을 위해 비디오 또는 대면 교육을 제공할 수 있다. 예상되는 데이터 사용자가 일반 대중인 경우, 쉬운 접근성을 고려해, 일반적으로 비디오 교육을 진행한다. 데이터 사용자가 같은 조직의 동료인 경우, 대면 교육이 효과적일 수 있다. 직접 사용자에게 질의를 받을 수 있고, 데이터 시각화 해석 방법에 대해 단계별로 정확히 설명할 수 있기 때문이다.

새로운 시각적 요소를 사용할 때는 해석하기 쉬운 차트를 통해 소개하는 것이 좋다. 예를 들어, 차트에 처음 평균선을 도입하는 경우, 막대 차트 또는 꺾은선 차트와 같은 기본 차트를 사용하는 것이 좋다. 이를 통해, 산점도나 일련의 데이터가 연도로 구분된 꺾은선 차트와 같이, 더 복잡하고 다양한 차트에서 해당 시각적 요소를 사용하고 해석하는 데 익숙해질 수 있다(그림 8-8).

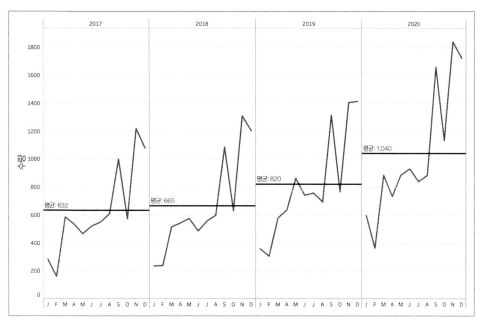

그림 8-8 기본적인 평균 기준선

데이터 사용 능력 수준이 다소 낮거나, 데이터 문화가 약한 데이터 사용자와 신뢰를 쌓을 때에는 표 또는 KPI 형태의 데이터 분석 내용이 적합하다. 너무 복잡한 요소를 사용하기보다는 쉬운 것부터 점차적으로 데이터 시각화를 제시하는 것이 핵심이다. 이러한 접근 방법을 통해 우리가 공들여 작업한 데이터 분석 결과를 찾아보는 사용자를 더 많이 확보할 수 있다.

8.2 정적 vs. 대화형

많은 조직에서 주로 정적인 형태로 보고가 이뤄진다. 정적 보고의 주요 형태는 7장에서 다룬 것처럼, 파워포인트 슬라이드와 같은 것을 말한다. 물론 데이터 분석과 보고는 청중과 데이터 사용자가 최대한 활용할 수 있는 형태로 이뤄져야 하지만, 대화형 요소를 이용한 보고는 정적 요소가 하지 않는 많은 가능성을 열어준다.

8.2.1 정적 시각화의 대표적인 예, 파워포인트

조직에서 효과적으로 데이터를 이용하여 커뮤니케이션하는 방법에 초점을 맞춘 이 책에서 파워포인트는 한 번쯤은 꼭 언급되어야 할 데이터 도구이다. 많은 사람에게, 파워포인트를 통한 명확한 정보 전달은 실무에서 보유해야 할 중요한 기술 중 하나이기 때문이다. 파워포인트든 구글 슬라이드든 슬라이드 설계 도구 이용 방법을 습득하려면 많은 시간과 연습이 필요하다. 그렇다면 왜 슬라이드가 효과적인 커뮤니케이션 방법일까?

슬라이드를 명확하고 이해하기 쉽게 만드는 많은 요소는 데이터 시각화 역시도 효과적인 커뮤니케이션 형태로 만들 수 있다.

| 단순화된 메시지 |

슬라이드는 단어를 최대한 적게 포함하는 것이 이상적이다. 핵심 개념에 집중해야 한다.

| 명확한 제목 |

데이터 시각화에서와 같이, 슬라이드 제목도 주요 질문에 대한 답변이나 요점을 명확하게 나타내야 한다.

| 시각적 단서 |

슬라이드에서 이미지, 글꼴, 색상 및 테마를 이용하여 전달하고자 하는 메시지에 대한 시각적 단서를 추가할 수 있다.

위 요소들이 슬라이드에도 적용되기 때문에, 일반적인 데이터 시각화가 사용하는, 지원되지 않는 몇몇 요소만 추가되면 효과적인 데이터 시각화 구현이 슬라이드에서도 가능하다. 슬라이드는 조직의 관리자 또는 다른 조직의 책임자와 커뮤니케이션하는 데 자주 사용된다.

슬라이드의 나머지 공간을 활용하여 높은 수준의 데이터 분석 내용을 포함하여, 더 적극적인 슬라이드를 이용한 데이터 분석을 이뤄낼 수 있다. 이러한 활용과 연습은 조직의 데이터 사용 능력 발전과 데이터 문화 성장에 큰 도움이 된다. 하지만, 슬라이드의 작은 공간에 적절한 제목, 데이터 분석 내용 등을 모두 추가하는 것은 매우 어렵다. 데이터 시각화 기법은 슬라이드 기반으로 발전되지 않았기 때문에, 슬라이드에 맞춰 요약하다 보면 원래 맥락을 해치는 경우가 발생할 수 있어 주의해야 한다.

8.2.2 정적 시각화의 장점

정적 시각화는 여러 많은 이유로 슬라이드 말고도 다른 다양한 경우에서 사용된다.

더 쉬운 시각화 구축

정적 시각화를 구축하는 것이 대화형 시각화 구축보다 훨씬 쉽다. 정적인 요소를 사용하면 데이터 사용자가 시각화를 보고, 이해하는 방법을 계획하는 것이 훨씬 더 간단해진다. 이해관계자의 요구 사항을 충족시키는 정적 데이터 시각화 계획을 스케치하면, 필요한 데이터를 준비하는 데에도 큰 노움이 된다.

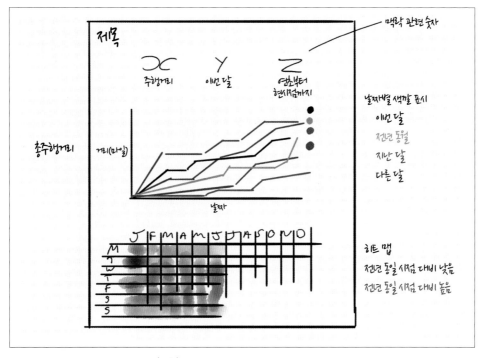

그림 8-9 정적 데이터 시각화 스케치(계획)

대화형 시각회의 경우, 다양한 부수적 요소를 모두 고려해야 하기 때문에 스케치는 물론이거니와 실제로 데이터 사용자가 작업물과 상호 작용하는 수많은 방향을 테스트하는 것이 매우 복잡해 훨씬 어렵다. 기회가 된다면 가능한 많은 청중 그리고 데이터 사용자가 어떻게 데이터 분석 결과를 이해하고 사용하는지 관찰해보자. 데이터 사용자가 시각화에 접근하고 상호 작용하는 방식뿐만 아니라 놓치는 부분도 파악할 수 있다. 정적 시각화 경우 이러한 것을 모두 고려하기 용이하기 때문에 구축이 훨씬 쉽다.

더 쉬운 사용

정적 시각화는 대화형보다 생성하기 쉬울 뿐만 아니라 사용도 쉽다. 정적 시각화 분석의 경우 다양한 부수적 대화형 요소를 확인할 필요가 없어, 작업물을 소화하기가 훨씬 더 쉽다. 많은 이해관계자들은 빠르게 요점을 파악하고 싶어 하고, 정적 시각화는 이를 만족하도록 설계되기 때문에 적합하다. 다만, 여러 복잡한 데이터가 함께 표시되어 있는 경우, 이를 단순화시키는 데 많은 노력과 주의를 필요로 한다. [그림 8-10]과 같이 검색 상자와 같은 대화형 요소를 통해 해당 데이터를 확인하는 것이 효과적인 경우를 정적으로 변화하는 것은 매우 어렵다.

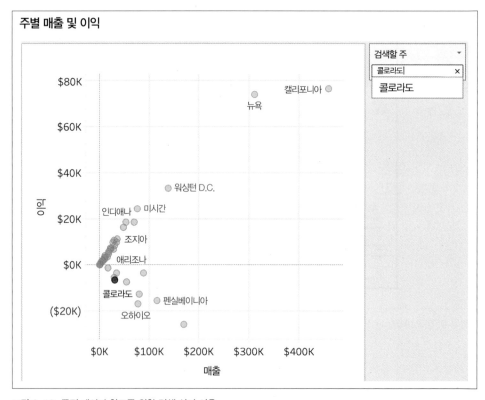

그림 8-10 특정 데이터 참조를 위한 검색 상자 이용

더 쉬운 저장

시각화에 기초가 되는 데이터 저장 방식도 고려해야 한다. 정적 시각화의 경우 개별 데이터 포인트를 노출하지 않고, 주요 데이터 포인트를 지원하기 위해 집계된 차트 이미지만을 사용하기 때문에 데이터 저장소에 대한 접근이나 위치에 대한 걱정을 덜 수 있다. 동일한 시각화가 대화형으로 이루어진 경우, 데이터를 필터링하거나 업데이트하는 동안 중요한 정보가 노출되지 않도록 보안에 주의를 기울여야 한다.

데이터 통합 관리Data governance란 데이터가 의도한 대로 사용되도록 보장하는 모든 행위를 의미한다. 이에 대한 기세한 내용은 8.3장 '중앙 집중형 vs. 분산형'에서 다룬다. 데이터에 접근할 수 있는 분석가들이 데이터 저장 구조를 명확히 알 수 있도록 함으로써 분석 작업물이 올바르게 저장되도록 할 수 있다. 또한 데이터와 데이터 분석 작업물에 대한 접근 권한을 제어하는 것도 꼭 필요한 부분이다.

많은 조직은 담당자를 두어 데이터 원본이 잘 저장되고 운영되도록 한다. 이는 마치 자유로운 데이터 사용에 극복해야 할 요식행위로 보일 수 있지만, 올바른 데이터가 올바른 방식으로 공유되고 사용되도록 하기 위해 꼭 필요한 제반 사항이다. 데이터 보관 및 관리 방법은 매우 까다롭고 많은 규제 요건을 가진다. 이에 대해서는 8.3.2장 '데이터 소스'에서 자세히 다룬다.

데이터 기반 커뮤니케이션과 이에 수반되는 데이터를 제공하고 운영할지에 대해 고민해야 한다. 특히 해당 작업이 대화형 요소를 포함하는 경우, 데이터가 훨씬 더 세분화될 수 있어 많은 주의를 기울여야 한다.

8.2.3 대화형 사용자 환경

정적 시각화가 많은 이점을 가짐에도, 대화형 시각화를 위해 추가적인 노력을 기울일 가치는 충분하다. 대화형 시각화 생성에 더 정밀한 계획, 더 많은 노력, 더 많은 데이터 관리가 필요하지만, 장기적으로 볼 때 이러한 과정은 훨씬 더 적은 유지 보수라는 큰 장점으로 돌아온다. 그러면 먼저 일반적인 보고에서 흔히 볼 수 있는 다양한 형태의 대화형 요소들을 살펴보자.

| 데이터 필터링 |

스프레드시트부터 전문 시각화 도구에 이르기까지 대부분의 데이터 도구에서 공통적으로 지원하는 필터링 기능을 사용하면 답변하고자 하는 질문에 관련 없는 데이터를 쉽게 제거할 수 있다. 다양한 유형의 필터링 기법이 있지만, 주로 사용되는 두 가지 유형은 값의 범위를 선택할수 있는 슬라이더와 분석할 범주형 변숫값을 선택할 수 있는 드롭다운이다.

청중 또는 데이터 사용자는 필터링을 사용하여 데이터 시각화를 보다 구체적으로 원하는 대로 조정할 수 있다. 예를 들어, 지도 차트의 포커스를 원하는 지역에 맞추거나 표시되는 데이터 기간을 변경할 수 있다. C&BS Co.의 경우 이러한 대화형 요소를 이용하여, 확인하고 싶은 매장의 데이터만 추려 볼 수 있다. 이 기능이 없다면 모든 각 매장에 별도의 보고서를 작성해야 한다. 이러한 대화형 보고서는 다른 매장에 비해 잘하거나, 못하는 것을 정확히 조사할 수 있게 함으로써, 최적의 판매 전략을 세우는 데 큰 도움이 된다.

| 말풍선 |

특정 객체 위로 마우스 따위를 이동하면 나타나는 말풍선 또는 유사 시각화 요소는 추가 맥락 정보 또는 세부 사항을 제공하는 데 유용하게 사용된다. 이러한 추가 정보는 데이터 사용자가 분석 내용을 보다 쉽고, 정확히 이해하는 데 큰 도움이 된다.

| 하이퍼링크 |

하이퍼링크는 데이터 사용자를 보다 더 자세한 내용을 포함하고 있는 웹 페이지로 안내하거나, 데이터에 대한 다른 관점을 제공하기 위해 시각화 유형을 변경하는 등의 서비스를 제공한다.

| 값 변경 |

데이터 사용자가 원하는 값을 선택할 수 있도록 허용하면, 현재 추세뿐만 아니라 다른 시나리오에 대한 예측 결과도 보여줄 수 있다.

이러한 대화형 요소들은 데이터 사용자의 초기 질문뿐만 아니라, 분석 내용을 확인함으로써 형성되는 추가 질문에 대한 명확한 답도 제공하는 데 도움을 준다. 이것은 대화형 시각화가 정적 시각화보다 선호되는 한 가지 이유이기도 하다. 즉, 데이터 사용자는 제공된 데이터 분석 결과 안에서 더 자세히 직접 탐색할 수 있다. 데이터 사용자가 직접 데이터 분석 결과를 탐색하여 원하는 답을 얻도록 장려하는 것은 매우 어려운 일이지만, 효과적으로 구성된 대화형 분석 보고서는 원하는 데이터 포인트에 도달하는 데까지 걸리는 시간을 절약하는 등의 큰 장점이 있다. 반대로 대화형 시각화 요소가 없는 경우, 동일한 데이터 포인트에 도달하기까지 다음과 같은 세 개 이상의 질문이 오고 가는 단계를 거쳐야 한다.

"이 데이터 추세는 작년과 동일한가?"

"이 데이터 추세는 모든 팀 조직에서 동일하게 발생하고 있는가?"

"임원진의 의견을 적용하지 않아도 같은 추세가 계속될 것인가?"

이러한 기본적인 질문이 초기 요구사항으로 설정되지 않았다면, 청중 또는 데이터 사용자는 이에 대한 인식 없이 더 어려운 질문으로 바로 고민을 이어갈 가능성이 높고, 그러한 경우 데이터 분석 이해도가 현저히 하락할 수 있다. 위 질문은 정석 보고서에 추가될 수 있지만, 데이터 사용자의 관심을 끌기 어려울 수 있다. 이때, 데이터 분석의 많은 범주형 데이터를 상호 작용하도록 허용하면(대화형 요소를 추가함으로써), 데이터 사용자가 관심 있는 부분을 직접 탐색할 수 있도록 할 수 있다. 상호 작용은 데이터에 대한 모든 추세를 한 번에 보여줘야 할 필요성을 없애고, 사용자가 필요할 때 선택적으로 보여줄 수 있게 한다. 이러한 대화형 요소를 사용하면 분석가는 데이터 사용자가 다른 질문에 대한 탐색을 요청하더라도 분석을 다시 진행할 필요가 없다. 결국, 데이터 사용자는 초기 작업에 어떤 내용이 포함되어 있든 간에, 필요에 맞게 재조정하여 원하는 답을 찾아볼 수 있다.

이해관계자가 대화형 데이터 기반 커뮤니케이션에 더 많은 관심을 갖기 시작하면, 그들은 초기 요구사항에 더 나은, 발전된 질문을 던지기 시작할 것이다. 이는 데이터 사용 능력 수준이 높아지고, 데이터 문화가 잘 발전하고 있다는 좋은 신호이다. 잘 정리된 초기 요구사항과 질문은 좋은 데이터 분석을 생성하는 데 필수 요소이다. 이는 재작업과 반복작업을 줄이고, 더 많은 분석 자료를 만들어 더 많은 질문에 답할 수 있는 이점을 제공한다. 또한 올바른 요구사항에 초점을 맞춘 데이터 소스 개발노 더욱 용이해질 수 있다.

이렇게 발전된 데이터 문화에선 더 심도 있는 질문이 이뤄질 수 있으며, 그렇기 때문에 2장에서 다룬 것처럼 데이터 소스를 자신 있고 편하게 분류할 수 있어야 한다.

상호 작용의 사용은 데이터를 이해하고 사용하면서 큰 복잡성을 야기할 수 있이, 종종 새로운 데이터 사용자에 의해 많은 문제를 발생시키기도 한다. 대화형 보고서 유형을 처음 접하는 사용자는 분석가가 의도한 대로 분석 내용을 이해하기 어렵기 때문에, 우리는 가능한 모든 사람이 쉽게 메시지를 이해할 수 있도록 노력해야 한다.

따라서 대화형 데이터 분석 결과가 데이터 사용자에 의해 잘 이해되고 필요한 정보를 효과적으로 전달하고 있는지 확인하는 것이 중요하다. 일단 데이터 사용자가 대화형 요소 사용에 익숙해지면, 그 속에서 사용자들이 자신과 관련된 작업을 진행하고 훨씬 더 싶은 통찰을 얻을 수 있다.

8.3 중앙 집중형 vs. 분산형 데이터팀

데이터 시각화 도구를 사용할 수 있는지 또는 필요한 데이터에 접근할 수 있는지는 조직의 데이터 관리 구조가 중앙 집중식인지 아닌지에 따라 크게 좌우된다. 데이터를 사용한다는 것은 데이터 소스, 그 데이터로 만들어진 분석 결과, 그리고 그 데이터로 작업하는 모든 개인을 의미한다. 대규모 조직에서는 데이터 작업의 중앙 집중화 그리고 분석화 과정이 여러 번 발생할 수 있다. 그렇다면 중앙 집중화란 무엇을 의미하는가?

중앙 집중화Centralization란 데이터 관련 작업과 같은 특정 기술이 단일팀에 의해 유지되는 것을 의미한다. 이에 반대되는 개념인 분산화Decentralization는 특정 기술이 조직 전반에 걸쳐 여러 팀과 부서로 분산되어 관리되는 것을 말한다. 이 책에서 다루는 특정 기술인 데이터 관련 작업의 경우 주제별 전문화, 작업 관리 또는 데이터 통합 관리에 사용되는 인프라에 대한 제어가 포함될 수 있다.

중앙 집중화와 분산화 중 하나의 선택을 해야 하는 것은 아니다. 융합된 기술과 지식을 활용하기 위해 혼합된 접근 방식을 채택해야 한다.

8.3.1 데이터팀

이 장에서 언급하는 하나의 예는 중앙 집중형 데이터팀과 각기 다른 사업 부문의 데이터를 다루는 팀의 차이이다. 데이터팀이란 데이터 지식, 기술 및 경험을 통합하여 데이터 작업의 중심을 만드는 중앙 집중형 팀을 의미한다. 이 들은 전통적으로 저장소에 데이터를 저장하고 보고서를 생성하는 업무를 담당했다. 조직의 규모에 따라 팀은 수 명부터 수백 명이 될 수도 있다. 특히 소규모 조직에서는 중앙 IT 기능과 데이터 관리 업무가 명확하게 구분되지 않는다.

Prep Air에는 조직 전체에 분포되어 다양한 업무를 보는 대규모 데이터팀이 있다. 모든 데이터 전문가를 한데 모으면 기술 공유를 촉진할 수 있지만, 팀 고유 기술의 유출을 우려하는 반대의 목소리가 발생할 수도 있다. 총 5,000명의 직원이 근무하고 있는 Prep Air의 데이터팀은 데이터 저장 인프라 관리, 데이터 분석 및 데이터 시각화까지 다양한 데이터 영역에 걸쳐 약 20명의 전문 인력으로 구성되어 있다. 각 영역의 전문가가 자신의 기술을 보호하고 다른 사람을 가르치지 않는다면 훌륭한 데이터 문화를 구축하는 데 큰 장벽을 만들 수 있다.

C&BS Co.의 경우 직원 대부분이 각 지점에 파견되어 근무하기 때문에 본사 직원은 약 20명에 불과하다. 따라서, C&BS Co.에서는 Prep Air와 같이 중앙 집중형 데이터팀 구성이 불가능하다. C&BS Co. 본사 데이터팀의 역할은 데이터 저장소를 관리하고, 지점의 직원들에게 자체 데이터 관리 시스템을 만들도록 가르치는 두 가지뿐이다. 이러한 상황은 C&BS Co.에 변화하는 규제에 따라 각 지점에서 구축한 데이터 관리 시스템 업그레이드를 장려하고, 다른 모든 데이터 관련 지원을 해야 하는 어려운 과제를 안겨준다.

중앙 집중형 데이터팀이 존재한다고 해서 다른 팀의 개인 구성원들이 데이터 관련 전문성을 키울 수 없는 것은 아니지만, 다른 문제를 야기할 수 있다. 중앙 데이터팀은 전폭적인 지원과 함께 데이터 특화 업무를 수행할 수 있는 반면, 분산된 개인은 각 팀이 가진 과제와 문제를 더 잘 알고 있음에도 기술적 투자를 받는 데 어려움을 겪을 수 있다.

조직에서 데이터 자원을 완벽하게 관리하는 방법은 없다. 하지만 조직의 노력에 따라 구성원에게 미치는 영향은 상당히 다를 수 있다.

8.3.2 데이터 소스

조직에서 데이터 작업 시 가장 중요한 한 가지는 데이터가 저장되고 유지되는 방법이다. 데이터는 여러 상태로 저장 및 관리된다.

전혀 가공되지 않은 원시 데이터는 운영 체제에서 데이터 레이크라는 데이터 저장소로 추출된다. 이러한 원시 데이터는 데이터베이스 쿼리나 방화벽을 통한 접근 등의 전문 지식을 가진 사람들에 의해 다뤄진다. 이러한 전문가들은 중앙 집중형 데이터팀에 속해 관련 업무를 수행한다.

일반적으로 데이터는 더 쉬운 사용을 위해 여러 단계의 정제 그리고 준비를 거친다. 더 많이 처리되고 정교해진 데이터는 중앙 집중형 데이터팀보다 분산된 개별 팀에서 더 많이 사용될 가능성이 높다. 그러나 대부분의 데이터 소스는 이를 생성하고 이에 대한 접근을 관리하는 중앙 집중형 데이터팀에서 시작된다. 즉, 중앙 집중형 데이터팀에서 생성, 관리된 데이터 소스는 몇 단계 더 정제 처리되어 분산된 각 팀에서 원하는 질문에 답하기 위해 다른 용도로 사용된다.

데이터 소스에 대한 접근 및 사용에 대한 제어를 데이터 통합 관리라고 한다. 여기에는 데이터 소스 접근 제어, 업데이트 및 삭제와 같은 작업이 포함된다. 근래 데이터 수집 및 사용이 기하급수적으로 증가함에 따라 소비자의 데이터를 보호하기 위한 규제가 대폭 강화되었다. 이러한 규정은 지역별로 조금씩 차이는 있지만, 2016년 유럽에서 제정된 GDPR^{General Data Protection} Regulation에 전 세계적으로 적용되는 많은 기본 사항이 자세히 설명되어 있다. 다음에서 몇 가지 규정들을 알아보자.

- 개인에 대한 데이터는 잊혀질 권리가 있고, 이를 위해 영구히 삭제될 수 있다.
- 데이터는 해당 데이터에 부여된 권한에 기반하여 사용되어야 한다.
- 데이터는 감사 또는 법적 목적을 위해 필요한 경우, 최소 시간 동안 보관된다.

데이터가 제대로 저장되지 않으면, 해당 데이터에 기반한 모든 후속 작업에 결함이 있을 수 있다. 잘못된 데이터에 기반한 의사결정은 투자 실패부터 조직의 붕괴까지 야기할 수 있는 매우 위험한 행위이다.

데이터 소스가 잘 제어된다는 것은 데이터를 신뢰할 수 있고, 모든 제약 조건이 명확하게 문서화되어 있다는 것을 의미한다. 많은 조직에서 데이터 소스에 대한 제어권을 가지면서 데이터 사용과 원본 데이터 관리 사이에 아슬아슬한 긴장이 조성되기도 했다. 수많은 데이터 분석 프로젝트가 진행되면서 편의를 위해 원래 데이터 소스에 필터링이 적용되거나 구성이 변경될 수도 있다. 이렇게 재구성된 데이터가 신중하게 관리되지 않으면, 원본 데이터가 손상될 가능성이 매우 농후해진다. C&BS Co.의 경우 대부분의 데이터가 각 매장에서 생성되기 때문에, 판매 성수기에 데이터 생산량이 급증할 가능성이 높다. 그리고 이로 인한 데이터 원본 혼동이 발생할 수 있다.

새로운 데이터 또는 수정된 데이터를 저장하는 명확한 프로세스를 갖는 것이 정확한 데이터 분석의 핵심 요소이며, 이것을 데이터 작업의 생산화^{Productionizing}라고 한다. 여기에는 일반적으로 일정에 따라 데이디를 새로 정비하고, 다른 주요 데이터셋과 함께 저장하며, 분석된 내용을 검토하는 일들이 포함된다. 조직에서 개발된 데이터 규칙과 프로세스는 모든 팀에서 공통적으로 사용되어야 하기 때문에 중앙 집중형 데이터팀에 의해 관리된다. 이 작업이 분산되면 세부 규칙이 팀별로 약간 다르게 변경되는 것부터 데이터 도구의 완전히 다른 사용까지 많은 문제를 일으킬 수 있다.

Prep Air의 중앙 집중형 데이터 관리 구조는 새로운 데이터 사용자에게는 불편할 수 있지만, 데이터 소스가 더 잘 관리되기 때문에 높은 신뢰도를 갖는 분석을 생산할 수 있다.

8.3.3 보고

중앙 집중화를 위해 고려해야 할 것은 데이터 저장과 관리 방법뿐만이 아니다. 데이터 분석 보고 활동은 생산화 프로세스의 일부로 중앙 집중화된 일반적인 작업이다. 보고라는 것은 조직의 이해관계자에게 새롭게 생산되는 데이터 분석의 일부를 정기적으로 공유하는 것을 의미한다. 이러한 보고서에는 이전 기간 대비 성능 변화나 현재 성능에 대한 세부 지표 등이 포함된다. 또한 특정 사안에 대한 내용보다는 일반적인 정보 전달을 위해 수행된다. 보고의 대표적인 예로는 소매점의 재고 보고서, 출석부 또는 강수량 보고서 등이 있다.

이러한 보고는 보통 규칙적으로 이뤄지기 때문에, 작성에 상당한 노력이 수반된다. 중앙 데이터팀은 이러한 작업을 최대한 효율적으로 진행하기 위해 가능한 최고의 데이터 도구를 배치하려 노력한다.

사업 영역이 변화하고 고객의 질문이 진화함에 따라 보고서 형식은 빈번하게 수정되어야 한다. 우리는 이미 2장에서 전달된 분석 보고가 실제로 요구사항을 충족하는지 지속적으로 확인해야 한다는 것을 배웠다. 보고서가 이해관계자들이 알고 싶은 내용을 모두 포함했는지, 관련 분야에 주목할 만한 변화는 없었는지, 특정 분야에 대한 지식이 포함되어야 하는지 등을 파악하고 보고서의 질을 향상시켜야 한다.

중앙 집중형 보고에서 발생하는 주된 문제는 업데이트가 필요한 만큼 자주 발생하지 않는다는 것이다. 이러한 문제는 중앙 데이터팀이 업데이트 요청을 이해하고 변경한 다음, 데이터 원본과 보고서를 다시 제작하는 데 생각보다 많은 시간이 걸려 발생하는 경우가 많다. 만약, 필요한 데이터 업데이트 주제 전문가가 필요한 데이터 도구와 기술에 접근할 수 있다면, 업데이트는 더 적시에 일어날 수 있다. 신뢰도와 정확도를 유지하기 위해 데이터를 업데이트하는 작업은 관련된 모든 보고서에 영향을 줄 수 있으므로 엄격하게 평가되어야 한다.

중앙 집중형 보고가 주기적으로 업데이트되지 않으면, 팀별로 제어되지 않은 중구난방형 보고 방법이 발생할 수 있다. 필요한 부분만 한데 모아 보고가 진행되기 때문에, 전체적인 내용 파악이 어렵고, 보고서 내용을 유지 관리하는 데 따로 인력이 고용되어야 할 만큼 복잡해지기도 한다. Prep Air와 같이 대규모 조직의 경우 이는 중대한 문제가 될 수 있다. 각기 다른 형태의 보고 방법이 생겨나면, 중앙 데이터팀과의 업무 연계가 매우 어려워지기 때문이다.

따라서 데이터 전문가를 한데 모은 중앙 집중형에서 많은 이점을 얻을 수 있지만, 데이터를 다루는 다른 광범위한 조직 구성원들도 무시하지 않도록 주의해야 한다. 이들이 자체 맞춤형 분석 작업을 생산하기 시작하면 중앙 데이터팀이 다시 통제하기 어려울 수 있다.

분산된 개별 팀의 역할도 매우 중요하다. 팀별로 특화된 주제 전문 지식 역량을 강화하여, 명확한 정보 전달을 가능하게 하는 맞춤형 데이터 작업 구축을 할 수 있다. 또한 다른 팀과 소통함으로써 다른 영역의 전문 지식과 소통하는 법을 배우고, 조직의 리더십 팀이 내리는 전략적 결정에 기여할 수 있다.

서로 다른 데이터 분석 및 주제별 전문가 그룹에 데이터 업데이트를 관리하는 프로세스를 제공하면 통제되지 않는 분산화를 방지할 수 있다. 이는 적은 수의 중앙 데이터팀이 통제된 데이터 소스와 데이터 기반 커뮤니케이션 방식을 유지하기 위해 C&BS Co.가 취해야 할 전략이다. 중구난방식의 보고 형태가 증가하면 검증되지 않은 데이터 도구 사용, 관리되지 않은 소프트웨어 버전, 데이터 정책 준수 감소 등의 유해한 부작용이 발생할 수 있다.

8.3.4 데이터 전문가

데이터 도구는 끊임없이 발전하고 있으며, 이러한 변화를 인지하는 것 자체가 하나의 직업이 될 수 있을 정도이다. 중앙 집중화된 데이터 관리의 한 가지 장점은 이러한 변경 사항을 전파하고 일괄적으로 배포할 수 있다는 것이다. 데이터 전문가를 모아 기능을 중앙 집중화하면 소프트웨어 업그레이드 외에도 여러 다른 이점이 더 있다.

데이터 분석 전문가 커뮤니티

데이터 분석 전문가들로 구성된 커뮤니티를 만들면, 새로운 기법을 공유하고 문제점에 대해 토론할 수 있어, 더 나은 분석 결과를 만드는 데 도움이 된다. 전문가들이 물리적으로 한 곳에 모일 필요는 없지만, 아이디어와 피드백을 공유할 수 있도록 소통과 협업의 채널이 마련되어야 한다.

데이터 도구 전문 지식

사용자 중심의 데이터 도구 인터페이스가 지속적으로 개선됨에 따라, 데이터 도구 전문 지식의 발전은 데이터 작업에 많은 이점을 더할 수 있다. 데이터 도구 전문 지식을 축적하면 대규모 데이터 처리를 위한 노하우와 데이터 도구 기능 사용 모범 사례를 공유할 수 있다.

데이터에 대한 지식

데이터 분석, 시각화 전문가는 올바른 데이터가 제공되었다는 전제하에 작업을 수행한다. 그렇기 때문에, 가능한 완벽한 데이터 구축을 담당하는 데이터에 대한 지식이 풍부한 전문 인력이 필요하다.

8.3.5 데이터 셀프서비스

앞서 자세히 살펴본 중앙 집중형 데이터 작업의 많은 이점으로, 실제 많은 조직에서 중앙 집중형 데이터팀을 구성하고 활용하고 있다. 그러나 꼭 중앙 데이터팀의 일원이 아닐지라도, 많은 다른 부서의 구성원들도 증가하는 데이터 작업에 대응하기 위해 데이터 관련 기술 역량을 스스로 발전시키고 있다. 이른바 데이터 셀프서비스이다.

구성원 스스로 데이터 역량을 발전시키는 것은 데이터 소프트웨어의 성장과도 밀접한 관련이 있다. 예전에 비해 관련 교육을 찾기 쉽고, 사용성의 발전으로 진입 장벽 또한 매우 낮아졌다. 과거에는 프로그래밍 언어와 복잡한 쿼리문을 실행했어야 했지만, 지금은 몇 번의 마우스 클릭만으로도 원하는 데이터를 빠르고 쉽게 찾아볼 수 있게 되었다.

태블로는 이러한 데이터 셀프서비스를 가능하게 만든 대표적인 데이터 비즈니스 인텔리전스 소프트웨어이다. 물론 태블로를 다루기 위해 초기 교육은 필요하지만, 많은 구성원들이 손쉽

데이터팀에 필요한 데이터 분석을 요청하는 대신 자체 분석을 시작할 수 있는 원동력이 되었다. 데이터 셀프서비스의 등장으로 한 가지 큰 문제가 발생했는데, 데이터 소프트웨어 라이선스 수가 부족해지는 것이었다. 워낙 비싼 라이선스 비용 때문에 충분한 투자가 이뤄지지 못했고, 이는 비용이 훨씬 저렴한 웹 기반 데이터 도구의 등장을 가속화시켰다.

데이터 셀프서비스의 주요 이점은 중앙 집중형 모델과 분산형 모델의 많은 이점을 결합한다는 것이다. 중앙 데이터팀이 생산, 관리하는 데이터 소스를 데이터 셀프서비스 도구에 연결하여 쉽게 사용할 수 있도록 지원할 수 있다. 또한 중앙 데이터팀이 보유한 고급 데이터 지식을 점진적으로 모든 조직의 구성원들에게 전파하여 실무에 사용할 수 있도록 하는 이점도 있다. 이러한 활동은 각 팀의 데이터 주제별 전문 지식과 함께 시너지를 만들어 더욱 강력한 데이터 문화 형성에 큰 도움이 된다. 특히, C&BS Co.와 같이 중앙 데이터팀이 소규모일 경우, 매우 효과적이다.

셀프서비스 데이터 시각화가 보편화되면, 초점은 정보를 효과적으로 제공하는 것뿐만 아니라 매력적으로 보이게 하는 것까지 확장될 수 있다. 하지만, 많은 이해관계자에게 필요한 것은 아름다운 보고서가 아니라 해답이기에, 데이터 작업 간 필요한 일의 영역을 잘 관리하는 노력도 필요하다.

더불어, 데이터 셀프서비스는 데이터 사용자 또는 이해관계자 스스로 제공된 데이터를 바탕으로 시각화를 구성해 볼 수 있어, 데이터 분석 결과의 유효성을 확인하는 데에도 도움을 줄 수 있다.

8.4 실시간 데이터 vs. 비실시간 데이터

분석을 진행하는 데 사용할 데이터 원본이 중앙 집중형인지 또는 분산형인지에 관계없이, 실시간 데이터에 연결할 것인지 아니면 기존 데이터에서 추출(비실시간 데이터)하여 사용할 것인지를 결정해야 한다. 물론, 실무에선 두 가지 유형의 데이터 소스를 모두 함께 사용한다.

실시간 데이터란 분석에 사용하는 데이터 도구에 데이터 원본이 직접 연결되어 데이터 추가, 생성 등의 변화가 즉각 반영됨을 의미한다. 비실시간 데이터란 특정 시점에 데이터 원본을 복사, 추출함을 말한다. 그렇기 때문에, 데이터 원본의 변경 내용이 반영될 수 없다. 이번 절에서는 분석에 사용 중인 데이터 저장에 신중을 기해야 하는 이유에 초점을 맞춰 설명한다.

8.4.1 실시간 데이터

대부분의 이해관계자들은 가장 최근의 데이터를 확인할 수 있다는 사실 때문에, 실시간 데이터에 많은 관심을 보인다. 그렇다면, 실시간 데이터는 어떤 특징을 가지고 있는지 알아보자.

| 데이터 분석 도구에 직접 연결 가능 |

실시간 데이터는 가장 최근의 정보를 담고 있다. 이것이 담긴 저장소와 데이터 분석 도구가 연결되어 있으면, 즉시 분석에 사용할 수 있다.

| 데이터 저장 연결 구조 |

데이터가 발생하는 운영 체제에서 바로 데이터 분석이 이뤄지면 시스템 응답 속도가 느려지는 등의 문제를 발생시킬 수 있다. 이러한 이유로 운영 체제에서 데이터 저장소로 정기적인 데이터 이동, 저장이 발생한다. 그런 다음 데이터 저장소는 분석 작업에 사용된다. 다만, 가장 시스템 부하가 큰 시간을 피하고, 성능에 영향을 미치지 않도록 데이터 이동, 저장은 일반적으로 밤사이 수행된다.

어떤 유형의 실시간 데이터가 필요한지 명확히 알면, 분석 방향뿐만 아니라 사용할 수 있는 데이터 도구도 크게 달라질 수 있다. 의사결정이 가장 최근 데이터 포인트로 변경될 가능성이 있을 때에만 실시간 데이터를 사용하는 의미가 있을 수 있다. 예를 들어, 주식 중개인은 올바른 결정을 위해 최신 주가와 추세를 봐야 한다. 많은 이해관계자들이 최신 데이터를 확인하고 싶어 하지만, 여전히 장기적인 추세에 많은 의미를 두기도 한다. 따라서 이해관계자의 실제 요구사항은 당장의 실시간 데이터라기보다는, 필요한 경우 언제라도 최신 데이터를 확인할 수 있는 연결성이라 말할 수 있다.

Prep Air의 경우를 살펴보자. Prep Air의 중앙 데이터팀은 가동 중인 운영 체제와 데이터 저장소 사이에 안정된 연결성을 유지하고 있으므로, 기업 운영에 필수적인 많은 실시간 데이터를 보유하고 있을 것이다. 그럼 다음에서 실시간 데이터 업데이트의 중요성을 보여주는 몇 가지 구체적인 사례를 살펴보자.

| 항공권 판매 |

항공권 판매량은 항공사 운영에 직접적으로 큰 영향을 미친다. 각 노선에 판매되는 항공권 수를 실시간으로 파악함으로써 필요한 연료 수주, 적절한 기내식 저재 그리고 전략적인 항공권 가격 결정 등 수익성을 최적화할 수 있다. 항공권을 구매하는 고객의 유형, 최소 수익을 위해 몇 명의 고객이 비행기에 올라야 하는지 등의 명확한 시야를 갖지 못하면, 항공권 과대 판매, 홍보비 낭비 등 중대한 문제를 야기할 수 있다.

| 출발 및 도착 시간 |

항공사의 경우 각 노선이 취항 중인 곳의 공항에도 많은 관심을 기울여야 한다. 승객들이 비행기에서 내리거나 지상 승무원들이 비행기에 화물을 실을 수 있는 게이트가 충분하지 않은 경우, 해당 비행 출, 도착 지연은 물론 다음 비행에도 심각한 영향을 미칠 수 있다. 일반적으로 운항 승무원들은 공항에 대한 최신 정보를 실시간으로 확인할 수 있기 때문에, 관련된 모든 잠재적 문제를 미연에 파악할 수 있고, 승객들에게 가능한 빨리 알려 불만을 예방할 수 있다.

| 날씨 |

상용항공기 기술이 발전함에 따라, 한 번에 지구 반 바퀴를 비행할 수 있게 되었다. 이는 출발/도착 공항의 기상 조건뿐만 아니라, 항공기가 지나가는 모든 항로의 실시간 날씨 확인 필요성을 대두시켰다.

8.4.2 비실시간 데이터

최신 데이터에 기반한 최신 정보가 항상 올바른 의사결정을 내리는 데 필수 요소일까? 꼭 그렇진 않다. 특정 시점에 데이터 원본에서 추출된 데이터는 어떤 이상 현상이 발생한 특정 상황을 평가하기 위해 매우 유용하게 사용된다. 즉 이러한 상황에서는 실시간 데이터가 필요하지 않다. 데이터 레이크, 데이터 웨어하우스는 이와 같은 상황에 대비하기 위해 추출된 데이터를 안전하게 보관한다.

실시간 데이터를 이용할 경우, 매번 데이터를 사용할 때마다 저장소에 새로운 데이터를 요청해야 하고 이때 대기 시간이 발생한다. 이는 사용 중인 데이터 도구에 따라 30초 이상 걸리기도 한다. 반면, 비실시간(데이터 원본에서 추출된) 데이터를 사용할 경우, 추출된 데이터가 캐시Cache에 저장되어 다양한 분석을 위해 여러 번 동일한 데이터를 참조하더라도 대기 시간 없이 빠르게 작업을 이어갈 수 있다.

일부 데이터 저장 구조에서는 저장 용량과 절차에 따라 오래된 데이터는 자연적으로 손실될 수 있다. 이때 데이터 추출은 필요할 때에, 오래된 데이터일지라도 분석을 위한 저장소 역할을 할 수 있다. 데이터 추출이 주기적으로 발생되는 경우라면 기록표History table라고 하는 데이터셋을 형성하는 것이 좋다. 조직의 규정상 데이터 추출에 대한 세부 정보를 유지해야 하는 경우 이러한 정보가 중요하다. 추출된 데이터를 저장하는 방식에는 증분Incremental 갱신과 전체Full 갱신이 있다.

| 증분 갱신 |

기존에 추출되어 저장되어 있는 데이터와 새롭게 추출된 데이터 사이에 증가분만 추가한다. 이는 일반적으로 정수 또는 날짜로 설정된 변수로 관리한다. 예를 들어, C&BS Co.는 매장에서 발생되는 판매 기록을 순차적으로 기록, 관리하기 위해, 매번 전체 데이터를 새로 고치는 것을 원하지 않는다. 이때 새롭게 증가된 판매 기록만 추가함으로써 데이터를 최신 상태로 유지하면서도 데이터 저장 시간을 최소로 유지할 수 있다.

| 전체 갱신 |

이전에 저장된 데이터를 제거하고 현재 데이터 소스에 있는 것으로 대체함으로써 추출된 모든 데이터가 완전히 갱신된다.

시간이 지남에 따라 데이터 원본이 업데이트되고 오래된 데이터는 제거되는 경우, 증분 갱신이 유용하게 이용된다. 전체 갱신은 데이터 구조가 변경될 경우 유용하다.

특정 기간 데이터 내에서 찾은, 특이 사항이 있는 경우 비실시간 데이터를 사용하는 것이 결과를 공유할 때 훨씬 유리하다. 실시간 데이터를 사용할 경우, 데이터가 변경될 가능성이 있어, 명확한 정보 전달이 어렵다. 추출된 정적 데이터 즉, 비실시간 데이터는 분석을 완료한 후에도 데이터 변경이 발생되지 않아야 하는 경우 유용하게 사용된다.

비실시간 데이터는 보다 많은 데이터 도구에서 분석될 수 있다. 운영 체제와 연결되어야 하는 실시간 데이터의 경우, 이러한 연결성을 지원하는 몇몇 데이터 도구로만 작업이 가능하다. 하지만, 비실시간 네이터는 엑셀과 같은 친숙한 소프트웨어를 통해서도 메시지를 확인할 수 있으며, 분석 및 시각화까지 만들어 볼 수 있다.

그럼 이제 몇 가지 질문을 통해 사용할 데이터 유형을 선택해 보자. 이는 답변하고자 하는 질문, 사용하고자 하는 도구 그리고 시간이 지남에 따라 데이터가 저장되는 방식 등에 따라 달라진다. [그림 8-11]은 필요한 데이터 유형을 선택할 때 사용될 수 있는 의사결정 트리다.

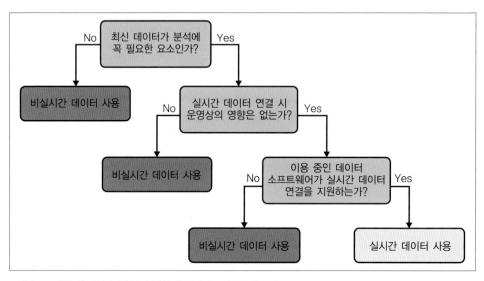

그림 8-11 필요한 데이터 유형을 선택할 때 사용되는 의사결정 트리

8.5 표준화 보고서 양식 vs. 혁신적인 보고서 양식

데이터 사용 능력 수준을 향상시키고, 발전된 데이터 문화를 배양하는 모든 노력은 지향해야 한다. 그중 하나가 데이터 시각화 템플릿 생성 및 배포이다. 누구라도 일관성 있는 형태로 차트를 만들고, 보고를 진행하면 효율적인 데이터 기반 커뮤니케이션이 가능해진다.

그러나 때론 템플릿이 갖는 제약 조건으로 자유로운 보고서 구성이 어려울 때도 있다. 이번 절에서는 조직에서 사용되는 분석 템플릿의 장점과 단점을 살펴본다.

8.5.1 표준화의 중요성

데이터 기반 커뮤니케이션은 수신자가 빠르고 정확하게 이해할 수 있도록, 효과적으로 정보를 전달하는 데 목적을 둔다. 그렇기 때문에, 정보를 해독하는 데 드는 노력을 줄일 수 있는 모든 기법을 정확히 적용하여 데이터 사용자에게 제공해야 한다.

정보를 유사한 형태, 형식으로 전달하면 데이터를 소비하는 사용자들은 곧 이에 익숙해진다. 이러한 과정은 조직 내 데이터 기반 커뮤니케이션에 일관성을 만들고, 데이터 사용자가 전달된 정보를 빠르게 흡수하는 이점을 가져다줄 수 있다.

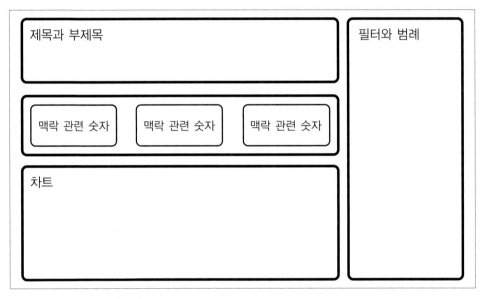

그림 8-12 템플릿 레이아웃의 예

데이터 문화 수준이 낮은 조직에서는, 이를 발전시키는 첫걸음으로써 템플릿을 사용한 공통 데이터 언어를 만들 수 있다. 템플릿에는 이러한 공통 데이터 언어를 개발하는 데 도움이 되는 수많은 요소가 포함될 수 있다.

| 색깔 |

대부분의 조직은 내외부로 전달되는 모든 시각 자료에 사용하는 브랜드 관련 색상표를 보유하고 있다. 조직을 대표하는 색상을 선택할 때에는 '빨간색은 성능 저하 또는 음의 값'과 같은 일

반적인 시각적 개념과 충돌하지는 않는지 꼭 고려해야 한다. 그럼에도 불구하고, 부정적인 인식을 줄 수 있는 색을 사용해야 할 때에는 반복적인 대중 또는 조직 구성원과의 커뮤니케이션을 통해 그러한 고정관념에서 벗어날 수 있도록 노력해야 한다.

많은 조직에서는 녹색은 양호한 상태, 빨간색은 저조한 성능이라는 신호등을 구성하는 색을 기반으로 특정 이미지에 적용할 색을 결정한다. 또는 재무 데이터의 빨간색(적자), 검은색(흑자)과 같은 다른 시각적 은유를 사용하기도 한다. '빨강'은 부정적인 가치를 갖는 일반적인 회계 언어이고, '검정'은 긍정적인 척도를 갖는 회계 언어이다. 이 언어는 재무 영역에서 전통적으로 오랫동안 사용되어 왔기 때문에, 별도의 설명 없이 대부분의 관련 직종 종사자들이 쉽게 이해할 수 있다.

| 레이아웃 |

명확한 레이아웃을 갖는 것은 공유되는 데이터 분석 결과 해석을 용이하게 할 뿐만 아니라, 데이터 사용자가 분석 내용과 상호 작용하도록 장려할 수 있다. 레이아웃 템플릿은 분석을 이루는 각 요소의 위치를 지정하는 동시에 사용 방법을 안내하는 역할을 한다. 좋은 레이아웃은 공간을 효율적으로 사용할 수 있게 해주고, 시각적 일관성을 만들어 준다. 또한 필터와 범례를 일관된 위치에 배치함으로써 데이터 사용자는 원하는 정보를 쉽고 빠르게 찾아볼 수 있다.

| 아이콘 |

아이콘을 사용하면 데이터 사용자에게 여러 가지 방법으로 다양한 안내를 제공할 수 있다. 도움말 지시사항을 표시하는 것부터 대화형 요소와 상호 작용하기 위한 마우스 클릭 방법까지, 아이콘은 사용자에게 많은 편의를 가져다줄 수 있다. 이러한 아이콘이 일관되고 반복적으로 제공된다면, 이를 해석하기 위해 필요한 인지 부하의 크기도 줄일 수 있다.

이러한 요소는 데이터 분석 내용 해석에 전반적인 용이성을 부여하여, 사용성에 상당한 차이를 만든다. 축의 사용, 차트의 크기 및 특정 기능 사용 등 차트에 관련된 세부 요소도 일관되게 하여 더 쉬운 해석이 가능하게 할 수 있다. 데이터 분석가가 매번 다른 템플릿으로 내용을 전달하면, 주요 요소의 잘못된 해석을 야기할 수 있다.

템플릿을 사용하면 시각화를 구성할 때뿐만 아니라 준비 작업에서도 많은 이점을 얻을 수 있다. 템플릿에서 사용되는 특정 차트와 필터 옵션 등이 이미 정해져 있어 준비 단계를 간소화할 수 있다. 차트를 어떻게 구성해야 할지, 필터에 어떤 데이터 필드를 사용할지 등을 모두 하나하나 정하려면 최소한 몇 시간은 할애해야 할 것이다.

전반적으로, 템플릿을 사용하면 데이터 분석 구축 프로세스 내에 필요한 시간과 노력을 상당히 절약할 수 있다. 사전에 정해진 분석 구성 요소를 사용하면 변동성이 적기 때문에 분석 작업 효율성이 높아진다. 그러나 표준화된 보고서는 더 혁신적이고 기억에 남는 창의적인 분석 창출을 억제할 수 있다.

8.5.2 혁신의 중요성

우리는 매일 수많은 메시지를 받고 보낸다. 그렇기 때문에, 때론 정말 주목할 만하고, 기억에 남을 만한 특별한 무언가가 요구된다. 광고는 더 이상 게시판이나 신문에만 있는 것이 아니라, 우리가 보는 모든 곳에 있다. 좋은 광고는 소비자가 눈을 뗀 후에도 오래도록 생각나게 하는 것이다. 데이터 기반 커뮤니케이션에서도 같은 논리가 적용된다. 기억에 남는 정보는 청중 그리고 데이터 사용자에게 더 오래 머물 것이기 때문에, 의도한 행동과 생각으로 귀결될 가능성이 훨씬 높다.

표준화된 템플릿을 사용하여 모든 정보가 읽기는 쉬우나 비슷하게 보인다면, 강한 감정적 반응을 만드는 것이 훨씬 어려워진다. 혁신의 중요성은 여기서 나타난다. 다른 시각으로 주제를 나타내고, 새로운 차트 유형을 도입하면 데이터 사용자의 관심을 끌 뿐만 아니라 지속적인 인상을 남길 수 있다.

혁신적인 접근은 데이터 분석가로 하여금 다양한 분석 시도를 할 수 있도록 장려하고, 그동안 발견되지 않았던 다른 통찰을 발견할 수 있도록 돕는다. 또한 매번 비슷비슷한 시각화를 만드는 것보다 다른 여러 기법을 시도하는 것이 데이터 분석가에게도 훨씬 즐거운 경험 제공한다. 혁신적인 통찰은 단순히 단계별 프로세스를 따르는 것보다, 데이터가 무엇을 말하고 있는지 다양한 시각에서 확인해 봄으로써 나온다.

구성원들의 합의를 통해 적절한 템플릿을 구성할 수 있다면 좋겠지만, 그렇지 못하면 템플릿은 실패하고 개개인의 입맛에 맞는 여러 보고서 형태가 우후죽순으로 등장할 것이다.

가장 이상적인 방향은 표준화와 혁신 사이에 균형을 맞출 수 있는 방법을 찾고 선택하는 것이다. 템플릿을 사용하면 보고서 구성에 대한 결정을 내릴 필요가 없으므로 분석을 보다 효율적으로 구축할 수 있다. 하지만 만약 템플릿이 데이터 작업을 제한하는 것으로 판단되면, 템플릿을 벗어나 혁신적이고 자유로운 분석이 가능하게 해야 한다. 따라서 템플릿의 사용을 강제하지 않고, 단지 데이터 분석 작업의 시작점 정도로 생각할 수 있게 균형을 유지하는 것이 좋다.

좋은 템플릿은 다른 새로운 데이터 기술을 시도할 수 있으면서도, 이해하기 쉬운 보고서 결과를 도출할 수 있게 돕는 것이다. 템플릿은 모든 혁신을 억제하지 않고 구축할 수 있는 견고한 뼈대를 제공해야 한다.

8.6 보고 vs. 분석

보고란 데이터 작업을 하며 생산된 모든 데이터를 설명하기 위해 일반적으로 사용되는 용어이다. **분석**이란 데이터가 갖는 기본 정보가 아닌 더 깊은 통찰을 탐색하는 행위를 뜻한다.

데이터 작업자가 선택하는 데이터 도구에 따라 보고서를 작성할 것인지 또는 데이터 분석물을 생산할 것인지 결정하게 된다. 또한 낮은 데이터 문화를 갖는 조직에서 심층 분석 연구보다 더 많은 단순 보고를 요구할 가능성이 높다. 분석의 경우 그 성격이 더 복잡하고 많은 시간이 소요되기 때문에, 요청을 하는 이해관계자들은 더 많은 자원을 투자할 가치가 있다는 확신을 가져야 한다.

8.6.1 보고

보고서를 사용하여 데이터를 분석하는 것이 조직에서 전형적인 방법이 되었지만, 사실 데이터에서 주요 포인트를 찾은 책임은 보고를 받는 수신자에게 있다. 보고서는 일반적으로 최신 데이터 공유 또는 시간 흐름에 따른 추세 변화를 보여주기 위해 생성된다. 작성자 입장에서 보고서의 장점은 형식을 자주 변경하지 않기 때문에, 일단 설정되면 대부분의 최신 소프트웨어에서 보고서를 새로 고치기 위해 많은 노력을 기울일 필요가 없다는 것이다.

보고는 분석보다 더 많은 대상을 위해 만들어지는 경우가 많기 때문에 직설적이고 이해하기 쉽다. 보고를 통한 데이터 기반 커뮤니케이션은 권한이 없어 접근하지 못했던 데이터 제공 등, 정보 전달이 주목적이다. 데이터를 간단하고 사용하기 쉬운 방식을 제공함으로써, 조직의 구성원들이 이를 이용한 다양한 시각화를 구성해 볼 수 있는 기회도 제공할 수 있다.

하지만, 보고서의 내용은 상당히 제한적일 수 있다. 질문이 보고서 원래 범위를 벗어나더라도, 해당 질문에 답할 수 있는 방법이 있어야 하지만, 거의 없다. 인간은 지능적인 존재이기 때문에, 보고서를 통해 무언가를 배우면 자연스럽게 더 알고 싶고, 더 많은 질문을 생산하게 된다.

C&BS Co.의 재고 보고서를 살펴보자. 이는 매장이 보유하고 있는 제품 수량에 대한 간단한 항목별 보고서이다. 첫 번째 질문은 특정 항목이 남아 있는지 묻는 것이지만, 보고서만을 통해서는 답변하기 어려운 후속 질문들이 많다.

- 판매를 위해 남아 있는 재고 수량은 얼마나 되는가?
- 이번 주, 이번 달 또는 올해 예상 주문량은 얼마나 되는가?
- 특정 품목에 불만을 제기한 고객은 몇 명이나 되는가?
- 특정 품목 재고가 많은데, 잘 팔리지 않는 품목이 계속 입고되는 이유는 무엇인가?

보고나 분석이 아무리 뛰어나더라도 청중이 가질 수 있는 모든 질문에 항상 답할 수는 없다. 그럼에도 불구하고 보고서의 목적은, 가능한 많은 질문에 답할 수 있도록 준비하는 것이다. 이를 위해 뛰어난 데이터 관리 도구를 사용할 수 있어야 하며, 조언을 얻을 수 있는 데이터팀과 협업이 가능해야 한다. C&BS Co.는 다양한 질문에 답할 수 있는 좋은 보고서를 생산할 수 있는 환경을 조성함으로써, 각 매장의 재고 수준을 최적화하고 매몰 비용 또한 최소화할 수 있다.

추가 질문에 대한 답변을 준비할 수 있는 수단이 갖춰지지 않은 경우, 전혀 다른 형태로 축적된 데이터일지라도, 한데 모아 후속 질문에 대비하려 할 가능성이 높다. 하지만, 데이터가 적절한 형태로 수집되지 않으면, 도리어 혼란을 야기하는 잘못된 메시지가 도출될 수 있다. 만일 C&BS Co.가 본사 판매 전략에 대한 각 매장들의 피드백을 허용하지만, 몇몇 매장의 의견이 불완전하거나, 부정확한 데이터에 근거한다면 어떻게 될까?

개인이 구성한 데이터에 기반한 결정을 검증하지 않으면 실수가 발생할 수 있다. C&BS Co. 각 매장에서 판매내역을 엑셀에 수동으로 기입한다고 가정해보자. 값을 잘못 입력하거나, 필요한 데이터 필드를 누락할 수 있을 것이다. 이렇게 입력된 데이터를 가지고 의견을 형성한 다음, 이를 기반으로 본사 구매팀과 논의한다면, 잘못된 판매 경향 공유 또는 중요한 시장 추세 파악 누락을 야기할 수 있다. 그렇기 때문에, 명확하게 조정되고 세어뒨 데이터를 기반으로 주요 의사결정을 내리는 것이 모든 조직에서 매우 중요하다.

8.6.2 분석

분석은 보고와 거의 반대되는 문제를 가지고 있다. 분석은 데이터 분석가가 데이터를 준비하고, 그 속의 통찰을 찾고, 표와 차트를 통해 청중과 공유하는 일련의 과정을 통해 완성된다. 분석의 목적은 결과 공유를 통해 데이터 속의 숨은 핵심 통찰을 청중 그리고 데이터 사용자에게 인지시키고, 필요한 의사결정을 진행할 수 있도록 돕는 것이다.

분석 작업을 진행하면서 필요한 관점의 범위를 정하고, 소요 시간을 예측하는 것은 매우 어려운 일이다. 또한 분석 결과는 여러 추가 질문들이 생성되는 시작점으로, 이에 답변하는 데 필요한 것을 파악하는 것도 힘든 과제가 된다. 데이터 문화 수준이 낮은 조직은 이러한 것이 어려운 이유를 이해하기조차 힘들다. 반면, 더 나은 수준의 데이터 문화를 보유한 조직은 이러한 어려움에 대비하기 위한 많은 경험을 쌓고, 다양한 방책을 준비한다.

분석 결과는 메시지를 전달하기 위해 사용되는 다양한 데이터 시각화 기법과 데이터 속에서 찾은 통찰을 통해 만들어진다. 훌륭한 데이터 분석은 식당의 요리사가 단 한 명의 고객을 위해 표준 레시피에서 벗어난 음식을 만들어 대접하는 것과 같다.

이전에서 살펴보았던 C&BS Co.의 사례로 돌아가 보자. 단순 보고의 경우, 직원이 재고 수준을 이해하고, 예측하기 위해서는 제공된 데이터를 처음부터 확인해야 한다. 하지만, 적절한 분석이 이뤄진 경우라면, 고객의 소비 패턴을 예측하여, 필요한 제품의 종류와 양을 시의적절하게 조절할 수 있다. 이렇게 필요한 핵심 질문에 답하기 위한 정보를 제공하는 것은 과도한 업무를 효율적으로 처리하고, 적절한 데이터를 적시에 사용할 수 있도록 돕는다.

다양한 형태로 제공되는 분석 결과는 종종 데이터 사용자가 이해하기 더 어렵게 만든다. 특히, 데이터 관련 지식이 부족한 사용자는 분석 결과물에 포함된 정보뿐만 아니라 형식도 정확히 이해해야 하기 때문에, 더 많은 인지 부하를 사용한다. 이때 구조 파악이 어려운 템플릿 형식에서 탈피한, 더 쉬운 형태로 분석을 전달한다면, 데이터 사용자의 요구 사항뿐만 아니라 후속 질문에 대한 답도 제공할 수 있다.

C&BS Co.의 각 매장은 자체 분석을 진행할 수 있는 환경을 제공할 수 없다. 좋은 분석 결과를 도출하기 위해서는 꽤 많은 정신노동과 과제를 완료할 수 있는 기술력이 필요하다. 이러한 이유로 분석은 대개 데이터 전문 인력이 전담한다.

좋은 분석 결과물을 만들어 내기 위해서는 필요한 데이터 소스를 유지 보수해야 한다. 이때, 특정 질문에 답하기 위해 대용량 데이터를 필터링 또는 병합하여, 필요한 부분만 찾아볼 수 있는 시스템을 갖춘다면 시간, 인력과 같은 많은 자원을 절약할 수 있다.

분석 결과를 업데이트하는 것은 차트뿐만 아니라, 주석, 텍스트 등 연결된 모든 요소를 갱신해야 하는 복잡하고 힘든 일이다. 그렇기 때문에 보고서와 다르게 분석의 생산화는 훨씬 더 어렵다.

보고와 분석은 모두 데이터 속의 통찰을 공유할 수 있는 좋은 수단이다. 일관성 있는 방식으로 정보를 공유하면 데이터 사용자가 결과물을 더 빠르고 쉽게 이해할 수 있다. 보고는 조직의 데이터 친숙도를 높임으로써 보다 나은 데이터 문화를 확립하는 데 도움을 준다. 분석은 주요 데이디 추세와 끝은, 너 싶고 상력한 데이터 포인트를 알려줌으로써 중요한 의사결정에 훌륭한 조언가 역할을 한다. 데이터 선순환을 만드는 보고와 분석 모두 데이터 기반 의사결정을 위해 사용된다. 보고 기능이 특정 작업을 완료하는 데 필요한 기본 답변을 제공하기 위함이라면, 분석은 데이터를 활용하여 복잡하고 까다로운 맞춤형 질문에 답변할 수 있는 방법을 제공함으로써 비즈니스 개선을 목적으로 한다.

8.7 완벽한 균형 찾기

지금까지 데이터 기반 커뮤니케이션을 구성하면서 서로 경쟁 관계에 있는 여러 요소들을 살펴보았다. 누구도 이에 대해 모두 같은 견해를 가질 수는 없기에, 이들 사이에서 균형을 찾는 것은 마치 줄타기를 하는 것처럼 느껴질 수 있다. 일부 조직은 잘 제어된 중앙 집중형 데이터팀을 구축하고, 빠른 통찰력으로 혁신적인 시각화를 선호하는 선진 데이터 문화를 보유할 것이다. 어떤 조직은 데이터 관련 경험이 적어 의사결정을 내리는 데 표 형태의 데이터에 더 많이 의존할 수 있다.

다음에서 완벽한 균형을 찾기 위한 몇 가지 팁을 공유하고자 한다.

| 표 vs. 시각화 자료(사진 또는 그림) |
청중의 질문에 명확히 답변하기 위해 무엇이 필요한지 생각해야 한다. 표는 정확한 데이터 전달, 시각화 자료는 전달하고자 하는 메시지의 전체적인 맥락 이해를 돕기 위해 사용한다.

| 정적 vs. 대화형 |

7장에서 표와 시각화를 하나의 데이터 기반 커뮤니케이션으로 끌어내는 많은 기법들을 살펴보았다. 이때 청중과 데이터 사용자가 제공된 자료와 상호 작용할 수 있도록 지원하면, 그들이 관심 갖는 정보에 더 집중할 수 있도록 도울 수 있고, 이에 기반한 후속 질문을 유도할 수 있다.

| 중앙 집중형 vs. 분산형 데이터팀 |

데이터 통합 관리는 중앙 데이터팀에서 제어해야 하지만, 데이터를 다루는 능력은 모든 팀에 존재해야 한다. 올바른 제어 장치와 프로세스를 정립함으로써 이 둘 사이에 올바른 균형을 맞출 수 있다.

| 실시간 데이터 vs. 비실시간 데이터 |

언제 실시간 데이터가 아닌 비실시간 데이터를 사용해야 하는지 아는 것이 중요하다. 보통 사용할 데이터 소프트웨어가 실시간 데이터 연결을 지원하는지가 핵심 요인이 된다.

| 표준화 보고서 양식 vs. 혁신적인 보고서 양식 |

청중이 우리의 메시지를 더 쉽고 정확하게 해석하도록 돕는 것이 핵심이다. 이때 표준화된 보고서가 도움이 될 수 있지만, 표준화가 메시지 표현을 제한하는 것처럼 느껴지는 순간, 표현 방법을 자유롭게 혁신해야 한다. 혁신의 자유는 우리의 분석이 청중에게 더 기억에 남을 수 있도록 도와줄 것이다.

| 보고 vs. 분석 |

보고는 상황에 대한 이해를 돕기 위한 기본 데이터 전달이 그 목적이라면, 분석은 데이터를 훨씬 더 가치 있게 변환하는 데 목표를 둔다. 보고는 일반적으로 같은 질문에 반복해서 답변하는 역할을 수행하지만, 분석은 데이터 속에서 새로운 통찰력을 발견하기 위해 사용된다.

8.8 마무리

이 장에서 살펴보았듯이, 데이터를 이용하여 문제 해결을 할 때, 단일 공식은 존재하지 않는다. 조직 내 여러 사람과 논의를 통해, 대응되는 요인들 사이에 균형을 찾아, 가장 적절한 타협점에 이를 수 있도록 노력해야 한다.

조직에서 다루는 데이터 과제가 어느 영역에 있든 간에, 균형이 무너지지 않도록 다양한 측면에 신중을 기해야 한다. 또한 데이터를 다루는 모든 사람들과 함께 강력한 데이터 문화를 개발하는 것에 많은 노력을 기울여야 한다. 우리는 다음 장에서, 각기 다른 조직이 데이터에 기반하分석에 기대하는 바를 각각 살펴본다.

CHAPTER 9

특정 부서에 맞춰 일하기

데이터 기반 커뮤니케이션에 능숙해지면 많은 기회가 찾아온다. 더 규모가 크고 다양한 프로젝트들을 새로운 팀, 부서와 함께 일할 수 있는 좋은 기회가 생겨날 것이다.

새로운 사람들과 새로운 일을 시작하고 진행하는 것은 매우 힘든 과정이다. 익숙했던 용어, 데이터, 신뢰를 쌓아온 이해관계자 모두 달라진다. 새로운 부서에선, 현재 상황에 대한 전체적 맥락을 파악하기 어려울 수 있다. 하지만 우리가 2장에서 배웠듯이 새로운 이해관계자의 요구 사항을 정확히 수집하는 과정을 통해 이러한 점도 이겨낼 수 있다.

누구나 새로운 곳에서, 새로운 역할을 맡게 될 때 즉, 안전지대를 벗어나 새로운 도전을 할 때, 많은 부정적인 감정에 휩싸일 수 있다. 이런 감정을 억누르고 노력하다 보면, 회의적인 감정은 사라지고 발전한 나 자신을 발견할 것이다. 당신이 새로운 기회를 제안받았다면, 그것은 당신이 얻어낸 노력의 성과이다. 누군가 당신을 믿고 있다면, 당신 역시 당신을 믿고 노력해 보라. 이번 장에서 Prep Air에서 근무하는 클레어를 관찰해 보면서, 그녀의 새로운 데이터 기반 커뮤니케이션 스킬이 어떻게 그녀에게 새로운 도전 기회를 열어주는지 살펴볼 것이다.

이 장에서는 데이터 분석가로 다양한 사람 그리고 부서(인사팀, 마케팅팀, IT팀부터 경영진까지)와 일하면서 당면하게 될 몇 가지 어려운 상황과 타개 방안을 전수해 주고자 한다. 이러한 상황에 미리 대비힐 수 있다면, 너 좋은 결과를 빠르게 만들어 낼 수 있다.

9.1 경영진

클레어의 매니저인 프릿은 그녀에게 CEO가 대시보드를 통해 회사 실적을 관찰하고 싶어 했고, 그녀가 심혈을 기울여 준비한 데이터 대시보드를 마음에 들어 했다고 전한다.

데이터팀에서 실무를 진행하는 클레어와 같은 사람에게 최고경영자(CEO), 최고재무책임자(CFO), 최고데이터책임자(CDO) 등 고위 경영진이 포함되어 있는 팀과 일하는 것은 겁나는 상황일 수 있다.

클레어는 CEO인 토니와 함께 일하는 선배 데니스에게 조언을 구한다. 경영진과 같이 일해본 경험이 전무한 클레어에게는 이런 상황이 긴장되고 떨린다. 하지만, 데니스는 경영진은 단지 그들의 의사결정에 도움이 될 클레어의 통찰력과 분석을 원하고 있으며, 이는 Prep Air를 더 좋은 회사로 발전시킬 수 있는 좋은 기회라고 조언한다.

그렇다면 어떻게 고위 관료에게 의견을 제시하고 이를 이해시킬 수 있을까?

CEO는 매일 수 백 개의 의견과 이메일, 보고서를 받는다. 그리고 그/그녀는 어떻게 이 수많은 정보를 확인할지, 어떤 정보가 가치 있는 것인지 여러 기준을 통해 판단할 것이다. 그러므로, 이 속에서 내 생각 그리고 의견을 관철시키기 위해선 모든 커뮤니케이션은 간단명료해야 한다.

데니스는 마지막으로 클레어에게 자신감 있고, 정확한 데이터를 제시한다면 경영진도 그녀의 의견을 믿고 신뢰할 것이라 조언한다.

클레어는 계획을 세워본다. 그녀는 경영진이 무엇에 초점을 맞춰야 하는지 명확히 보여주는 간단한 개요부터 시작하기로 결정한다. 그녀는 토니를 위해 대시보드를 만들기로 결심하고, 대시보드를 열어 볼 때 최초로 나타나는 랜딩 페이지^{Landing page}부터 구성을 시작한다. 랜딩 페이지는 데이터의 중요 이슈와 정보를 신속하게 찾을 수 있게 도움을 제공하기 때문에, 토니는 많은 시간과 집중력을 절약하며 상황을 파악할 수 있다.

그렇다면 클레어는 랜딩 페이지에 어떤 내용을 포함해야 할까? 어떻게 해야 회사의 실적을 전체적으로, 중요한 것들을 놓치지 않으면서 표현할 수 있을까?

클레어는 요구 사항 수집을 위한 복잡한 질문으로 토니를 괴롭히고 싶지 않아, Prep Air의 핵심성과지표를 가이드로 사용하기로 한다. 핵심성과지표는 회사의 운영 상태를 평가하고 보여주는 중요한 척도이다. 지난 전체 회의에서 제시된 Prep Air의 목표는 다음과 같다.

- 매출 증대

- 이익 최대화

- 고객 경험 향상

경영진은 이러한 주요 경영 요인을 측정하는 핵심성과지표 항목 설정에 많은 시간과 노력을 투자한다. 그렇기 때문에, 핵심성과지표 측정 결과에 변화가 생기면, 무엇이 이를 일으켰는지를 알고 싶어 한다. 우리는 이러한 변화를 이해하는 데 도움이 될 수 있는 측정 기준과 질적 정보를 제공할 수 있어야 한다.

|그림 9-1| 클레어의 랜딩 페이지를 살펴보자.

그림 9-1 랜딩 페이지 예

자본 지출, 정시 운항률, 순추천 고객지수, 이 세 가지 지표가 가장 먼저 눈에 들어온다. 클레어는 보라색으로 이것들을 표시했고, 이는 나쁜 변화를 의미한다. 모든 측정 지표가 서로 다른 척도에 있기 때문에, 다양한 색을 사용하는 것이 좋을 수도 있지만, 그렇게 되면 많은 인지 부하를 요구하게 된다. [그림 9-1]에서와 같이 단순하게 표현하면, 즉각적인 상황 파악과 문제 발견에 도움을 줄 수 있다.

데이터 사용자는 랜딩 페이지에서 숫자로 표시되어 있는 항목을 클릭함으로써 자세한 데이터를 확인할 수 있다. CEO인 토니는 순추천 고객지수를 클릭함으로써 [그림 9-2]와 같은 세부 정보를 확인한다.

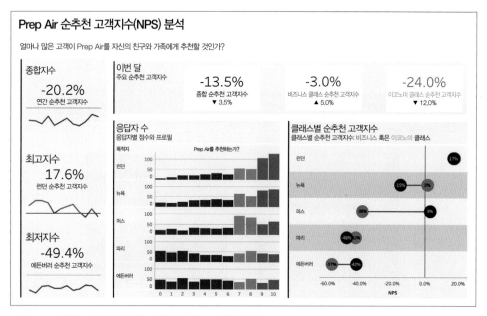

그림 9-2 순추천 고객지수에 대한 자세한 정보를 표시한 분석 페이지

상당히 많은 양의 정보가 여기 존재하며, 이를 모두 통합하려면 비즈니스 전반에 걸쳐 많은 협업이 필요하다. 이 정보는 조직을 긍정적으로 변화시킬 수 있는 의사결정의 기초가 될 것이기 때문에 정확성이 요구된다. 데이터 유관 부서의 사용자와 긴밀한 협업을 해야만 올바른 데이터 소스를 유지할 수 있다.

클레어는 이것을 깨닫고 데니스에게 어떻게 모든 정보의 정확성을 확인할 수 있는지 묻는다.

데니스는 혼자 할 수 없다고 말하면서, 도움을 요청하라고 조언한다. 그는 협업이 매우 중요하다고 강조하면서, 데이터 시각화 초안을 관련 부서에 검토 요청할 것을 제안한다. 아마도 그들은 클레어의 초안에서 실수를 찾아낼 수도, 그녀가 사용한 핵심성과지표 측정 방법에 동의하지 않을 수도 있다. 하지만, 이것들은 모두 귀중한 정보이고, 다른 부서의 시각에서 그녀가 놓치고 있는 것이 무엇인지 알 수 있는 유일한 방법이다.

클레어는 랜딩 페이지에 조직의 성과에 대한 유용한 개요 정보를 담아 경영진에 전달했다. 그녀는 긴장하며 답변을 기다렸고, 며칠 후, CEO가 직접 작성한 감사 이메일을 확인할 수 있었다. 토니는 클레어의 대시보드를 통해 실적이 저조한 영역을 쉽게 확인하고, 빠른 조치를 취하는 데 필요한 정보를 찾을 수 있었다.

9.2 재무팀

클레어가 CEO에게 훌륭한 대시보드를 성공적으로 만들어 준 것에 대한 소문은 금세 퍼졌고, 곧 CFO에게도 비슷한 요청을 받게 된다. 재무팀의 요청은 항공권 수익 변화를 관찰하기 위한 새로운 대시보드 생성이다.

재무팀은 Prep Air의 모든 수입, 지출 그리고 다른 모든 재무 관련 데이터셋을 확인하고 분석한다. 재무에 대한 경험이 거의 없는 클레어는 이번에도 덜컥 겁이 났고, 다시 데니스에게 재무팀을 돕기 위해 어떤 것을 제공해야 하는지 도움을 요청한다.

데니스는 재무팀과 일해본 경험이 여러 번 있었고, 그들이 정확하고 자세한 정보를 확인하기 위해 표 형태의 데이터를 선호한다는 사실을 알려준다.

또한 재무 팀원들이 데이터 시각화에 회의적인 편이며, 표와 시각화가 적절하게 균형을 이룬 분석 결과를 제공해야 할 것이라는 조언을 전달한다.

클레어는 그녀의 메시지를 전달할 최적의 방법을 고민한다. 만약, 재무팀에서 아주 자세한 데이터 분석을 원한다면, 어떻게 메시지를 명확하게 전달할 수 있을까? 게다가, 클레어는 그녀의 주장을 재무팀이 잘 납득하고, 이해할 수 있게 해야 한다.

클레어는 자세한 내용을 더하는 것 이전에, 주요 메시지를 전달하는 것이 더 중요하다는 결론을 내린다. 그녀는 수많은 숫자들 사이에서 길을 잃지 않기 위해, Z 패턴(6장에서 설명함)을 활용하기로 하고, 페이지 상단에 맥락 관련 숫자와 차트를 배치한 다음 아랫부분에 세부 데이터를 덧붙였다(그림 9-3).

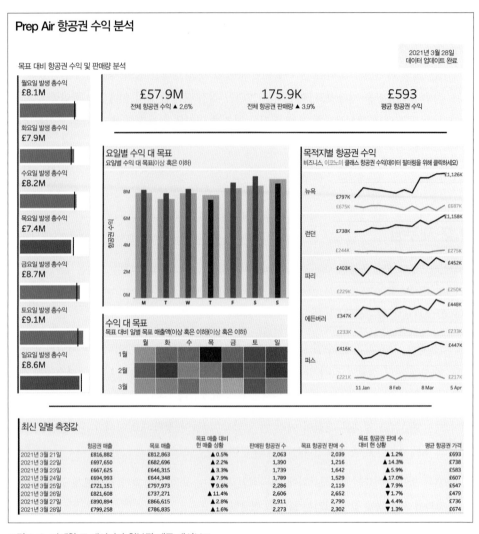

그림 9-3 자세한 표 데이터가 첨부된 재무 대시보드

클레어의 대시보드는 상호 작용이 가능하므로, 재무 팀원들은 상단의 차트를 사용하여 하단의 표 데이터를 필터링할 수 있다. 이렇게 하면 차트 즉, 데이터 시각화와 표에 표시된 데이터를 한눈에 확인할 수 있어, 재무 팀원들의 시간과 노력을 절약할 수 있다. 예를 들어, [그림 9-3]의 '목적지별 항공권 수익'에서 파리 노선을 클릭하면, 대시보드 하단 표는 관련 데이터로 업데이트될 것이다(그림 9-4).

최신 일별 측정값

	항공권 매출	목표 매출	목표 매출 대비 현 매출 상황	판매된 항공권 수	목표 항공권 판매 수	목표 항공권 판매 수 대비 현 상황	평균 항공권 가격
2021년 3월 21일	£92,234	£78,540	▲ 17.4%	191	196	▼ 2.5%	£812
2021년 3월 22일	£95,191	£101,713	▼ 6.4%	328	286	▲ 14.6%	£822
2021년 3월 23일	£92,901	£93,758	▼ 0.9%	156	171	▼ 8.9%	£573
2021년 3월 24일	£84,477	£87,011	▼ 2.9%	224	194	▲ 15.4%	£850
2021년 3월 25일	£105,068	£100,057	▲ 5.0%	283	219	▲ 29.5%	£1,158
2021년 3월 26일	£121,840	£114,633	▲ 6.3%	343	304	▲ 12.9%	£578
2021년 3월 27일	£112,724	£97,570	▲ 15.5%	181	187	▼ 3.4%	£1,018
2021년 3월 28일	£90,334	£85,174	▲ 6.1%	288	209	▲ 37.8%	£652

그림 9-4 [그림 9-3]의 파리 노선을 클릭함으로써 업데이트된 표

차트는 데이터 속 이야기를 더 두드러지게 만드는 장점이 있다. 이를 이용하면 청중이 주의를 의도적으로 조정하여, 더 많은 통찰을 제공할 수 있다.

클레어는 대시보드를 완성하기 전에 CEO 대시보드와 마찬가지로 재무팀에 검토를 요청하기로 한다. 재무 팀원들은 데이터 주제에 대해 자세한 부분까지도 인지하고 있어, 잠재적인 실수까지도 식별할 수 있다.

9.3 인사팀

클레어의 재무 대시보드는 이번에도 성공했고, CEO는 클레어에게 Prep Air의 모든 부서별 대시보드를 맡아줄 것을 요청한다. 인사팀, 운영팀, 마케팅팀, 영업팀, IT팀 등 대부분의 팀이 대시보드를 필요로 한다. 클레어는 이러한 성공 경험을 통해, 다양한 부서와 함께 작업하는 것에 대한 적절한 가이드가 필요하다는 것을 깨닫는다.

클레어는 곧 인사팀을 위한 대시보드 작업 시작을 위해, 선배인 데니스에게 이번에도 조언을 부탁한다.

인사팀을 위한 대시보드에서 가장 중요한 것은 데이터셋 그 자체이다. 인사팀은 민감한 개인 정보를 사용하기 때문에, GDPR과 같은 원칙하에 주의를 기울여 데이터를 다뤄야 한다. 인사팀의 데이터셋에는 다른 회사와 마찬가지로 모든 직원의 이름, 나이, 급여, 주소, 부양가족 수와 같은 개인 정보가 담겨 있다.

민감한 데이터를 시각화할 때에는 일반적으로 데이터를 통합하거나 요약하여 표시한다. 즉, 각각의 데이터 포인트를 보여주는 대신, 집단의 평균, 최대, 최소 등을 사용한다. 이 작업을 분서

전에 시작하는 행위를 전통합^{Pre-aggregation}이라고 한다.

데이터를 미리 통합하는 것은 그 후 산출된 결과에서 개개인의 데이터를 식별해 내기 훨씬 어렵게 만든다. 비록 전통합이 데이터 정확성을 보장해 주지 않더라도, 민감 정보 유출을 차단할 수 있다는 이점이 있어, 더 광범위한 메시지 전달이 가능하게 해준다(그림 9-5).

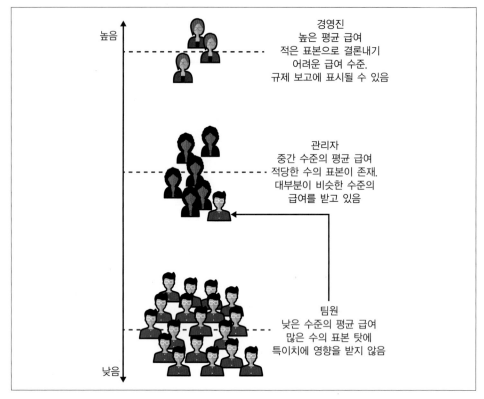

그림 9-5 직급별 평균 급여를 나타낸 차트

통합 처리된 데이터가 여전히 개개인의 특정 데이터를 식별할 수 있는지 꼭 확인해야 한다. [그림 9-5]에서 볼 수 있듯이, 표본이 많은 그룹의 경우, 개인의 자세한 정보를 확인할 수 없지만, 그 숫자가 소수인 경영진의 경우 특히 주의를 기울여야 한다.

만약, 주어진 데이터에서 개인 정보를 확인할 수 있어, 어느 부서의 누가 얼마만큼의 급여를 받는지 알 수 있다면, 개인 정보 법 위반은 물론이고 다음과 같은 도덕적인 문제를 불러일으킬 수 있다.

- 모든 직원들은 동료와 자신의 급여를 비교할 수 있다. 만약 자신보다 동료가 더 많은 급여를 받고 있다면, 더 많은 급여를 요구하거나 회사를 떠날 수 있다. 또는 자신의 급여가 다른 사람들과 비슷하다면, 그것을 조직의 성장성 제한으로 받아들여 이직을 결정할 수 있다.
- 부서 간 급여 격차에 대한 불만을 제기할 수 있다.
- 아래 직급의 직원이 특별한 경험이나 기술에 의해 훨씬 많은 급여를 받고 있다는 사실을 알게 되면, 이 또한 불만을 야기할 수 있다.

[그림 9-5]는 위와 같은 문제를 야기할 만한 어떠한 맥락 정보도 제공하지 않는다.

이러한 잠재적인 문제를 방지하기 위한 한 가지 수단으로써, 정보 열람에 최소 개체 수를 설정할 수 있다. 예를 들어, 최소 5명의 표본이 제공되어야 차트에 값을 표기하는 것이다.

클레어는 직원 간의 갈등을 불러일으키지 않도록, 이러한 민감 데이터를 여러 사람에게 전파하기보다는, 인사팀과 경영진 등 특정 사람들에게만 제공할 수 있다.

9.4 운영팀

운영팀이 다루는 데이터를 이해하기 위한 유일한 방법은 자세히 들여다보는 것이다. 그렇게 함으로써, 조직에서 어떤 일이 일어나고 있는지, 어떤 부분이 향상되었는지, 어떤 종류의 투자가 일어날 것인지 알 수 있다.

조직이 하는 일에 따라 운영팀의 업무도 달라진다. 예를 들어, 차량을 제조하는 일, 수업을 진행하는 일, 물건을 판매하는 일 등이 있다. Prep Air에서 운영팀은 비행기를 청소하는 것부터, 항공권 판매, 고객 불만 응대까지 모든 것을 관리한다.

조직을 구성하는 모든 부분에서 데이터가 만들어진다. 그리고 이 데이터를 기반으로 커뮤니케이션하는 것은 매니저로 하여금 운영 과정에 문제는 없는지 세부 사항을 측정하고 잠재적 문제를 확인할 수 있게 돕는다. 매니저들은 각 조직의 최전선에서 근무하는 수많은 사람과 끊임없이 이야기하는 것은 물론, 데이터를 이해함으로써 시각화가 제공하는 높은 수준의 개요 달성을 위해 노력한다.

중요한 운영 업무를 예시로 살펴보자. 각각의 업무 기능에 얼마나 많은 사람이 필요한지 파악하기 위해 소요 시간을 측정해 볼 수 있다. 만약 인력이 부족하다면, 팀원들의 업무가 과중해서고, 필요한 업무를 시간 내에 끝마치지 못할 수 있다. 또는 고객을 만족시킬만한 서비스를 제공할 수 없는 경우, 회사의 이미지에 큰 타격을 준다. 반대로 너무 많은 사람을 고용한다면, 업무는 쉬워지지만 높아진 인건비로 회사 운영에 큰 어려움이 생길 것이다. 운영은 모두 균형과 관련이 있다. 어떻게 하면 주어진 업무에 소요되는 시간을 정확히 측정할 수 있을까?

5장에서 배운 관리도와 상자–수염 차트는 운영 데이터를 확인하고 공유하기 위해 매우 중요한 기법들이다. 이 기법들은 중앙값이나 평균뿐만 아니라 기댓값을 보여주기 위해 표준 편차를 이용한다. [그림 9-6] 관리도는 운영상의 데이터 개요를 제공할 뿐만 아니라 면밀한 검토를 가능하게 한다.

클레어는 관리도를 보면, 보통 각 부서는 일주일에 최대 약 80번 정도의 민원을 받는다고 예상할 수 있다. 평균 민원 건수는 19주차까지 계속 증가했고, 운영팀은 고객에게 더 나은 서비스를 제공하기 위해 세 부서에 더 많은 인력을 투입했다. 추가 입력 투입은 늘어가는 민원 숫자에 대한 대응이었고, [그림 9-5] 차트는 이러한 판단의 좋은 척도가 된다.

기내 관리팀 고객 불만 수가 갑자기 증가했던 19주차에 특히 우려했을지 모르지만, 그 값이 관리 범위 밖에 있었기 때문에 클레어는 추가 인원 투입 제안 대신, 이를 특이치로 규정하고 무시했다.

프로젝트 매니저에게 데이터는 특히 더 중요하다. 프로젝트 진행률을 측정하고, 문제를 해결하고, 프로젝트 성공 달성을 평가하기 위해 데이터는 필수이다. 대부분의 조직에서는 진행 단계 및 성과에 대한 명확한 결과를 확인할 수 있는 프로젝트에만 자금을 투입하기 때문에, 이를 설정하려면 매니저는 데이터가 필요하다.

운영팀의 데이터 출처는 프로젝트 관리 시스템일 가능성이 높다. 큰 조직에서는 진행 상황을 추적하고 프로젝트 데이터를 보관하기 위해 전문 프로젝트 관리 시스템을 사용하는 경우가 많지만, 작은 조직에서는 이를 모두 엑셀로 보관할 수도 있다. 프로젝트 데이터는 그 목적이 상충하는 다른 프로젝트는 없는지, 일정을 초과한 프로젝트는 없는지 확인할 수 있게 하고, 새로운 프로젝트 일정 수립에 큰 도움이 된다.

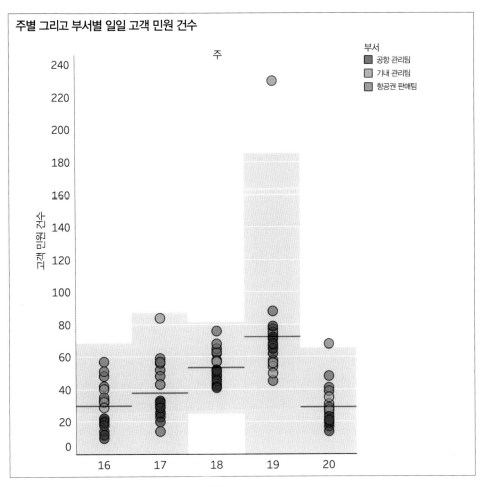

그림 9-6 Prep Air의 고객 불만 건수를 표시한 관리도

클레어는 Prep Air의 프로젝트 데이터 관리 시스템을 사용하여 [그림 9-7] 시각화를 만들었다. 이를 통해, 일정을 초과한 프로젝트, 주말 근무자 현황 등을 확인할 수 있다.

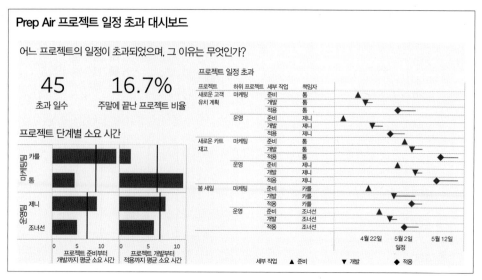

그림 9-7 프로젝트 일정 초과 대시보드

클레어는 청중이 더 쉽게 원하는 정보를 열람할 수 있도록 대화형 요소를 추가한다. [그림 9-7]의 오른쪽은 간트 차트로, 프로젝트 단계별 일정을 보여주고 소요 시간을 예측한다. 클레어는 소요 시간 예측 결과가 지속적으로 변경될 수 있다는 것을 잘 알고 있기 때문에, 정기적으로 업데이트되는 실시간 데이터 소스를 사용하여 대시보드를 구축한다. 업데이트된 대시보드의 정보를 통해 매니저는 프로젝트에 추가 인력을 투입해야 하는지 또는 일정을 변경해야 하는지 판단한다.

9.5 마케팅팀

클레어는 마케팅팀을 어떻게 도울 수 있는지 아이디어를 얻기 위해, 디지털 마케팅 책임자인 알렉스에게 데이터가 마케팅에 미치는 영향에 대해 물어보며 조언을 구한다.

거의 모든 산업 영역이 디지털화되면서 데이터는 기하급수적으로 증가했고, 마케팅 분야에도 변화의 바람이 불었다. 알렉스가 마케팅 업무를 시작했을 때만 해도, 거의 모든 마케팅 관련 데이터 수집은 대면으로 이뤄졌다. 하지만 지금은, 소셜 미디어 참여, 웹 트래픽 추적 등을 통해 더 광범위한 데이터 수집을 하고, 이를 기반으로 마케팅을 진행한다. 이러한 새로운 마케팅 전략으로, 고객과 대면하지 않고도 브랜드 이미지에 대한 선호도 등 많은 것을 미리 파악할 수 있다.

그러면 이러한 서로 다른 이름과 정의를 가진 방대한 양의 데이터는 어디서 수집할 수 있을까? 알렉스는 클레어에게 인구 조사 보고서, 구글 애널리틱스Google Analytics의 웹 트래픽 보고서, 페이스북Facebook, 링크드인LinkedIn, 인스타그램Instagram, 트위터Twitter와 같은 소셜 미디어에서 정보를 수집한다고 설명한다.

이메일에서 또는 웹 페이지에서 광고 링크를 클릭하면, 제품 페이지로 이동하기 전, 화면이 특성 URL 웹 수소에서 잠시 머무는 것을 확인할 수 있다. 이러한 웹 소프트웨어 기능은 사용자 링크 클릭이 어느 URL에서 시작되었는지 추적할 수 있게 하여, 무엇이 사용자의 관심을 끌었고, 어떻게 이동했는지 알 수 있게 한다. 그 후 제품 페이지의 추가적인 사용자 관찰을 통해 어떻게 제품을 검색하고 무엇을 구매하는지 확인할 수 있다.

궁극적인 목표는 각 고객의 특징과 구매 패턴을 이해하는 것이다. 누가 무엇을 사는지, 어떻게 평가하는지, 소셜 미디어에 제품에 대해 어떻게 평가하는지 등 고객이 행동하고 말하는 것을 추적, 관찰한다. 이러한 데이터를 축적하면 비슷한 프로필을 가진 다른 고객에게 적절한 제품 추천이 가능하여, 마케팅 비용을 최대한 절감할 수 있다.

이러한 기법을 사용하기 위해 클레어는 고객들이 소셜 미디어에서 사용하는 아이디와 실제 고객명이 일치하는 데이터를 구축해야 한다. 하지만 대부분의 사람들이 이 둘을 다르게 사용하기 때문에 다음과 같은 문제가 발생할 수 있다.

| 페이스북 |

페이스북은 대부분 실명을 사용하지만, 일부 사용자는 중간 이름을 생략하거나, 개명 이전 이름 또는 별명을 추가하여 표시한다.

| 링크드인 |

링크드인도 대부분 실명을 사용하지만, 결혼 또는 개명으로 이름이 바뀐 사람들이 일반적으로 업데이트하지 않는다.

| 인구 조사 보고서 |

정부의 인구 조사 보고서에는 많은 세부 사항이 포함되어 있지만, 그 기준이 세대이다. 세대는 개인이 아니라 그룹이기 때문에 개개인을 식별하는 것은 거의 불가능하다.

| 웹 트래픽 |

개인 정보에 전자 메일 주소를 입력하도록 고객에게 요청할 수 있지만, 모든 고객이 가이드를 따라주지 않기 때문에 이 또한 완전하지 않다.

위에서 다룬 데이터 소스는 빙산에 일각에 불과하다. 이 모든 것을 연결해서 한 명의 고객 특성을 파악하는 것이 얼마나 어려운 일인지 알 수 있다. 또한 각 소스에서 찾은 값이 서로 일치하는지, 정확한지 확인하려면 수많은 정리 작업을 거쳐야 한다. 데이터셋을 서로 연결하는 방법만으로는 분석을 위한 완벽한 준비가 되지 않는다. 분석에 적합한 데이터셋을 형성하는 데 많은 시간이 소요될 수밖에 없다. 그러나 고객 및 잠재 고객의 프로필을 만드는 것은 마케팅을 훨씬 더 정확하게 타게팅 할 수 있기 때문에 노력할 가치가 충분하다.

예를 들어, Prep Air는 출장을 위해 항공편을 자주 이용하는 개인에 초점을 맞추려고 한다. 이들은 항공권을 자주 소비하기 때문에 좋은 시장이다. 알렉스와 Prep Air 디지털 마케팅팀은 등록된 고객의 데이터를 소셜 미디어 계정과 연결하여, 이들의 비행 선호도와 목적지를 파악하고 특별 운임 제공 등 다양한 마케팅 전략을 펼칠 수 있다. 이처럼 소셜 미디어 활용은 변화하는 소비자 행동을 관찰할 수 있는 좋은 방법이다. 이밖에, 근래 인기를 끄는 새로운 여행지 파악 등 최신 추세도 알아챌 수 있다. 이 작업은 많은 고민과 시간이 필요하기 때문에 전문가 조직을 구성하여 운영할 수도 있다.

클레어가 예상한 바와 같이 가장 먼저 진행해야 할 과제는 사용 가능한 모든 데이터 소스를 나열해 보는 것이다. 다루는 데이터 소스에 따라, 그녀가 맡을 수 있는 작업 그리고 전문적인 지원을 받는 작업으로 나눌 수 있다. 개인별 데이터 소스를 다루는 경우, 민감 정보 노출에 극도의 주의를 기울여야 하며, 도출해야 할 마케팅 전략에 맞춰 적절한 데이터 소스 선택을 해야 한다.

9.6 영업팀

Prep Air의 영업 리더 중 한 명인 미치코는 "영업은 목표 달성이 가장 중요하다"라고 말한다. 기업이 돈을 벌기 위해 가장 먼저 해야 할 일은 판매 목표치를 설정하는 것이고, 이를 위해 데이터와 대시보드는 없어서는 안 될 필수 요소이다.

고객관계관리Customer Relationship Management(CRM) 시스템이라고도 불리는 판매 모니터링 시스템에는 많은 데이터가 포함되어 있지만, 그렇다고 데이터 사용자가 원하는 정보를 쉽게 전달하는 것은 아니다. 대부분의 고객관계관리 시스템은 기본적인 데이터 시각화를 제공하지만, 특정 질문에 답변하도록 설계되어 있지 않다. 그렇기 때문에, 미치코는 클레어에게 고객관계관리 시스템이 미치지 못하는 정보를 담아 제공해 줄 대시보드를 요청한다.

영업팀은 목표 대비 성과를 기준으로 평가된다. 하지만 더 중요한 것이 목표를 달성하고 있는 이유 또는 그렇지 못한 이유를 바로 아는 것이다. 다루는 제품에 따라, 연간 목표를 달성하기 위해 큰 거래 한 번이면 충분할 수도 있다. 따라서 영업팀은 진행 중인(또는 잠재적인) 거래 목록과 계약이 완료되기까지 진행되는 과정을 정확히 이해해야 한다. 영업 프로세스는 고객에 대한 초기 탐색부터 거래 완료까지 여러 단계에 거쳐 진행된다(그림 9-8).

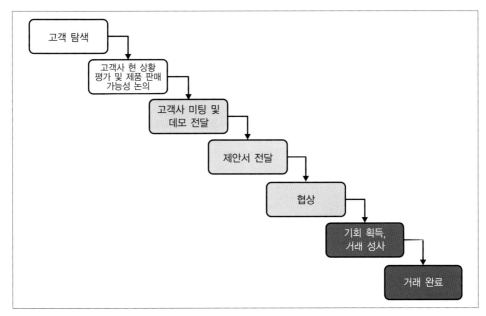

그림 9-8 세일즈포스의 영업 프로세스 다이어그램

모든 영업 단계가 성공적으로 진행되지 않는다. 그렇기 때문에, 영업팀은 진행 중인 건의 상황을 추적하고 거래를 완료하기 위해 해결해야 할 문제를 식별하려고 한다.

여러 가지 방법으로 영업 단계를 시각화할 수 있지만, 다음의 핵심 정보를 전달해야 한다.

- 진행 중인 영업 건의 전체 가치
- 각 영업 기회가 판매로 전환되어 수익으로 이어질 가능성
- 각 영업 기회가 완료까지 소요될 예상 시간
- 다른 이전 영업 건과 진행 중인 건이 다른 사항
- 영업 팀원별 영업 진행 상태 비교

만약 클레어가 이 모든 요소들을 하나의 시각화로 만들었다면, 그것은 너무 복잡하고 이해하기 어려울 것이다. 그녀는 [그림 9-9]의 대시보드가 이러한 정보를 공유하기에 더 나은 형태라고 판단한다.

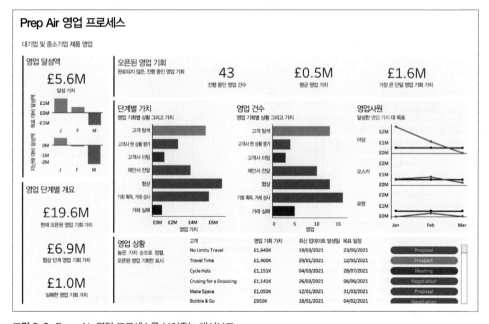

그림 9-9 Prep Air 영업 프로세스를 보여주는 대시보드

영업 진행 상황을 확인하는 것은 긴 여정을 추적하는 것과 같다. 거래 완료 또는 실패까지 얼마만큼의 시간이 소요되는지 알아보고, 그 과정에서 어떤 일들이 일어나는지 이해하는 것이다.

영업팀 데이터를 분석하면 고객에 대한 유용한 정보를 파악할 수 있고, 어떤 노력이 어떤 결과를 만들어냈는지 평가할 수 있다.

미치코는 "영업팀이 대기업을 유치하는 데에만 많은 자원을 할애하고, 다른 작은 고객사를 소홀히 생각한다면 사업은 전반적으로 어려워질 가능성이 매우 높다"라고 주장한다. 물론 이러한 접근은 대규모 판매를 증가시키기에 유리하지만, 지속 가능한 사업을 위해서는 모든 노력과 자원을 균일하게 사용해야 한다.

이러한 분석을 수행하려면 클레어는 각 고객의 과거, 현재 기록이 필요하다(표 9-1). 클레어는 징확한 분석을 위해 정기적으로 데이터를 축적하고, 이를 바탕으로 영업 단계별 특이사항을 관찰한다.

표 9-1 영업 데이터 분석을 위한 유용한 데이터 구조

고객사	영업사원	제품 종류	예상되는 영업 가치	상태	데이터 업데이트 발생일
PA-302818	제니	대기업	350000	고객 탐색	19/12/2020
PA-302818	제니	대기업	290000	견적 전달	23/01/2021
PA-302818	제니	대기업	290000	송장 전달	08/02/2021
PA-302818	제니	대기업	290000	구매 완료	21/12/2021
PA-193842	톰	중소기업	34000	고객 탐색	02/01/2021
PA-193842	톰	중소기업	34000	견적 전달	08/01/2021
PA-193842	톰	중소기업	34000	송장 전달	11/01/2021
PA-127492	톰	중소기업	12900	고객 탐색	13/02/2021
PA-123428	톰	중소기업	12400	고객 탐색	17/02/2021
PA-387492	제니	대기업	125000	고객 탐색	19/02/2021
PA-387492	제니	대기업	140000	견적 전달	13/03/2021

[표 9-1]의 구조를 사용한다 할지라도 각 단계의 소요 시간을 쉽게 측정할 수 있는 것은 아니지만, 영업 단계가 변화할 때 생기는 가치 변화를 포착할 수 있다. 이를 통해 거래로 이어질 가능성과 거래를 했을 때 추정치를 예측할 수 있다. 지금까지 이 책에서 실펴본 내부분의 데이터셋은 특정 이벤트 기반이었다. 하지만, [표 9-1]은 시간 흐름과 영업 단계에 따른 세부 정보를 담고 있어, 필요한 질문에 답하기 위해서 계산을 통한 훨씬 더 많은 논리를 적용해야 하고, 이는 분석을 더 어렵게 만든다.

9.7 IT팀

CTO의 비서이자 IT 엔지니어인 제이미는 클레어에게 말한다. "IT팀이 없다면 데이터도 있을 수 없고, 당신은 아무것도 할 수 없다. 또한 모든 임직원은 의사결정을 위해 본능과 경험에 의존해야 할 것이다. 우리가 이 조직을 운영하는 시스템을 구축했으며, 우리의 허락 없이는 아무도 데이터에 접근할 수 없다."

클레어의 대시보드는 매우 성공적이었다. CEO와 모든 부서장들은 정기적인 데이터 시각화 공유를 요청한다. 하지만, 각 부서를 위한 대시보드를 매번 모두 다시 구축하는 것은 너무 힘들고 과도한 작업이다. 그렇기 때문에, 클레어는 IT팀의 제이미와 협업하여 너무 많은 시간과 노력 없이 정기적인 데이터 공유를 할 수 있는 시스템 구축을 생성해 보고자 한다. 여기에는 데이터 소스 준비, 데이터 손질 그리고 실제 데이터 분석 등이 포함된다.

예를 들어, 클레어는 데이터베이스에서 필요한 바를 추출하는 작업을 해왔고, 제이미는 조직의 중앙 데이터베이스에 접근할 수 있다. 그는 또한 필요한 데이터를 원하는 곳으로 연결할 수 있는 코딩 기술과 강력한 소프트웨어를 가지고 있어, 클레어의 데이터셋을 훨씬 쉽게 업데이트할 수 있다. 제이미의 일은 클레어의 것과 성격이 다르고, 개발하는 데 많은 시간이 소요되지만, 앞으로의 데이터 분석을 훨씬 더 효율적으로 만들 수 있다.

제이미는 클레어가 데이터 분석과 대시보드와 같은 분석 결과물 생성을 위해 진행하는 모든 과정을 분해하고, 동일한 작업을 프로그래밍 코드화해야 한다. 데이터 시각화 생성도 마찬가지이다. 제이미가 다루는 소프트웨어를 사용하면 일부 시각화 요소의 형태가 바뀔 수 있지만, 청중들이 원하는 주요 메시지가 제대로 전달할 수 있어야 한다. 클레어는 청중과 이해관계자가 제시한 요구 사항을 다시 한번 확인함으로써, 새로운 버전에서도 같은 만족도를 얻기 위해 최선을 다해야 한다.

이와 같은 과정을 통해 반복작업을 없앨 수 있고, 효율적인 분석 정보 공유가 가능하다. 하지만, 데이터 분석에 제어권을 일부 잃는 것과 같기 때문에, 즉각적인 데이터 변경이 불가능하다는 단점이 있다. 제이미는 클레어에게 데이터 분석 생산화 세부 과정과 이로 인한 제한적인 불편함을 자세히 설명한다. 결국, 클레어는 이해관계자들의 후속 요청을 반영하고 더 뛰어난 분석 결과물 생성과 공유를 위해 제이미와 같이 시각화를 업데이트할 수 있는 능력을 갖추어야 한다.

제이미는 클레어에게 데이터가 올바르게 연결되었는지 확인한 후에는, 다른 사람이 데이터셋을 함부로 변경하면 안 된다고 경고한다. 클레어는 IT팀의 데이터셋에 대한 지원을 받는 것에 감사하지만, 통제력을 약간 상실했다고 느낀다. 조직에서 유용한 데이터가 생산되어 반영되어야 할 경우, 이를 적용할 수 있는 역량을 키우는 것이 좋은 대비책이 될 수 있다.

데이터 분석 생산화의 마지막 부분은 작업을 중단해야 하는 시기를 파악하는 것이다. 데이터 분석가로서 클레어는 해당 작업의 목적을 알고 있기 때문에, 그것이 더 이상 필요 없을 때를 잘 알 수 있다. IT팀의 인력은 제한되어 있기 때문에, 제이미는 이 정보를 가장 먼저 알고 싶어 한다. 클레어는 이해관계자와 긴밀히 논의하여 제공하고 있는 데이터 분석 결과가 여전히 적절하고 유용한지 주기적으로 화인해야 한다.

IT팀은 자체 성과 및 팀 활동을 여러 측면에서 관찰할 수 있는 대시보드가 필요했다. IT팀 제이미의 일은 단지 데이터 분석 생산화를 지원하는 것 말고도, IT 서비스 제공, 프로젝트 지원, 시스템 오류 수정 및 측정 등 다양하다. 클레어는 조직의 비즈니스 전반에 걸쳐 유용한 데이터 정보를 제공하는 데 탁월한 성과를 거두었고, 이번에는 IT팀을 지원하기로 한다.

클레어는 IT 지원 건수와 목표를 보여주는 대시보드를 구축했다(그림 9-10). 이를 통해 제이미는 IT팀을 더 효과적으로 관리할 수 있고, 클레어의 데이터 분석 생산화 시스템에 더 많은 도움을 줄 수 있다.

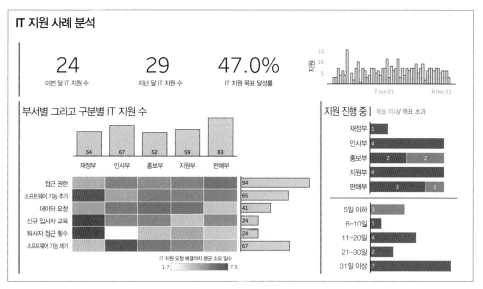

그림 9-10 IT 지원 사례 분석

9.8 마무리

다양한 부서와 함께 일하는 것은 신나고 즐거운 기회이다. 데이터 사용 능력을 끊임없이 발전시켜, 많은 조직과 상호 작용하고 조직의 성장을 위해 기여할 수 있어야 한다.

다른 부서에서 필요한 점과 어려운 점을 이해하게 되면, 동료들이 필요로 하는 것을 빠르고 효과적으로 파악할 수 있다. 클레어가 그랬던 것처럼, 명확한 상황 이해와 정확한 데이터 분석을 통해 각 부서가 처한 어려움에 맞는 데이터 솔루션을 제공하도록 노력해야 한다.

이 장에서는 데이터 분석가로서 조직에서 직면할 수 있는 과제, 조건 및 요구 사항 중 일부를 살펴보았다. 이처럼 각 부서의 고유한 과제를 파악하면 해당 부서에 가장 도움이 되는 분석 자료, 최적의 데이터 구조화 방법 등 여러 측면에서 유용한 데이터 서비스를 제공할 수 있다.

이 책을 통해 배운 기술들을 잘 활용하면, 새로운 기회를 향한 다양한 문을 찾을 수 있을 것이다. 여러 부서에 대한 지식을 쌓고, 그곳에서 동료들과 협력하면, 모든 업무가 더 나은 방향으로 발전한다는 사실을 깨달을 것이다.

CHAPTER 10

내 것으로 만들기

훌륭한 데이터 분석가 되는 것은 평생의 목표가 될 만큼 가치 있는 일이다. 배울 것은 항상 많고, 얻는 보람과 이익은 일을 할수록 증가할 것이다. 이 과정에는 여러 다양한 경로가 있다.

모든 길은 너무 다르기 때문에, 어떤 길을 가라고 조언하기 어렵다. 대신, 여러분과 여러분의 데이터 기반 커뮤니케이션 기술을 발전시킬 수 있는 몇 가지 다음 단계를 제시하면서 이 책을 마치고자 한다.

10.1 1단계: 영감 얻기

데이터 기반 커뮤니케이션의 목적은 청중의 주의를 끌고 메시지를 정확히 전달하는 것이다. 여러분은 지금까지 청중의 눈길을 사로잡는 여러 유익한 시각화 기법들을 배웠다. 하지만, 다른 사람들이 만든 신선한 새로운 시각화를 지켜보는 것도 중요하다. 이를 바탕으로 혁신적인 시각화 기법에 대해 생각해 볼 수 있고, 실무에 적용할 수 있다.

다른 사람의 작업 과정이나 결과물에서 영감을 얻고, 이를 적용해 보는 노력이 필요하다. 이런 과정이 누락되면, 같은 오래된 기술을 계속해시 사용하는, 틀에 박힌 나 자신을 발견할지도 모른다. 문학 작가들이 훌륭한 작품을 읽고, 화가들이 창의력을 키우기 위해 박물관과 갤러리를 방문하듯이, 우리는 우리가 찾을 수 있는 최고의 데이터 분석 결과물을 탐색해야 한다.

다음은 여러 데이터 분석 그리고 시각화 기법들을 찾아볼 수 있는 좋은 장소이다.

| 소셜 미디어 |

트위터와 같은 사이트는 전문적인 작업과 흥미로운 개인 프로젝트를 모두 찾아볼 수 있는 유용한 곳이다. 그리고, 데이터 시각화 소사이어티Data Visualization Society[1]는 여러 다양한 데이터 기술과 영역을 확인해 볼 수 있는 훌륭한 사이트이다.

| 태블로 퍼블릭 |

태블로 퍼블릭[2]은 태블로 무료 버전이며, 여러 데이터 업계 종사자들이 그들의 일과 개인 프로젝트 그리고 새로운 기법을 공유하는 장소이기도 하다[3]. 나[4]를 포함한 관심 있는 여러 분석가를 팔로우함으로써, 여러 유용한 정보를 확인할 수 있다.

위와 같은 수단을 이용하여 다른 사람과 좋은 영감을 주고, 받을 수 있는 다양한 활동을 하길 추천한다.

10.2 2단계: 연습하기

반복된 연습만이 완벽한 결과물을 만들 수 있는 가장 빠른 길이다. 데이터 실무 전문가이든 신입이든 끊임없는 연습을 해야 한다.

그러나 데이터 소스가 엄격하게 관리되는 경우, 연습이 어려울 수 있다. 데이터셋을 다듬고, 합치는 등의 기본적인 데이터 준비 기술을 연습할 수 있는 Preppin' Data[5]가 생겨난 이유가 이것이다. 대부분 태블로에서 다룰 수 있는 데이터 형태이지만, 다른 데이터 도구에서도 상당 부분 지원된다. Preppin' Data는 매주 수요일 과제를 내며, 차주 화요일 정답을 제공한다.

데이터 시각화 분야 전문가이자, 나의 동료인 앤디 크리벨은 Makeover Monday[6]라는 데이

---

1 *https://oreil.ly/AtzSZ*
2 *https://oreil.ly/WfNjV*
3 *https://oreil.ly/y8luW*
4 *https://oreil.ly/3BFt3*
5 *https://preppindata.com*
6 *https://oreil.ly/QJ0BB*

터 시각화 문제 공유 사이트를 운영 중이다. Makeover Monday는 매주 완전하지 않은 데이터 시각화 과제를 내고, 사용자는 이를 수정하여 더 나은 자신만의 솔루션을 제출하고 피드백 받는다.

앞의 유용한 사이트를 통해 조직 내에서 배울 수 없는 다른 다양한 기술과 기법을 습득할 수 있다.

10.3 3단계: 탐구하기

이 책은 데이터에 대한 전반적인 개념을 다루기 때문에, 여기선 특정한 기술을 언급하거나 설명하지 않았다. 처음부터 다양한 데이터 소프트웨어를 통한 학습은 까다롭고, 많은 비용이 들지만, 책은 좋은 시작점이 될 수 있다.

잭 도허티와 일리야 일라얀코우가 저술한 『핸즈온 데이터 시각화』(한빛미디어, 2022)는 여러 무료 도구에 대한 설명과 이를 이용한 다양한 데이터 시각화 예제 학습을 지원한다. 만약 배우고 싶은 데이터 도구가 있다면, 이에 초점을 맞춘 책을 찾아 자세히 살펴보길 추천한다.

벤 존스의 『데이터 함정 피하기』(와일리, 2019)는 데이터 시각화에서 발생할 수 있는 일반적인 오류와 이를 방지할 수 있는 방법에 대해 배울 수 있는 좋은 책이다.

더 많은 실제 사례를 보고 싶다면, 스티브 웩슬러, 제프리 섀퍼 그리고 앤디 코트그리브의 『대시보드 설계와 데이터 시각화』(책만, 2018)를 추천한다. 여러분은 실무에서 여러 대시보드 제작에 대한 요청을 받게 될 것이고, 이 책은 대시보드를 만드는 데 있어 필요한 여러 옵션에 대한 설명을 제공한다.

데이터 시각화 및 분석에 대한 풍부한 책과 자료가 매년 증가하고 있다. 계속 탐구하고 읽어보자.

이제 데이터와 소통하고, 데이터라는 이 흥미롭고 보람찬 창의적 분야에 뛰어드는 데 불편함이 없길 바란다. 건투를 빈다.

INDEX

INDEX

INDEX